4차 산업혁명 시대의
경영정보시스템

노규성·조남재·김의창·남수현·박상혁·박성택·이서령·최광돈 공저

光文閣
www.kwangmoonkag.co.kr

Preface

　수 천년에 걸쳐 기술의 진보는 인류의 삶을 변화시키고 개선시키는 핵심적인 원동력의 역할을 했다. 특히 첨단 컴퓨터와 모바일 기술, 인공지능, 로봇 등의 현대 디지털 기술은 인류와 사회 전반에 전례 없는 변화를 가져오고 있다. 그런 변화의 영향은 긍정적인 측면도 있지만 걱정되는 측면도 있다. 사실 모든 기술은 그 영향에 있어서 밝은 면과 어두운 면을 가지고 있다. 그러나 현명한 사회와 현명한 기업, 현명한 개인은 그 기술의 밝은 면을 실현하고 어두운 면을 관리하며 새로운 기술을 소화해 나가고, 나아가 자신의 역량으로 축적해 나간다.

　오늘날 규모나 산업 분야를 막론하고 모든 조직에서 정보시스템은 그 조직이 추구하고 있는 목표와 밀접하게 연관되어 있다. 정보시스템의 활용은 기업이 추구하는 가치의 창출과 전략적 비전을 실현하는 핵심적인 수단이 되었다. 이 책은 경영자와 관리자들이 어떻게 디지털 기술을 활용하여 경쟁 우위의 창출과 전략적 비전의 실현, 가치의 창출과 조직 목표 달성을 추구하는지를 다룬다.

　"경영정보학은 무엇을 추구하는 학문일까? 경영정보시스템을 학습하는 것이 중요한 이유는 무엇이며, 그것은 나에게 어떤 도움이 될 수 있을 것인가? 정보화와 지능화, 빅데이터 등의 시대적 추세에 맞추어 나가기 위해서 컴퓨터 기술을 배운다는 것 이상의 무엇이 필요한 것일까? 구체적으로 경영에서 컴퓨터는 어떤 역할을 하며, 어떤 중요성을 가지는 것일까?"

　이런 궁금증들은 경영정보학을 처음 접하는 모든 사람들이 공통적으로 가지는 의문 거리다. 경영학이나 정보시스템 또는 그 인접 학문을 전공하는 학생

Preface

들, 또는 경영정보학을 이해하고자 하는 사람들이 이 책을 통하여 배우게 되는 것은 바로 이런 의문에 대한 대답이다. 이 책을 통해서 여러분들은 디지털기술(DT, Digital Technology)이 어떻게 기업의 경쟁력과 가치 창출에 도움이 되는지 이해하고 배우게 될 것이나.

"책의 모든 내용은 대표 저자들 간의 긴밀한 협조와 검토"에 의해 이루어졌다. 그러나 각 장은 책임 저자의 핵심적 노력으로 집필되었다. 각 장의 책임 저자들은 다음과 같다.

1장 조남재, 2장 노규성, 이서령, 3장 박상혁, 4장 노규성, 이서령,

5장 남수현, 6장 김의창, 7장 박성택, 8장 최광돈, 9장 박성택,

10장 1절 김의창, 2절 박상혁, 3절 조남재

끝으로 출판에 애써 주신 광문각출판사 박정태 대표이사님과 임직원들께 감사드린다.

2022. 2

저자 일동

Contents

Contents

Contents

Contents

Contents

Contents

CHAPTER 9. 디지털 비즈니스   269

CHAPTER 10. 디지털 기술과 미래 비즈니스　　　　303

Contents

01

가치 창출과 정보시스템

오늘날 기업에서 디지털 기술의 활용은 필수적인 요건이 되어 있으며, 급변하는 환경의 변화와 치열한 국제적 경쟁에 대응하고 나아가 능동적으로 선도하기 위해 발달된 디지털 기술을 활용하고 있다. 정보시스템은 기술의 활용을 통해 기업이 구현하고자 하는 가치를 창출하고 비전을 구현하기 위한 기반을 제공한다.

■ 경영정보시스템을 이해하는 관점을 배운다.
■ 경영 환경의 변화와 디지털 기술의 변화에 대해 이해한다.
■ 변화에 대한 조직의 대응 방법에 대해 이해한다.
■ 정보시스템의 조직 내에서의 역할 변화에 대해 이해한다.

경영정보 시스템의 개념적 틀 이해하기

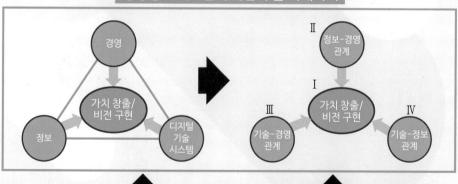

제1절 경영정보시스템의 개념적 틀

1 배경

은행이나 병원, 통신회사, 마트 등에서 접수하고, 계산하고, 또 휴대전화와 인터넷을 통해 안내받는 등 주변에서 쉽게 경험할 수 있는 사례에서 보듯 오늘날의 기업은 정보시스템 없이는 고객을 위한 서비스나 내부의 운영을 지속할 수 없다. 정보시스템이란 기업 활동에 필요한 정보를 수집, 처리, 저장, 제공하는 디지털 정보 기술의 총체와 이를 활용하는 절차 및 방법들이 모두 종합적으로 어우러진 체계를 의미한다.

조직을 구성하는 주요 요소에는 사람, 조직의 구조, 전략 및 운영 절차, 조직의 문화와 자원 등이 있다. 디지털 기술의 등장과 급격한 확산으로 사람이 일하는 방식, 기업의 경영 전략과 운영 방식, 자원과 문화의 패턴 등에 많은 변화가 생겼다. 동시에 데이터와 정보, 정보시스템이 모든 조직에서 중요한 구성 요소로 자리매김하게 되었다.

정보시스템은 제품의 생산과 새로운 제품의 개발, 서비스의 제공, 업무의 처리 방식 등을 지원하여 기업 조직의 구성 요소를 경영하는 과정과 결과에 영향을 미친다. 그리고 궁극적으로 기술의 활용을 통해 기업이 구현하고자 하는 가치를 창출하고 비전을 구현하기 위한 기반

※ 대표 저자 : 조남재

을 제공한다. 기업은 산출한 제품과 서비스를 시장과 고객, 사회로부터 인정받음으로써 존재의 의미를 실현하게 된다. 기업이 외부로부터 인정받는 의미를 만들어 내는 과정이 바로 기업의 가치 창출이다. 그래서 제품과 서비스의 가치는 가격과 다르다. 기업이 산출하는 제품과 서비스의 가치가 가격보다 더 크다고 인정받아야 기업은 생존이 가능해진다.

한 개인이 인생의 중요한 단계에서 성취하고자 하는 꿈을 가지 듯 기업도 생존과 성장을 이어가면서 달성하고자 하는 꿈을 설정한다. 전략적 비전이란 기업의 꿈, 즉 기업이 지향하는 미래상을 의미한다. 전략적 비전은 사업의 목적과 목표를 정의하는 기준이 되며, 조직의 목적과 목표를 달성하기 위한 조직의 자원 배분과 경영의 바탕이 된다. 오늘날 정보시스템은 조직의 전략적 비전을 달성하는 핵심적 수단이 되었다. 이와 같은 중요성을 가진 정보시스템을 효과적으로 활용하기 위해서는 정보, 경영, 기술의 특성에 대한 이해가 필요하다.

경영정보학은 조직을 위한 정보시스템의 개발과 운영을 다루는 학문으로 출발하였다. 이후 이론적 체계를 확립해 가는 과정에서 디지털 기술의 진보에 발맞추어 급속히 진보하여 그 기능과 영역이 확대되었다. 컴퓨팅(computing; 컴퓨터 하드웨어와 소프트웨어), 콘텐츠(contents)와 커뮤니케이션(communication) 등으로 대변되는 디지털 기술의 비약적인 발전에 의해 조직의 정보시스템도 많은 변화를 겪어 왔다. 정보시스템은 조직에 도입된 이래 조직의 운영과 업무를 지원하는 것으로부터 시작하여 경영관리와 의사결정을 지원하는 역할로 확대되고, 다시 전자상거래와 디지털 기업 등의 등장을 초래하면서 그 역할과 기능이 크게 확대되었다. 이와 같은 기업 정보시스템의 발전 과정에 있어서 경영정보학은 핵심적 역할을 수행해왔다.

특히 오늘날 고도의 디지털 기술들을 바탕으로 조직의 지식과 경험이 디지털화된 전략적 자원으로 탈바꿈하고 있다. 예를 들어 인터넷의 등장과 확산으로 인해 전자상거래와 웹(Web) 기반의 비즈니스 응용 시스템은 기업의 새로운 부가가치 창출 수단으로 크게 확산되고 있고, 인공지능과 로봇 기술은 기업의 가치 창출 및 제공 활동의 양상을 근본적으로 바꾸고 있다. 또한, 데이터와 디지털 기술이 가치 창출의 핵심으로 부상하고, 시장, 산업, 기술 등 조직의 환경이 급격히 변화함에 따라 경영정보시스템의 토대와 방향을 다시금 새롭게 재정립해야 하는 상황을 맞이하였다.

무엇보다 시장과 기업 활동의 세계화가 급진전되었고, 산업의 중심이 데이터와 정보, 지식, 디지털 기술을 중심으로 한 산업으로 급속히 옮겨가고 있다. 또한, 다양한 소프트웨어와 앱 프로그램들, 엄청난 규모의 멀티미디어 데이터베이스(Database), 인터넷과 스마트 기기를 위시한 각종 통신 수단, 가상현실과 증강현실 등의 실감 인터페이스, 고속 통신망과 빅데이터, 인공지능과 로봇 기술, 사물인터넷 등 정보 기술은 하루가 다르게 새로워지고 있다. 경영정보학은 세계적 수준의 경쟁력을 확보하고 지속할 수 있도록 기업의 경영 활동을 지원하고 새로운 변신을 선도하며, 새로운 서비스와 산업을 탄생시키는 기능을 다루어야 하는 환경을 맞이하였다. 이에 따라 정보시스템의 존재 목적과 경영정보학의 범위 및 배경을 새로운 환경에 맞추어 확대 재편해야 하기에 이른 것이다.

2 개념적 모형과 책의 구조

조직의 경영 방식은 경영 환경과 기술의 변화에 따라 엄청난 변화를 겪는다. 그러나 영리 조직이나 비영리 조직을 막론하고 조직 비전의 구현과 가치의 창출은 생존의 기반이다. 시장과 사회가 원하는 가치의 창출과 기업이 추구하는 전략적 비전의 실현은 기업의 존재 이유이며, 또한 경영정보시스템을 도입하고 사용하는 궁극적인 목적인 것이다. 이 책의 목적은 디지털 기술이 조직의 가치 창출과 전략적 비전의 실현에 어떻게 기여하는가 하는 관점에서 경영정보시스템을 이해하도록 돕는 것이다.

[그림 1-1]은 이러한 관계를 도식화한 것이다. 기업이 수행하는 경영 활동, 정보시스템이 창출하는 각종 데이터와 정보, 기업이 사용하는 다양한 디지털 기술은 모두 기업의 가치 창출과 기업의 전략적 비전을 구현하는 데 공헌하고 있다는 점을 보여 준다.

　　경영과 정보와 기술적 측면이 모두 기업의 가치 창출과 비전 실현에 공헌하지만, 사실 이들은 각각이 독립적으로 공헌하는 것이라기보다는 세 요소들이 상호작용을 통해 공헌하는 것이다. 즉 정보와 경영의 관계, 정보와 디지털 기술의 관계, 경영과 기술의 관계가 효율적, 효과적으로 관리하여 기업이 달성하고자 하는 가치의 창출과 비전의 실현에 이바지하게 만드는 것이다. 이 때문에 경영정보학에서는 많은 노력을 기울여 이들 간의 관계를 이해하고자 노력한다. 이런 점에서 경영정보학은 사회적 관계를 탐구의 대상으로 하는 사회과학으로서의 특성을 가진다. 그러나 새로운 관계를 디자인하고 실천하고자 하는 의도를 가지고 있다는 점에서 경영정보학은 실행을 위한 디자인 과학으로서의 특성도 가진다고 볼 수 있다.

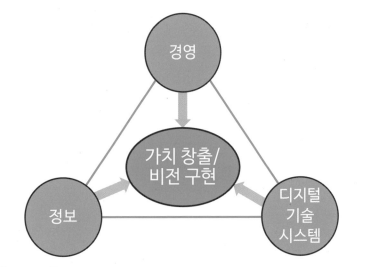

【그림 1-1】 기업 가치 창출과 전략적 비전 실현을 위한 경영, 정보, 기술 시스템

　　경영, 정보, 기술 등은 상대적으로 설명과 서술이 안정적일 수 있지만 이들 간의 관계는 지속적으로 변화하며 쉽사리 가시화되기 힘들다. 그러나 이들 간의 관계는 조직의 진화를 위한 원동력이며, 끊임 없는 탐구의 대상이 된다. 본서에서는 경영, 정보, 기술이라는 개별적 대상에 초점을 맞추기보다 이들 간의 관계에 초점을 맞추는 것이 경영정보학을 이해하는 핵심적 관점이라는 점을 토대로 [그림 1-2]와 같은 프레임워크를 사용한다. 이 프레임워크에서는 경

영, 정보, 기술은 이들 간의 관계 속에 녹아 스며들게 하였고, 쉽게 가시화하여 생각하기 힘들었던 이 삼자들 간의 관계를 관심의 대상으로 가시화시켰다.

먼저 제1부 '전략적 비전의 창출과 구현'에서는 기업이 추구하고자 하는 가치의 창출과 전략적 비전의 달성이라는 주제를 다룬다. 가치의 창출과 기업 비전의 구현은 정보-경영 관계, 기술-경영 관계, 기술-정보 관계를 성공적으로 구축하고 관리함으로써 지속적으로 추구하는 조직의 생존 이유가 된다. 1부에서는 이런 학습 목적을 달성하기 위해 오늘날의 조직 환경이 당면하고 있는 변화의 양상을 이해하고, 그에 따른 기업의 대응을 학습한다. 나아가 급격히 발전하고 있는 디지털 기술과 기업을 오늘날과 같은 현대적 모습으로 진화시킨 경영 혁신의 관계를 이해하고 이를 바탕으로 미래 기업이 추구해야 할 혁신에 대해 생각해 본다.

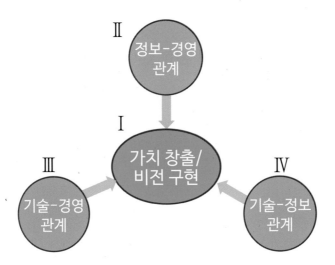

【그림 1-2】 기업 가치 창출과 전략적 비전 실현을 위한 본서의 구조

정보시스템은 경영 활동에 필요한 적절한 데이터와 정보를 제공하고 경쟁 환경에 처한 기업의 의사결정을 지원한다. 필요한 정보의 내용과 특성은 그 정보를 활용해야 하는 부문, 지위, 전문 영역, 상황에 따라 달라진다. 시의적절하고 정확하며, 유용하고, 합목적적인 정보의 제공을 통해 경영 활동의 효율성과 유효성이 높아지면서 기업 비전의 실현과 가치의 창출이

촉진된다. 그래서 경영정보학에서는 경영과 경영을 위해 제공되는 정보 간의 관계에 대한 연구와 이해를 위해 노력해왔다. 정보와 경영 간의 관계를 본서의 제2부 '경영을 위한 정보'에서 다룬다.

정보의 창출, 수집, 분석, 처리, 저장, 제공 등의 활동은 디지털 기술의 활용을 통해 이루어진다. 예를 들어 POS(Point of Sale) 단말기를 통해 수집된 상품 판매 정보는 데이터베이스에 저장된다. 데이터베이스와 클라우드에 저장된 방대한 양의 정보는 데이터 분석을 위한 소프트웨어를 이용해 분석하고, 파악된 판매 패턴은 이를 필요로 하는 사람들에게 그들이 사용하는 디지털 단말기를 통해 그래픽, 테이블, 이미지, 지도 등의 형태로 제공한다. 이렇게 데이터가 수집되고 활용되는 과정에서 디지털 기술이 적절하게 사용되고 관리되어야 원하는 품질의 정보를 제공할 수 있게 되는 것이다. 데이터와 정보의 관리를 위한 기술과 그 산출물로서의 정보와의 다각적인 관계를 제3부 '정보관리를 위한 기술'에서 살펴본다.

디지털 기술은 단지 현재 진행 중인 경영의 효율성을 높이는데 그치지 않고 기업 경쟁의 판도를 바꾸는 역할도 한다. 아마존(Amazon)이나 이베이(e-Bay), 인터넷 마케팅 등에서 보는 바와 같이 인터넷과 로봇, 드론 등의 신기술을 이용한 새로운 경영 방식이 사업의 판도를 바꾸어 가고 있다. 또한, 디지털 기술의 확산과 인터넷의 등장으로 통신 산업과 컴퓨터 산업의 경계가 사라졌듯이, 금융산업이나 유통산업, 교육산업, 방송산업, 제조산업, 공공서비스 등 여러 산업에서 산업 간의 경계가 무너지고 있다. 산업 간의 경계의 붕괴는 넷플릭스(Netflix)나 에어비앤비, 모바일 게임산업처럼 신기술을 이용한 새로운 사업 방식의 등장과 동시에 진행된다. 따라서 과거의 산업 영역과 경쟁 및 협력 상대, 시장 경계의 정의가 재편되기도 한다. 미래 3D 프린터나 사물인터넷(IoT : Internet of Things), 로봇의 활용의 확산은 새로운 산업의 등장과 새로운 산업 패러다임의 등장을 예고하고 있다. 제4부 '디지털 기술과 경영'에서는 새로운 디지털 기술의 등장과 경영 방식, 경쟁 구도, 기업 전략, 산업 구도 등의 변화를 살펴본다.

제2절 경영 환경의 변화

　세상에는 수많은 다양한 조직이 존재한다. 이들을 크게 수익의 창출을 목적으로 하는 영리 조직, 즉 기업 조직과 정부 기관이나 NGO와 같이 수익 창출이 아닌 다른 목적을 우선시하는 비영리 조직으로 나눈다. 비영리 조직도 그 구성이나 목적에 따라 여러 가지 모습으로 실현되지만, 경제 활동에 초점을 둔 영리 조직은 그 형태가 매우 다양하고 관련된 산업의 형태도 매우 다양하다. 조직의 경영 활동은 이들과 같은 다양한 조직이 건강성을 유지하고 발전해 나가는데 필요한 관리 활동이다.

　경영정보학 연구가 기업으로 대변되는 영리 조직만을 대상으로 하는 것은 아니다. 그러나 시장경제에서 크고 작은 기업은 절대적으로 많은 인구가 참여하고 있는 조직 형태이며, 경제적 가치 창출과 경쟁력 창출의 주체라는 중요성을 가진다. 동시에 끊임없이 경쟁과 생존 위기에 직면하여 수많은 복잡성을 다루어 나가야 하기 때문에 기업 조직에 관련된 복잡한 현상을 주로 다룬다.

　기업이 생존하는 조건은 이들 활동으로부터 산출되는 가치(V)가 시장이 지급하고자 하는 가격(P)보다 높아야 하고, 이는 다시 투입되는 요소의 총 원가(C)보다 커야 한다는 것, 즉 $V > P > C$ 라는 부등식을 충족하여야 한다는 것이다. 구매자가 인정하는 가치가 가격보다 높을 때 구매자는 그 산출물을 구매한다. 구매자가 느끼는 가치와 가격의 차이(V-P)는 소비자에게 돌아가는 혜택이 된다. 한편 가격과 원가의 차이(P-C)는 생산자의 수익이 된다.

기업은 어떤 역량을 가지고 있고, 어떤 전략을 취하든 기업을 둘러싼 환경으로부터의 도전을 감지하고 대처할 수 있어야 한다. 기업 조직을 둘러싸고 있는 외부 환경은 크게 거시 환경(macro-environment)과 사업 환경(business environment)으로 구분해 볼 수 있다.

거시 환경은 특정한 기업을 넘어 산업 전체 또는 경제 전반에 영향을 미치는 외부적 요인을 의미한다. 즉 산업 전반에 영향을 미치는 경제적, 사회문화적, 기술적, 정치적 요인을 아우르는 개념이다. 일반적으로 이런 거시적 환경은 조직의 활동에 간접적인 영향을 미치지만, 때로 매우 직접적이고 강력한 영향을 미치기도 한다.

한편 사업 환경이란 특정 기업에 직접적으로 영향을 미치는 외부 요인을 말한다. 여기에는 시장, 경쟁사, 고객, 공급자 등이 포함된다. 사업 환경은 특정 기업이 사업을 수행할 때 맞닥뜨리게 되는 환경이다. 시장의 변화나 경쟁사의 움직임, 고객 취향이나 선호의 변화, 공급자 능력의 변화 등은 모두 기업에게 직접적인 영향을 미치는 사업 환경의 변화다.

본 절에서는 오늘날 경영 환경 변화의 주요 추세로서 시장의 세계화, 변화의 가속화, 고객 정체성의 변화, 지능화/데이터 기반화에 대해 살펴보고자 한다.

1 시장의 세계화

세계화는 국경에 따른 시장 구분이 더 이상 의미가 없음을 뜻한다. 코카콜라와 펩시콜라는 미국과 인도에서도 많은 사람이 즐기는 음료가 되었고, 리바이스(Levi's) 청바지는 한국에서도 유행하는 패션이 되었으며, 맥도널드(McDonald) 햄버거는 러시아에서도 성공하는 사업이되었다. 그만큼 여러 면에서 소비자의 수요나 구매 행태가 전 세계적으로 유사해졌다. 또한, 커뮤니케이션 기술의 발전에 힘입어 미국에서 발표된 신곡이나 할리우드 영화는 한국이나 일본, 유럽 등의 모든 국가의 젊은이들이 거의 동시에 듣고 즐길 수 있게 되었다.

각국의 무역장벽이 낮아지고, 지적재산권의 보호가 강화됨에 따라 기술과 자본, 인력의 교류가 활발해지고 있다. 정보통신과 커뮤니케이션 기술의 발달은 전 세계적으로 소비자 수요를 동질화시키는 데 촉매 역할을 했다. 오늘날의 기업은 전 세계를 단일시장으로 파악하고, 이를 통해 전 세계 소비자들의 수요에 부응할 수 있는 제품을 만들어야 성공할 수 있게 되었다.

시장의 세계화와 함께 전 세계에 산재한 각종 자원을 종합적으로 활용하여 경쟁력을 높이고자 하는 기업들의 노력은 기업 경영의 세계화를 촉진시키는 주된 요인이다. 세계화된 시장에서는 제품·기술·서비스 그리고 인력과 자본의 흐름이 국경을 넘어 자유롭게 이동한다. 따라서 한 시장에서의 경쟁우위가 다른 나라의 시장에서도 중대한 영향을 미친다. 이런 산업에서 경쟁하는 기업들은 자국에서 달성한 경쟁 역량을 다른 나라 시장으로 확대하기 위해 규모의 경제를 달성할 수 있는 능력과 고객들에게 다각적인 서비스를 제공할 수 있는 경영 역량, 세계적으로 인정받는 명성 등을 결합하여 우위를 점하려고 최선을 다한다.

과거에는 국가마다 시장 특성과 정부 규제, 유통구조 등이 달라 외국 기업들이 그 지역에서 경쟁우위를 갖기 힘들었던 유통산업(도·소매업), 보험산업, 은행산업, 문화산업 등과 같은 분야가 남아 있었다. 그러나 오늘날은 이들 산업을 포함한 모든 산업이 세계화된 산업으로 변모하였다.

2 변화의 가속화

오늘날 모든 제품에 걸쳐 제품 수명주기가 점차로 짧아지는 경향을 보이고 있다. 제품 수명주기(product life cycle)란 하나의 새로운 제품이 시장에 등장하여 점차 성장되다가 일정 기간이 지난 후에 신제품으로 대체되며 소멸하는 과정이다. 제품 수명주기의 가장 전형적인 형태는 완만한 S자 형이며, 그 과정은 도입기, 성장기, 성숙기, 쇠퇴기의 4단계로 구분된다. 그러나 구체적인 제품 수명주기의 길이와 패턴은 제품에 따라 다르다. 기존 제품에 비하여 신제품의 상대적 이점이 클수록, 또 제품의 사용 경험을 통해 좋은 평가가 빠르게 확산될수록 신제품의 성장 속도가 빨라지고, 기존 제품의 수명은 단축된다. 제품의 세대 교체가 빠르게 이루어지는 것이다.

제품 수명주기가 짧아지는 것은 급속한 기술 혁신과 경쟁, 소비자 욕구 및 취향의 빠른 변화, 유행의 빠른 변화 등에 기인한 것이다. 이에 따라 시장과 기술, 제품의 변화 속도가 과거보다 매우 빨라지고 다양화되었다. 과거에는 전자제품이나 자동차산업 등에서도 하나의 제품 모델이 수년에 걸쳐 계속 판매되기도 하였으나, 이제는 매년 여러 가지의 제품 모델을 출시하는 것이 당연한 활동으로 인식되기에 이르렀다. 소프트웨어나 게임 콘텐츠, 패션 의류 같은 제품의 경우는 전자, 기계산업의 제품보다 제품 수명주기가 더 짧은 경우도 많다. 이런 변화의 가속화는 기업에게 커다란 압박 요인으로 작용한다. 지속적인 연구와 개발, 시장정보의 수집과 분석, 신제품 출시에 따른 위험의 수용과 도전이 필요하기 때문이다. 때로는 과거의 성공 요인이 빠르게 효력을 잃어 더 이상 새로운 상황에 맞지 않게 되어, 혁신에 혁신을 거듭해야 할 필요가 등장하게 되었다.

3 고객 정체성의 변화

포드(Ford)사가 처음으로 대량 생산한 자동차인 'Model T'에는 검정밖에 없었지만 수요가 넘쳐 제품 판매에는 문제가 없었다. 이후 소비자의 선호가 제품에 반영되기 시작하여 오늘날은 소비자가 차량의 색상, 배기량, 디자인, 가격 등을 고려하여 자신이 '원하는' 자동차를 선택한다. 오늘날 기업들은 다양한 고객의 요구를 충족시키고, 지속적인 구매를 유도하기 위해 고객이 원하는 제품과 서비스를 제공해야 한다. 즉 회사의 상품과 서비스에 대한 고객의 만족도를 지속적으로 점검하고 불만을 개선하여 높은 고객 만족 수준을 유지하기 위한 노력하는 것이다.

소비자 행동을 분석하는 인지심리학적 관점에 의하면 고객은 제품과 서비스의 다양한 측면들(속성)에 대해 그 가치를 다른 상품과 비교하여 평가하고, 평점(속성값)을 산출한 후 각 속성값에 가중치를 부과하여 합산하는 과정을 거친다. 이 값이 가장 큰 대안은 고객의 효용(utility)를 최대화하는 대안으로서 고객에게 선택된다. 기업은 고객이 원하는 최대의 가치를 창출하기 위한 고유하고 일관성 있는 경쟁력을 확보할 수 있는가가 생존의 관건이 된 것이다.

오늘날 기업들은 개별 고객에 대한 구체적인 정보를 용이하게 수집하고 활용할 수 있는 기술적 가능성을 가지게 되었다. 예를 들어 아마존(Amazon)에서는 고객의 과거의 구매정보와 도서 검색정보를 활용하여 고객별로 적합한 서적들을 추천하기도 하고, 개인화된 서비스를 제공하는 등 개별 고객에게 맞는 차별화된 마케팅을 수행한다. 물리적 공간과 달리 디지털 공간은 고객별로 차별화된 서비스를 제공하는 여건을 만들어 주는 것이다.

'마케팅 콘셉트'라는 마케팅 중심의 조직 운영 개념의 창시자인 마케팅의 구루 필립 코틀러 교수는 『마케팅 4.0』을 통해 오늘날 소비자의 역할이 변화하고 있다고 주장한다. 소비자가 수동적인 반응만 하던 시대를 넘고, 자신의 효용을 최대화하기 위해 가치를 계산하여 의사결정에 집중하던 고객 만족의 시대를 넘어 새로운 시대로 이행하고 있다는 것이다.

오늘날은 점점 더 많은 소비자들이 친환경적인 소재를 사용한 제품이나 환경 문제에 관심을 기울이는 기업이 생산한 제품, 제3세계 어린이의 심장병이나 에이즈 등의 치료를 위해 공헌하는 기업의 제품 등을 선택한다는 것이다. 이런 선택의 이유는 경제적 동기를 넘어서는 것으로서, 지금까지의 경제 개념으로는 설명이 되지 않는다. 이 소비자들은 사회의 안녕과 지구환경, 사회정의 등을 자신의 제품 구매 의사결정에 반영하는 것이다.

코틀러 교수는 이런 추세가 단기적이거나 일시적인 변화가 아니라고 본다. 소비자들이 수동적 감성 반응, 합리적 효용 최대화를 포괄하며 이를 넘어 드디어 감성과 이성, 사회성을 모두 보유한 완성된 인격체의 모형이 된 것이라고 그는 지적한다. 미래 기업은 이와 같은 전인격적 정체성을 가진 소비자를 상대하는 새로운 시대에 적응해야 한다. 지금보다 더 다각적으로 시장의 동기와 사회의 동기를 이해하고 시장과 사회의 요구를 수용하기 위해 다양한 정보를 수집하고 길게 보며 학습하는 능력이 필요하게 된 것이다.

4 지능화와 데이터 기반화

고객의 과거 구매 경험에 대한 이해를 바탕으로 개별 고객이 필요로 할 것으로 보이는 제품을 홍보하거나 추천할 수 있다. 이와 같이 개인화(personalized)된 고객 응대를 하고자 하는 노력은 책이나 호텔의 추천을 넘어 다양한 제품으로 확대되어 나가게 될 것으로 보인다. 이와 같이 개인화된 고객 응대를 하려면 개별 고객에 대한 이해가 필수적이다. 그리고 이런 이해는 고객 하나하나의 특성과 과거 관심 및 구매 경험에 대한 데이터를 바탕으로 한다. 데이터의 분석을 바탕으로 고객에 대한 높은 지능을 확보하여 이를 활용하는 것이다.

고객의 취향과 구매한 제품의 특성에 대한 분석, 기타 고객의 활동과 이동에 대한 데이터를 신속하게 처리하고 활용하여 구매를 안내하고 매력적이고 현명한 선택을 할 수 있도록 하는 데이터 처리 역량의 전략적 가치가 높아졌다. 데이터를 기반으로 지능적인 활동을 전개하는 것은 마케팅 분야에 머무르지 않는다. 고객을 위해 맞춤 생산을 하고자 하는 기업은 고객의 요구사항에 대한 정보가 생산 활동의 기반이 되어 고객정보를 바탕으로 생산을 위한 로봇의 조정, 원자재의 구매, 품질관리, 유통과 운송 등의 활동을 수행한다.

오늘날 기업의 역량은 자산, 자본, 설비 등의 물리적인 자원보다 기술이나 경영 노하우 및 지식과 같은 지적 자본(intellectual capital)에 의해 더 크게 좌우된다. 기업의 성공이 그들의 핵심 사업과 일 처리 방식에 적용되는 지식의 품질에 의존하게 되고, 지식의 관리가 경쟁 역량의 근원이 되었다. 이에 따라 시간이나 비용의 절감에 초점을 둔 효율성보다는 창조적 능력에 기반을 두고 더 높은 가치를 제공하는 데 초점을 두는 방향으로 전략적 관심이 변화하고 있다. 이에 따라 오늘날 기업들은 축적된 정보와 데이터를 부가가치가 높은 지식으로 추출해 내어 지능적으로 잘 활용하기 위해 노력을 경주하고 있다.

특히 기업이 데이터의 수집과 분석을 기반으로 새로운 가치를 창출하는 역량의 중요성이 높아졌다. 사물인터넷(IoT, Internet of Things) 기술의 확산으로 제품의 기능이 근본적으로 바뀌어 새로운 가치 창출의 통로가 되게 하는 것이다. 정수기가 단지 물을 거르는 역할을 하는데 멈추지 않고, 고객의 물 사용량에 대한 데이터를 수집하는 기능도 수행하여 정수기 회사가 필터 교체의 시기와 사용료를 사용량에 따라 다르게 설정할 수 있는 새로운 서비스가 가능해 지도록 한다. 지능화된 제품과 서비스로 변신하는 것이다. 이런 변화는 에어컨, 타이어, 농기구, 체육관의 피트니스 기구, 보험 등에도 적용된다.

정보기술의 전략적 활용에 대해 통찰력 있는 이론을 많이 제시한 하버드대학교의 마이클 포터 교수는 많은 기업이 네트워크에 연결되고 지능화된 새로운 제품과 서비스, 그리고 비즈니스 모델을 창조하기 위해 최선의 노력을 하고 있다고 간파한다(Porter and Happelmann, 2014, 2015). 이러한 관찰을 바탕으로 그는 데이터를 기반으로 하는 기업 간 및 산업 간 전략적 제휴가 더욱 활발해질 것이라고 전망한다. 그는 지능적 협동 네트워크가 경쟁력의 기반이 되는 시대가 다가오고 있다고 본다. 이런 변화를 그는 시스템의 시스템, 즉 시스템들을 구성 요소로 하는 상위 시스템의 탄생이라고 하였다.

예를 들어 농기구에 관련된 사례를 생각해 볼 수 있다. 밭을 가는 기계와 씨를 심는 기계, 비료를 주는 기계, 물을 주는 기계, 잡초를 제거하는 기계, 살충제를 뿌리는 기계, 열매를 수확하는 기계, 세척하는 기계, 포장하는 기계 등은 모두 서로 다른 회사에서 출시된다. 심지어 비료를 만드는 화학 산업과 트랙터를 만드는 기계산업, 로봇을 만드는 전자산업, 컴퓨터산업, 드론산업 등 소속한 산업 자체가 다를 수도 있다. 그러나 이들 기계가 지능화되면 수집된 데이터나 활동 데이터를 클라우드에 저장하며 소통하여 상호 연결된 서비스를 제공할 수 있다. 씨를 심는 기계는 밭을 간 위치를 정확히 알고 적절한 곳에 씨를 심는다. 비료와 물을 주는 기계는 씨가 심어진 정확한 위치를 바탕으로 활동하여 물과 비료를 낭비하지 않도록 한다. 수확하는 기계도 같은 맥락에서 연결된 활동을 자동 또는 반자동으로 수행한다. 바로 이와 같은 종합적인 연결과 네트워크가 만들어 내는 통합적인 생태계가 시스템의 시스템이 되는 것이다.

이런 새로운 패러다임의 산업과 경제에 대응하기 위해서는 과거에 서로 다른 분야로 나누어져 상호 소통이 제한되어 있던 연구개발, 마케팅, 생산 등이 데이터를 기반으로 긴밀하게 연결된 활동을 수행해야 한다. 그뿐 아니라 MIS가 신제품의 기획 단계부터 이들 모든 활동에 밀접하게 관여된 새로운 조직의 모습으로 거듭나야 한다. 미래 정수기는 더 이상 단지 정수 기능의 제품이 아니라 정보시스템의 일부가 되는 것이다. 에어컨이나 농기계도 마찬가지이며, 이들 제품에서 수집되는 방대한 양의 실시간 정보는 데이터베이스에 소중히 저장되어 생산과 마케팅 활동에 활용되어야 한다.

제3절 디지털 기술의 변화

기업은 환경에 대응하기 위한 올바른 비전과 전략을 수립하고 실천하여 기업의 존재 이유가 되는 가치를 창출하는 데 성공해야 살아남을 수 있다. 오늘날 경영 환경의 변화는 크고 작은 모든 기업에게 많은 숙제를 안겨주고 있다. 세계는 점차 좁아지고 있고, 그로 인해 기업들은 보다 치열한 경쟁에 직면하고 있다. 반면 디지털 기술의 발전은 이런 경쟁 환경에 놓인 기업들에 새로운 환경에 대응할 수 있는 경쟁의 수단과 무기를 제공하고 있다. 디지털 기술이 기업의 비전을 실현하고 가치를 창출하는 데 있어서 차지하는 중요성이 날로 증가하고 있는 것이다.

1 디지털 기술의 개념화

디지털 기술은 기업이 창출하고 사용하는 정보를 처리하는 하드웨어와 소프트웨어는 물론, 통신기술, 자동화 기술 및 기타 관련 기기나 서비스를 모두 포함하는 광범위한 개념이다. 디지털 기술은 정보의 수집, 저장, 처리, 소통 및 액션 실행을 지원함으로써 기업의 다양한 필요성을 충족시키고 경영자의 역할을 돕는다. 디지털 기술이 보유한 기능들이 지원하는 성능은 해당 기능의 역량 범위, 실행 품질, 성능 대 비용 등의 측면으로 구분하여 파악해 볼 수 있다. 이를 간략히 요약하면 [표 1-1]과 같이 정리해 볼 수 있다.

【표 1-1】 디지털 기술의 특성

정보시스템, 로봇, 기기, 앱, 서비스 등		기능		
		센싱 및 입력	처리 및 추론	소통 및 실행
성 능	역량 범위	정형 데이터, 비정형 데이터, 지식베이스, 동영상 데이터, 빅데이터 등 다양성과 깊이	시스템 기능의 포괄성, 분석/처리의 다양성, 분석의 깊이 패턴 학습 능력, 학습의 깊이 학습의 지속성	네트워크의 범위 현장과의 코디네이션 타 기기와의 연동성, 인프라와의 연동성 액션 다양성 액션 정교성
	실행 품질	센싱의 다양성 센싱의 속도/정밀도 데이터의 타당성, 유용성, 적절성, 적시성, 풍부성 사용 편리성	분석 품질, 분석 신뢰도/적절성 추론의 지능성 학습의 방법, 학습 속도 및 능력	일관성, 신뢰성, 미디어의 적정성 견고성(robustness) 정밀성, 속도
	성능 / 비용	저장의 용량, 비용, 저장 및 추출 속도	처리. 분석 추론의 속도, 적절성, 다양성, 비용	소통 및 실행의 비용, 속도, 일관성, 신뢰성, 검증 및 피드백

디지털 기술은 기업이 업무 처리의 지원을 위해 사용하는 정보시스템은 물론이고 그 밖에도 다양한 기술로 그 범위가 확대되었다. 스마트폰을 위시한 다양한 기기가 이제는 기업의 정보시스템과 긴밀하게 연결된 중요한 요소가 되었으며, 생산과 운송 등에 사용되는 각종 로봇과 드론, 지능형 생산 장비, 정보 및 데이터 서비스, 사물인터넷화된 제품과 앱 등이 모두 기업이 사용하는 중요한 디지털 기술의 일부가 되었다. 이러한 디지털 기술이 수행하는 기능은 크게 데이터를 수집하는 센싱(sensing) 및 인풋(input) 기능, 데이터를 분석하고 처리하여 패턴을 파악해 내고 의미를 도출하는 처리(processing)와 추론(inference) 기능, 도출된 의미나 결론을 다른 기기나 사람들에게 제공하고 이를 바탕으로 활동을 실행에 옮기는 소통(communication) 및 실행(action implementation) 기능 등으로 나누어 볼 수 있다.

한편 디지털 기술의 성능도 [표 1-1]에서 보는 바와 같이 다양한 양상을 보이며 그 측정과 관리의 기준도 매우 다양할 수밖에 없을 것이다. 센서나 기기를 통해 수집하고 저장하는 데이터가 얼마나 다양한지, 이들 데이터를 분석하여 의미를 도출하고 학습하는 능력은 얼마나 다양한지, 이를 바탕으로 실행에 옮길 수 있는 기능들은 얼마니 다양한지 등이 디지털 기기의 역량(capability)의 범위(scope)에 해당한다. 디지털 기기들이 수행하는 센싱과 인풋, 처리와 추론, 소통과 실행 등도 그림에서 보는 바와 같이 정밀도, 다양성, 신뢰성, 편의성 등의 기준으로 그 실행의 품질을 평가하고 관리할 수 있을 것이다. 디지털 기술의 기술적 성능과 성능 대비 가격 요인도 중요한 요인이다. 성능, 가격, 성능 대비 가격 등은 특정 디지털 기술이 어떤 목적으로 사용될지, 누구에게 사용될 수 있을 것인지, 얼마나 빠르게 그 사용이 확산될 것인지, 얼마나 넓은 범위에 확산될 것인지 등을 결정하는 중요한 요인의 하나가 된다.

2 디지털 기술의 혁명적 진화

디지털 기술의 변화는 지속적이고 방대한 투자의 결과다. 한때 불가능했던 활용 대상과 기술이 수년 후에는 사용 가능해지고, 또 몇 년 후에는 상식적인 것이 되고 진부화되어 가는 과정을 밟으며 기술은 급속한 변화를 겪어 간다. 여러분이 가지고 있는 스마트폰의 기능의 변천을 생각해 보면 쉽게 이해할 수 있을 것이다. 한때는 전화기로 사진을 찍는다는 것을 이해할 수 없는 일로 생각하였고, 이후에는 스마트폰에 사진 기능이 들어가더라도 디지털 사진기의 성능과는 차이가 클 수밖에 없다고 믿었다. 지금은 스마트폰이 사진은 물론 고품질의 동영상도 자유자재로 만들어 내고 있다.

디지털 기술의 진화 과정에서는 하드웨어의 발전과 소프트웨어의 발전이 상승 효과를 가지고 서로 어깨를 나란히 하며 발전했다. 자료 저장 능력이나 전자적 용량이 급격히 개선됨에 따라 새로운 유형의 소프트웨어가 폭발적으로 증가하였다. 고성능 소프트웨어는 더욱 성능이 좋은 고밀도 하드웨어의 개발을 위한 동기가 되어 주었다. 한편 이렇게 진화한 고밀도 컴퓨터 칩과 처리 소프트웨어의 개발에 따라 새로운 제품의 용량과 성능은 기존의 제품보다 수배씩 향상되고 있다.

디지털 기술의 진화와 관련하여 관찰되는 중요한 현상 중의 하나가 '융합' 현상이다. 융합이란 여러 기능이 서로 섞이고 한데 모이는 현상이다. 스마트폰이 전화 기능뿐 아니라 사진과 동영상을 찍기도 하고 전송하기도 하는 기능, 일정을 관리하는 기능, 음악을 감상하는 기능, 영화를 감상하는 기능, 뉴스를 보는 기능, 정보를 검색하는 기능, 전화번호나 메모를 기록하는 기능 등 수많은 기능을 수용하는 예에서 볼 수 있다. 이런 기능을 가진 각각의 기기들을 모두 가지고 다녀야 한다면 승용차 한 대 분량의 기계들을 끌고 다녀야 할 것이지만, 지금은 이 모든 기능이 작은 포켓 안의 스마트폰에 다 들어 있다.

성능, 기능, 가격, 융합 등에 있어서의 발전은 소비자가 사용하는 스마트폰 같은 기기에 국한된 것은 아니다. 기업의 활동에 주로 사용되는 운송, 창고관리, 품질관리, 생산, 사무실의 운영, 계획과 점검, 데이터의 수집과 정보의 추출 및 제공, 회의와 의사결정 및 결재, 그리고 생산되는 제품의 설계와 기능 등 경영 활동에 관련된 다양한 디지털 기술도 빠른 진보를 거듭하고 있다. 이런 기술의 진보는 도입하여 전략적으로 잘 활용하는 기업에는 중요한 기회가 되고, 적응에 어려움을 겪는 기업들에는 위협으로 작용한다.

3 디지털기술의 진화가 만들어 내는 기회와 위협

텍스트, 음성, 영상, 그래픽 등을 통합하여 어느 때, 어느 곳에서든지, 다양한 형태로 데이터와 지식을 활용하고 공유하고, 소통을 하는 것이 가능해졌다. 모바일 기술과 인공지능, 로봇, 사물인터넷 등을 포함한 디지털 기술의 혁명적 진화는 고객 중심의 디지털화된 거래와 디지털화된 기업, 디지털화된 시장, 디지털화된 기업 간 네트워크를 4차 산업혁명이라고 불리는 새로운 산업과 경제의 근간으로 탈바꿈시키고 있다.

많은 기업이 경쟁우위를 확보하고, 시장 점유율을 높이고, 종업원과 고개의 만족 수준을 높이고, 더 수익성 있는 기업을 만들기 위해, 또 그런 목적을 달성하는 수단으로써 조직을 혁신하기 위해 디지털 기술을 사용한다. 디지털 기술의 사용은 기업 내부의 활동이나 구성, 기능을 혁신하는 것은 물론이고, 기업과 기업 간의 관계에도 변화를 가져온다. 디지털 기술의 활용은 전통적인 기업 간 혹은 산업 간의 경계를 뛰어넘은 새로운 서비스를 창출하게 만들기도 하고, 나아가 새로운 산업을 창출하게 만들기도 한다.

한편 이와 디지털 기술의 다양성과 급속한 진보 및 확산으로 디지털 기술을 전사적 차원에서 통합적으로 관리해야 할 필요성도 점차로 높아지고 있다. 오늘날 기업 조직이 사용할 수 있는 디지털 기술의 다양성이 매우 높아져 조직의 여러 부분에서 개별적, 독립적으로 기술을 도입하여 사용할 경우 이들 간의 소통과 통합적 활용에 장애가 생길 수 있기 때문이다. 다양한 개별 디지털 기술들 사이에 원활한 접속과 융합이 이루어질 수 있도록 해야만 전사적으로 조화가 이루어진 전략적 활용이 가능해진다. 또한, 디지털 기기에 소요되는 비용의 비중도 지속적으로 높아졌고, 디지털 기술의 도입이 단지 기술적 변화에 그치는 것이 아니고 조직의 구성과 일하는 방식, 종업원의 근무 형태 등에 많은 변화를 수반하기 때문에 디지털 기술에 대한 체계적인 경영정보학적 관리가 가지는 중요성이 더욱 높다.

세계화, 변화의 가속화, 고객 정체성의 진화, 지능화와 데이터 기반화 등으로 대변되는 경영 여건하에서 기업이 경쟁력을 확보하고 지속 가능하도록 하기 위해서는 디지털 기술의 전략적 활용이 필수적이다. 다양한 데이터의 신속한 수집과 관리, 활용을 위한 범위와 방법을 가이드하는 전략의 수립과 실천이 필요하다. 또는 이를 바탕으로 경영 비전과 가치 창출을 위한 실행에 연결하기 위한 다양한 디지털 기술을 도입하고 관리해야 한다. 예를 들어 아마존(Amazon)은 상품 재고의 이동 및 물류관리를 4만 대에 달하는 키바(Kiva)라는 이동형 로봇을 이용하여 실행함으로써 재고관리의 효율을 높이고, 위험을 최소화한다. 아마존은 드론 (drone)을 이용하여 소비자에게 배송하는 업무의 혁신을 추진하고 있다고 밝혔다. 디지털 기술을 활용한 신제품과 새로운 서비스, 제품-서비스 융합 상품의 도입 등이 지속적으로 이루어지도록 하여야 한다. 한편 지능적이고 세계적인 네트워크를 통해 연결된 기술의 도입과 활용에 뒤처지면 단지 디지털화에만 뒤처지는 것이 아니라 기업의 운명이 다할 수도 있게 된다는 위험이 항상 함께하게 되었다.

제4절 디지털 변환과 조직의 대응

고고학자들에 의하면 인류의 조상은 기원전 3만 5,000년경 험악한 빙하기의 한복판에서 복잡한 사회 질서와 문화, 제도, 낚시 도구 및 장신구를 비롯한 기술과 상징 등의 인류 문명을 만들기 시작하였다(Mithen, 1996). 환경에 대한 인간의 적응 능력은 어떤 동물보다 뛰어났다. 동물처럼 오랜 시간이 소요되는 신체적 진화를 적응의 수단으로 삼기보다는 지능을 적응의 수단으로 삼았다. 인류의 역사는 환경을 이해하고 이에 적응하고 때로는 환경의 장애를 극복해온 역사라고 할 수 있다.

조직도 하나의 살아 있는 유기체처럼 환경을 인식하고 적응하고, 극복하고, 상호작용한다. 기회와 위협을 분석하고 예측할 뿐 아니라, 그에 적절히 대응하는 능력이 필요하다. 환경의 변화에 적절히 대응하는 능력이 기업의 역량(capability)이다. 기업의 역량은 그 기업이 창출하는 부가가치의 크기와 지속 가능성을 결정하며, 그 창출된 가치는 기업의 생존과 성장을 결정한다. 그래서 성공적인 기업은 다른 기업들보다 뛰어난 역량을 활용하여 경쟁우위(competitive advantage)를 창출하고 유지하기 위해 노력한다. 대체로 성공적인 기업은 제품이나 서비스를 더 저렴한 가격에 공급할 수 있는 능력을 갖추고 원가 우위 전략(overall cost leadership)을 실행하거나, 높은 품질이나 서비스, 명성, 디자인 등을 기반으로 고부가가치를 실현하는 차별화 전략(differentiation)을 통해 이런 경쟁우위를 달성한다.

1 4차 산업혁명 디지털 변환과 영향

오늘날 세계화와 변화를 촉진시키는 주된 요인은 디지털 기술의 진화와 고객 요구의 세계화 및 다양화, 시장 변화에 대한 능동적이고 신속한 대응을 위한 기업의 노력 그 자체다. 세계화된 시장과 급변하는 경쟁 상황에 대응하여 기업은 기술, 공장, 인적 자원, 재정 등을 지속적으로 개선해 나가야 한다. 아이디어가 제품화되는 속도의 가속화, 다양한 고객 특성, 고객 기대 수준의 향상, 개별화된 맞춤 제품과 서비스에 대한 기대, 다변화되고 좁아진 틈새시장 등의 요인으로 점차로 더 빠른 역량의 개선이 추구된다. 이러한 요구를 충족시키고 또한 선도할 수 있는 중요한 자원이 데이터, 정보, 그리고 디지털 기술이다([그림1-3] 참조).

4차 산업혁명 경제 패러다임의 동인이 된 오늘날의 디지털 기술은 비용이 저렴해져 누구나 접속이 가능하고, 다양한 의사소통 채널을 제공하며, 필요할 때 쉽게 사용할 수 있게 되었다. 성공적이고 혁신적인 경영을 위한 이상적인 디지털 기술의 특성은 빠르고 사용이 용이하고, 표현 형식이 자유롭고 복잡한 관계를 나타낼 수 있으며, 사용자 간 소통과 설명 및 팀워크를 지원하며, 구조의 변화에 탄력적이며, 나아가 자체적으로 진화해 나가는 기술이라는 점이다. 많은 기업에서 디지털 기술은 기존 활동의 개선과 생산성 향상을 넘어 혁신적 변화를 촉진시키는 역할을 수행한다.

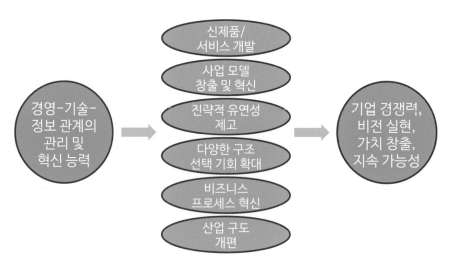

【그림 1-3】 디지털 기술이 기업의 역량과 가치 창출에 미치는 영향

디지털 기술의 사용은 지리적, 시간적 한계를 극복하고, 기업의 가치 있는 지식과 정보를 공유할 수 있게 해준다. 예를 들어 세계 각국에서 활동하고 있는 제품 엔지니어들은 신속하게 도면을 보내고 받으면서 서로 상의할 수 있다. 또한, 세계 여러 곳에 있는 산재해 있는 고객을 동시에 지원할 수 있도록 지리적으로 분산되어 있는 활동들을 효과적으로 조율할 수도 있으며, 여러 나라의 공장 생산 활동이나 제품 판매를 체계적으로 그리고 동시에 관리하고 조정할 수도 있다.

오늘날 고객들은 디지털 기술을 활용하여 제품에 대해 많은 정보를 쉽고 빠르게 확보하고 활용할 수 있기 때문에 기업도 고객의 이러한 욕구를 충족시켜 주기 위해 다양한 디지털 기술을 활용하여 지원해야 한다. 또한, 고객의 제품에 대한 반응, 취향, 구매 경험 등에 대한 데이터베이스를 구축하여 고객의 필요를 정확히 파악하고 대응하여야 한다. 3D 프린팅이나 로봇 기술 등은 고객 요구의 변화를 신속하게 반영한 신제품을 출시하기 위한 노력을 지원해준다.

한편 고객 요구의 다양성이 높아짐에 따라 고객의 선호와 구매에 관련된 방대한 데이터를 빠르게 수집하고, 수집된 빅데이터(big data)를 신속하게 분석하여 변화를 파악하고 대응하기 위해 지능화된 디지털 기술을 집중적으로 활용한다. 이와 같은 고도의 고객 서비스는 개별 고객의 만족 수준을 높여 장기적인 관계를 강화하기 위한 기업의 지속적인 노력을 반영하는 것이다.

2 경영정보시스템의 역할 변화

오늘날 기업이 직면한 경영 환경의 변화에 적절하게 대응하기 위해서는 방대한 데이터를 빠른 속도로 수집, 분석하고, 적절한 정보를 추출하여, 필요에 따라서는 국가의 경계를 넘어 신속하게 교환함으로써 전 세계적으로 조화된 기업 활동을 실현해야 한다. 경영자는 구성원들이 적극적으로 기술을 도입하고 이용할 수 있도록 동기 부여를 하는 한편 스스로가 기술을 활용하고 응용하기 위한 노력을 기울여야 한다. 기술적 리더십을 통해 지적 능력을 확대하고, 더 넓은 통제 범위와 네트워크 관계를 확보하여 변화에 대응하기 위한 준비를 해야한다.

UPS(United Parcel Service)와 같이 펜 컴퓨터로 인식한 서명과 패키지 정보를 영상 데이터베이스에 넣어 거래 자료로 활용하거나, 전화 상담 내용을 음성 데이터베이스에 넣고 빅데이터 분석을 하여 빠른 속도로 고객의 요구에 대응하기 위한 노력이 진행되고 있다. 보험 및 금융기관이나 병원, 항공회사 등은 멀티미디어 기술과 통신망, 인공지능, 데이터 분석 기술 등을 결합하여 수표나 티켓 원본, 단층촬영 사진 등을 분석하고 전략적으로 의미 있는 서비스를 창출하고자 노력한다.

기업 업무 수행에 컴퓨터가 활용되기 시작한 이래 정보시스템은 생산, 회계, 인사, 판매 등으로 확대되며 효율성을 개선하는 데 공헌하였다. 업무의 효율적 처리를 위한 정보시스템은 기업 활동의 근간이 되었으며, 기업의 중요한 전략적 자산이 되기에 이르렀다. 한편 정보시스템은 시의 적절하고, 정확하며, 통찰력을 높이는 정보를 창출하여 경영자가 적시에 효과적인 의사결정을 할 수 있도록 지원해왔다.

나아가 디지털 기술은 기업의 전략 방향을 지원하기 위한 역할을 지속적으로 확대하는 방향으로 진화하였다. 예를 들어 자동 창고 관리와 로봇의 활용은 비용을 체계적으로 절감하는 데 공헌하고 있으며, 정확한 품질 점검과 유연성 높은 생산 공정을 지원하여 정밀한 첨단 제품, 고품질 제품의 생산을 실현시키기도 한다. 인공지능의 활용이 확산됨에 따라 아마존의 대시(Dash)나 알렉사를 이용한 음성 주문 처리처럼 고객과의 편리하고 친숙한 소통을 지원하는 역할도 점차로 확대되고 있다.

디지털 기술의 가격 하락과 기능, 성능, 정교성, 지능이 높아짐에 따라 정보시스템이 기업의 전략적 비전과 가치 창출에서 담당하는 중요성은 지속적으로 높아지고 있다. 통합된 정보시스템을 이용하여 가치 있는 정보와 지식을 적시에 산출하고 이를 기반으로 경쟁우위를 확보하기 위한 치열한 노력이 모든 산업 분야에서 이루어지고 있다. 디지털 기술은 어느 조직에서나 없어서는 안 될 비즈니스 인프라로 자리매김하였고, 디지털 기술 자체가 비즈니스 아이템이 되기도 하고, 비즈니스 모델의 기반이 되기도 하며, 기존 제품을 4차 산업혁명 경제의 특성에 맞는 새로운 제품으로 재탄생하게 만들고 있다.

사례

디지털 기술의 진화가 가져오는 중대한 변화 중의 하나는 오랫동안 안정적으로 형성되어 있던 산업의 구도에 근본적인 변화를 일으키는 것이다. 기존 사업자들 간의 위상을 획기적으로 변화시키기도 하고, 새로운 사업자가 강력한 경쟁자로 부상하기도 하는 사례가 많다.

산업 간의 크로스 오버와 융합이 활발하게 이루어지고 있다. 신생 컴퓨터 업체 애플이 오랜 역사의 통신기기 산업에 진출한 사례나 소프트웨어 회사인 마이크로소프트가 백과사전 사업에 진출한 것, 바이두, 위챗, 카카오 등 SNS 사업자가 은행 서비스산업에 진출한 것 등은 그러한 변화의 일부에 불과할 뿐이다.

한편 기존에는 존재하지 않던 조직의 형태와 방식, 비즈니스 모델이 탄생하면서 기존의 역사적 명성을 가지고 있는 기업이나 산업을 위협한다. 위키피디아가 백과사전 사업을 없애 버린 것이나, 영화관이 없는 넷플릭스가 오랜 전통의 영화 배급 및 제작 산업에 진출하여 엄청난 영향력을 확보하게 된 것, 신생 테슬라 자동차가 전기 자동차로 기존 자동차 산업에 일격을 가한 것, 온라인 마켓과 모바일 쇼핑이 기존의 유통 거대 사업자들의 생존을 위협하고 있는 것, 호텔을 하나도 가지고 있지 않은 에어 비앤비의 기업 가치가 세계 최대의 호텔 체인인 쉐라톤이나 힐튼을 넘어선 것 등이 그 일례라고 할 수 있다.

디지털 기술은 역사적으로 안정화되어 있던 기존 산업의 구도를 흔들어 놓은 사례가 무수히 많다. 은행의 ATM 도입이 100년간의 서열을 뒤흔들었으며, 음악시장에서는 주종 제품이 음반, 테이프, CD 시장으로 변화하고 드디어 음악이 다운로드 서비스산업으로 변화하는 혁명적 변화를 경험하였다. 디지털 기술로 인해 사진기 회사는 모두 퇴출되었으나 오히려 페이스북과 유튜브 등 사진과 영상의 전성시대가 펼쳐졌으며, 1인 방송 미디어가 성장하고 네이버와 같은 포털 사업자가 뉴스 산업의 주인공이 되었다.

[토론 문제] 다음 질문들을 바탕으로 토론해 보자.

(1) 새로운 디지털 기술이 기존의 사업 방식과 판도를 변화시킨 예를 찾아보자.

(2) 변화의 원인이 무엇인지 알아보자.

(3) 기존 사업자의 대응은 무엇이었는지 토론해 보자

(4) 신생 사업자는 어떻게 성공했는지 토론해 보자

[토론 문제] 온라인 교육의 등장, 진단 및 치료 로봇의 등장, 요리하는 로봇의 등장, 법률 자문을 하는 컴퓨터, 환자를 돌보는 간호 로봇의 등장, 제품의 배달하는 지능형 드론 등과 같은 기술들은 미래 기업의 사업 방식이나 산업 구도를 어떻게 바꾸게 될 지 토론해 보자.

【참고문헌】

박성택. "소비자심리학". 휴넷 강의노트, 2014.

박성택. "소비자심리학". KT 이노에듀 강의노트.

스티븐 미슨. "마음의 역사". 윤소영 역. 영림카디널, 2001.

조광수. "연결지배성: 159가지 사물인터넷으로 바라본 크로스도메인 비즈니스". 클라우드나인. 2017.

조남재. "기술기획과 로드매핑". 시그마프레스. 2014.

커넥팅랩. "사물인터넷: 실천과 상상력". 미래의 창. 2015.

Dijkman, R. M., B. Sprenkels, T. Peeters and A. Janssen, "Business Models for the Internet of Things," International Journal of Information Management, vol.35, 2015, pp.672-678.

Ejaz, Ahmed, et. al, "The Role of Big Data Analytics in Internet of Things," Computer Networks, 2017

ITU, The Internet of Things Executive Summary, ITU Internet Reports 2005 available at http://www.itu.int.

Laudon and Laudon, Management Information Systems 10/E: Managing the Digital Firm, Pearson Education, 2007

Mithen, Steven, The Prehistory of the Mind: A Search for the Origins of Art, Religion and Science, Thames and Hudson, 1996;

Nitti, Michele, V. Pilloni, D. Giusto and V. Popescu, "IoT Architecture for a Sustainable Tourism Application in a Smart City Environment," Mobile Information Systems, vol.2017, pp.1-9.

Porter, M. E. and Millar, V. E., "How Information Gives You Competitive Advantages," Harvard Business Review, July-August 1985, pp. 149-160.

Porter, M. E and Heppelmann, J. E., "How Smart, Connected Products Are Transforming Competition". Harvard Business Review, N0vember 2014, 65-88.

Porter, M. E and Heppelmann, J. E., "How Smart, Connected Products Are Transforming Companies". Harvard Business Review, October 2015, 97-114.

Stojkoska R., L. Biljana and K. Trivodaliev, "A Review of Internet of Things for Smart Home: Challenges and Solutions," Journal of Cleaner Production, 2017.

Victor, Bart, B. Joseph II, Andrew C. Boynton, Aligning IT with new competitive strategies, 1996

Want, Roy, B. N. Schilit and S. Jenson, "Enabling the Internet of Things," IEEE Computer, 2015, pp.28-35.

World Economic Forum, Internet of Things: Guidelines for Sustainability, January 2018

02

경영 혁신과 디지털 기술

학자들에 따라 혁신의 원인이 다양하게 제시되고 있지만 이러한 모든 원인들을 포괄할 수 있는 보다 근본적인 혁신의 원동력은 경쟁이라고 할 수 있다. 자본주의의 발전을 창조적 파괴(creative destruction)의 과정이라고 주장한 슘페터(Schumpeter)의 말처럼 기업들 간의 치열한 경쟁은 경영자들로 하여금 끊임없는 경영 혁신을 요구하고 있다. 오늘날 기업은 경쟁우위의 창출과 전략적 비전의 실현을 목표로 끊임없이 탈바꿈하고 있는 것이다. 이 장에서는 이와 같은 전략적 배경을 토대로 경영 혁신 방법론을 논의할 것이다. 특히 전략적 자원으로서의 정보기술을 경영 혁신의 효율적 수단으로 활용하는 문제를 중점적으로 다룰 것이다.

- 정보기술을 통한 경영 혁신의 내용과 방법을 조망한다.
- 사업 범위의 혁신의 종류와 디지털 기술 혁신의 모습을 살펴본다.
- 조직 구조의 혁신의 종류와 디지털 기술 혁신의 모습을 살펴본다.
- 업무처리의 혁신의 종류와 디지털 기술 혁신의 모습을 살펴본다.

정보기술을 통한 경영 혁신

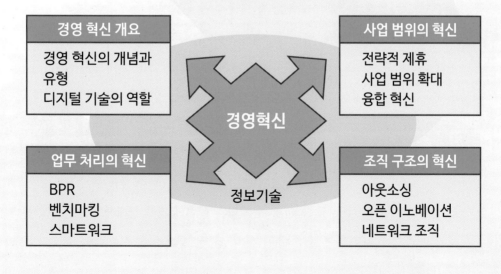

경영 혁신 개요
경영 혁신의 개념과 유형
디지털 기술의 역할

사업 범위의 혁신
전략적 제휴
사업 범위 확대
융합 혁신

업무 처리의 혁신
BPR
벤치마킹
스마트워크

조직 구조의 혁신
아웃소싱
오픈 이노베이션
네트워크 조직

경영혁신

정보기술

제1절 경영 혁신 개요

1 경영 혁신의 개념과 유형

주식회사 S-폴리텍 이 회장은 1년 중 절반은 국외 출장으로 일정이 꽉 차 있다. 국내에 있을 때도 일정의 절반 이상이 국내 출장으로 가득하다. 출장이 별로 없을 때인 10여 년 전에는 회사에서 벌어지는 모든 업무를 회장실에서 결재하였다. 그러나 점점 사무실에서 근무할 수 있는 시간이 줄어들면서 결재 시스템을 변경해야 할 필요성이 등장했다. 처음에는 출장지의 호텔에서 이메일로 모아 놓은 보고 서류에 결재하다가, 다음에는 차량으로 이동하면서 결재하고, 이제는 스마트폰으로 즉시 결재하는 상황으로 변화되었다. 스마트폰에 의한 결재 업무 환경의 변화는 회사의 경영 전반에 일대 혁신을 일으켰다. 경영진들은 회장의 결재를 받기 위해 기다려야 하는 시간 낭비를 하지 않아도 되었고, 이는 각각의 사업단위에 불필요한 업무 시간을 줄이고 효율성 및 효과성으로 이어지는 생산성 향상으로 경영 혁신을 일으켰다.

초기에 경영 혁신(management innovation)의 개념은 현재의 경영 상태에 중요한 변화를 일으키며, 의사결정 과정에 유용한 정보의 내용, 위치, 양 및 질에 영향을 미치는 프로그램, 제품

※ 대표 저자 : 노규성, 이서령

또는 기법으로 보았다.

그러나 국제 경쟁이 날로 심화되면서 경영 혁신 대상이 경영의 전 분야로 확대되기 시작하였고 이에 따라 경영 혁신의 개념도 확대 진화해 왔다. 진화된 개념에 의하면, 경영 혁신은 환경이 창출하는 기회와 위협을 적절히 활용함으로써 지속적인 고도성장을 하는 초일류 기업이 되기 위해 요구되는 사상 및 방법·시스템을 채택하여 전사적 차원에서 구체적으로 실천하는 것이며, 새로운 제품 및 서비스, 새로운 생산공정 기술, 새로운 구조 및 관리 시스템, 조직 구성원을 변화시키는 새로운 계획 및 프로그램을 의도적으로 실행함으로써 조직의 중요한 부분을 본질적으로 변화시키는 것이다(이서령, 2017).

이상을 종합해 볼 때, 경영 혁신은 보다 넓은 의미로 발전해 왔다고 볼 수 있으므로 경영 혁신은 기술·구조·전략·문화·인력 등 조직의 모든 분야에서의 환경 변화에 대응하기 위한 의도적이고 계획적인 변화 및 혁신 노력을 총칭하는 개념인 것이다.

2 경영 혁신에서의 디지털 기술의 역할

1) 개념

대다수 경영 혁신 기법은 제품 혹은 사업 범위 서비스, 조직 구조, 업무 프로세스에 관한 근본적이고 획기적인 변화를 추구한다. 많은 경우 그 핵심적 실행 도구로서 디지털 기술을 활용한다.

실제로 국내외에서 각광을 받고 있는 경영 혁신 기법의 대부분은, 디지털 기술을 직접적인 도구로 활용하거나 경영 혁신 기법의 적용을 용이하게 하는 기반이 정보기술에 의해 마련되고 있다. 이처럼 경영 혁신에 있어서 디지털 기술의 중요성이 인식되기 시작한 것은 1990년대

초에 등장한 BPR 개념에서 디지털 기술을 경영 혁신을 가능하게 하는 핵심적 기반기술로 정의된 이후부터라고 볼 수 있다(김은홍·김화영, 2006).

이와 같이 디지털 기술을 경영 혁신의 핵심적 기반기술로 활용하는 데에는 다음과 같은 이유가 있다. 첫째, 디지털 기술은 경영 혁신을 통해 추구하고자 하는 여러 목적들(예를 들어 환경변화에의 대응, 기업 성과의 향상, 종업원의 복지 증진 등)을 동시에 달성하는 데에 기여할 수 있는 핵심적인 도구이기 때문이다. 둘째, 기업의 생존이나 성과 향상은 정보기술을 포함한 조직의 제반 요소들(목표, 구조, 인력, 기술, 과업 등)을 조정·연계 및 통합하는 조직의 능력에 의해 결정되는데, 디지털 기술이 바로 이러한 요소들을 상호 연계시키는 통합 기능을 원활히 수행할 수 있기 때문이다.

2) 사례

전통적으로 택배업은 몸으로 때우는 3D 업종이었다. 이러한 업종을 자동화라는 디지털 기술을 활용함으로써 일대 획기적 전환이 이루어지고 있다. 택배 자동화와 관련해 가장 공격적인 투자에 나선 건 CJ 대한통운이다. 이 회사는 물류 자동화 시스템인 '휠 소터(wheel sorter)'를 전국의 모든 택배 터미널 200개에 자동화 설비를 도입하였다. 오전 9시 대전 터미널에서 올라온 트럭의 뒤쪽 짐칸의 문이 열리고 컨베이어 벨트 위로 택배 상자가 쏟아져 나온다. 컨베이어 벨트를 따라 가던 상자들은 붉은 빛이 나는 스캐너를 지나, 컨베이어 벨트 양옆으로 열린 10여 개의 출구로 나뉘어 빠져나간다. 각 출구의 끝에는 각 배송지에 맞는 택배 트럭이 대기하고 있다. 휠 소터는 작은 바퀴를 이용해 택배 상자를 배달 지역별로 분류해 주는 설비다. 핵심은 상품 정보를 수신하는 스캐너와 초속 2m 이상의 속도로 움직이는 휠 및 컨베이어다. 우선 택배 터미널에 도착한 화물은 컨베이어를 타고 대형 스캐너를 통과하게 된다. 터미널 직원들은 물건이 스캐너를 통과하기 전에 스캔이 원활하게 이뤄지도록 화물의 위치를 조절한다. 휠 소터는 수신한 화물의 정보에 따라 컨베이어를 타고 움직이는 화물을 배송해야 하는 지역의 트럭 쪽으로 보낸다. 택배기사들은 자신 앞으로 온 화물을 각자의 트럭에 싣기만 하면 된다(한국경제TV, 2017.12.26).

휠 소터를 적용한 작업 현장은 기존의 택배 허브 터미널과 확연히 다른 모습이다. 스캐너를 통해 확보한 택배 화물의 빅데이터는 배차 운영 등에 활용하는 것으로 연결된다. 휠 소터 같은 자동화 설비의 스캐너는 상품 정보뿐 아니라 부피, 무게 등 체적 정보도 파악할 수 있다. 이를 통해 부피가 상대적으로 크고 작은 물건이 어느 시기에 많이 배송 되는지 분석한 다음 어떤 크기의 차량을 몇 대나 투입할지 결정할 수 있기 때문이다. 또한, 차량에 실려 있는 택배 상자의 개수와 크기를 분석하는 물량 예측 시스템도 개발해 운영하고 있다. 이에 따라 허브 터미널에 어느 정도 물량이 도착하는지 예측할 수 있어 인력과 차량 운영의 효율성도 높일 수 있다. 중요한 것은 이러한 디지털 기술이 실용화됨으로써 이전보다 작업 시간 30% 단축, 물건 선별 오류율 20% 감소 등 업무 혁신으로 이어졌다는 점이다.

제2절 사업 범위의 혁신

1 전략적 제휴

1) 개념

전략적 제휴란 경쟁 관계 혹은 제3의 기업들 간에 특정 사업 및 업무 분야에 걸쳐 협력관계를 맺는 것을 의미한다. 그러나 보다 광의로 보면, 전략적 제휴는 제휴 기업 간의 상호보완적인 제품·시설·기능 및 기술을 공유하고자 하는 목적을 갖는 일련의 생존적 연합이다.

제휴의 방식으로는 ① 모기업으로부터 독립된 하나의 사업체를 제휴 기업들이 만들어 내는 제휴 합작 벤처(alliance joint venture)를 설립하는 방식, ② 연구개발, 기술 교류, 부품 공동 사용, 현지 조립 생산이나 공동 생산, 마케팅, 유통 등 하나 또는 둘 이상의 업무 분야에 걸쳐 협력관계를 맺는 업무제휴(functional alliances) 방식, ③ 차세대 전투기 개발, 인공위성 시스템 개발 등 대규모의 프로젝트를 추진하기 위하여 여러 업체들이 공동 참여하는 컨소시엄(consortia)을 결성하는 방식, ④ 특정 파트너를 찾아 지분의 일부를 취득하는 지분 참여 제휴 방식, ⑤ 제조업체와 판매업체가 상품을 공동 개발하는 제판 동맹, ⑥ 특정 분야에 국한하지 않고 여러 분야에 걸쳐 복합적으로 이루어지는 복합 제휴 방식 등이 있다(노규성·조남재, 2010).

어떤 제휴가 되었든 공통적인 특징은 제휴에 참가하는 기업들이 자신의 약점을 보완, 혹은 커버하는 차원에서 추진된다는 점이다. 즉 생존을 위한 전략적 차원에서 제휴가 이루어지고 서로에게 이익이 향유될 수 있도록 제휴가 이루어져야 진정한 제휴로 유지, 발전할 수 있는 것이다. 따라서 전략적 제휴가 이루어지기 위해서는 자신만의 특화된 기술과 경쟁우위를 갖추어야 함은 물론, 신뢰를 바탕으로 한 기업 간 교류에 대한 전략적 비전 수립과 이 비전의 기업 간 공유를 위한 노력이 필요하고, 방대한 고객 정보와 거래정보의 기업 간 교류를 위한 디지털 기술의 뒷받침이 필수적이다.

2) 사례

현대자동차그룹은 2018년 '현대·기아차'와 폭스바겐그룹의 '아우디'가 각 그룹을 대표해 수소전기차 관련 연료전지 기술 파트너십(partnership) 협약을 체결했다. 폭스바겐(Volks Wagen) 그룹에는 중심이 되는 폭스바겐을 시작으로 아우디(Audi), 포르쉐(Porche), 람보르기니(Ramborgini), 벤틀리(Bently), 세아트(Seart) 등 다양한 브랜드가 속해 있어 그 파급 효과는 대단할 것으로 예측된다. 이번 협약으로 현대자동차그룹과 아우디는 수소전기차 기술 확산 및 시장을 키우기 위해 각종 특허 및 주요 부품을 공유하는데 합의했다. 특히 아우디는 각 시장별로 플랫폼(platform) 요구 조건이 다를 수 있지만, 시장에 적합한 업체가 보유한 소비자 생태 시스템을 아우디의 플랫폼으로 가져오는 이른바, 개방형 플랫폼을 추구하는 과정에서 파트너십을 맺은 것으로 알려져 디지털 기술에 기반한 새로운 전략적 제휴의 한 형태라고 평가할 수 있다. 구체적으로 현대자동차그룹과 아우디는 현재 보유 중이거나 향후 출원 예정인 다수의 특허를 공유(Cross License)함으로써 수소전기차 분야의 기술 확산을 추진할 계획이다(현대자동차그룹, 2018).

2 사업 범위의 확대

1) 개념

여기에서 다루고자 하는 사업 범위 확대에 관한 혁신 문제는 사업 전략과 디지털 기술 전략의 연동에 의해 파생되는 사업 범위 확대(핵심사업의 재창출, 기존 타산업으로의 진출 및 새로운 산업 창출)에 관한 문제들이다. 디지털 기술을 활용하여 생성된 신규 사업이 고유의 사업보다 더 큰 수익을 올릴 수 있다.

2) 사업 범위 확대의 유형

(1) 핵심 사업의 재창출

기존에 영위해 왔던 핵심 사업 부문이 진부화되거나 시장에서의 경쟁 전략을 재편성할 필요가 있을 경우 추진하는 경영 혁신 전략이다.

대표적인 사례로 이마트(e-Mart)의 PB(Private Brand)사업을 예로 들 수 있다. 이 회사는 동종의 다른 회사들과 마찬 기지로 수많은 종류의 소비재 제품을 취급하는 대형 유통매장이다. 회사의 매출과 경쟁력이 국내 최고 수준에 도달하자 회사의 핵심 역량을 재창출하는 방안을 강구하기 시작하였다. 전국에 분포되어 있는 매장의 특성과 고객의 성향에 맞추어 독자적으로 개발한 PB 상품을 늘려가는 데 주력하고 있다. 매장 특성과 고객 성향에 대해서는 빅데이터 분석이라는 디지털 기술을 활용하여 기존 브랜드 제품과 품질 면에서 큰 차이가 없는 제품을 만들어 공급하고 있는 것이다. "노 브랜드(no brand)" 즉 "브랜드가 아니라 소비자다"라는 전략 목표로 시장을 공략하고 있다. 대표적인 상품이 이플러스(eplus) 우유, 화장지, 기저귀, 라면, 요거트, 냉동식품 등으로 최적의 소재와 제조 방법을 찾아 최저대의 가격과 깔끔한 디자인으로 큰 인기를 끌고 있다. 2017년 현재 1만 5,000여 개 제품에 전체 매출액 대비 25% 정도를 차지하고 있다. 단순 유통매장에서 상품 개발 판매라는 형식으로 핵심 사업을 재창출하고 있는 것이다(동아비즈니스리뷰, 2017).

(2) 기존 타 산업으로의 진출

한 가지 산업 분야에서 성공하게 되면 경영자들은 그 성공 노하우를 통하여 사업을 확장하고자 하는 유혹에 빠지게 된다. 그래서 쉽게 나타나는 형태가 성공 가능성이 있는 다른 산업으로 진출하는 것이다. 타 산업의 측면에서 보면 신규 진입자가 되는 것이다.

아마존의 종합 유통 몰 사업으로의 진출을 대표적인 사례로 들 수 있다. 아마존의 초기 사업 모델은 온라인 전자상거래 서점이었다. 그러나 지금의 아마존은 책으로 한정된 것이 아닌 의류, 신발, 보석, 식품 등 다양한 품목을 취급하는 종합 온라인 쇼핑몰로 변신한 것이다. 미국 이외에도 브라질, 캐나다, 영국 등 13개국에서 아마존 웹사이트를 운영하고 있다. 또한, 단순한 온라인 서점에서 전자책(e-book) 사업으로 진출하고, 읽기 및 저장 기능을 하는 킨들(kindle)의 생산과 공급, 태블릿 PC 및 스마트폰의 제조 판매, 급기야는 취급 품목을 전 소비재로 확대한 아마존이 등장한 것이다(ICT와스마트홈, 2017).

(3) 새로운 산업 창출

본업을 벗어나 아예 새로운 산업을 만들어 내는 것을 의미한다. 물론 새로운 산업이라고 해서 아주 동떨어진 모습으로 등장하는 것은 아니다. 기존에 영위하였던 산업을 기반으로 한 파생 산업이라고 할 수 있다. 기존 사업의 원천과 결합된 디지털 기술로 인하여 전혀 상상하지 못했던 새로운 분야의 산업이 창출되는 것을 말한다.

던앤브래드스트리트(D&B)는 1933년 설립된 역사와 전통, 신용을 자랑하는 미국의 기업신용 조사 전문기관이다. 기업의 매출, 인력, 재무구조 등 관련되는 모든 정보를 수집하여 신용평 가를 수행하는 것이 기본 비즈니스 모델이다. 이 회사는 수십 년간 쌓아 온 경제, 산업, 기업 및 신용평가 정보를 대용량 DB와 웹 기반 전문가 시스템을 활용하여 주요 산업의 제조업자, 도매상, 마케터(marketer)들에게 위험 분식 징보를 제공하였다(동이비즈니스리뷰, 2015). 아마존 웹 서비스(AWS) 또한 마찬가지의 사례로 제시할 수 있다. 아마존은 원래 유통회사인데 기업형 클 라우드 서비스 등을 통하여 AWS, 아마존에코 등의 사업으로 진출한 것이다. D&B와 아마존 은 이와 같은 정보 서비스로부터 엄청난 수익을 거두어 들이고 있다(ICT와 스마트홈, 2017).

3 융합 혁신

1) 개념

주요 선진국의 경우 서비스산업이 GDP와 고용의 75%를 상회하고 있으며, 이 비율은 지속 적으로 증가하고 있는 상황이다. 결국 세계 경제가 서비스화되어 가고 있다고 하여도 과언이 아니다. 제조업 성장의 한계, 기술의 평준화 및 가격에 의한 경쟁 심화, 낮은 생산 원가를 가 진 중국 등 후발 국가의 급부상, 제품 중심의 경쟁력 추구 등의 요소가 합쳐져 제품과 서비 스의 융합을 추구하게 되는 것이다. 또 하나의 추세는 부가 사업의 창출에서도 언급하였듯이 제품의 서비스화와 서비스의 제품화가 동시에 진행되고 있다는 점이다.

이러한 융합 혁신에 영향을 미치는 디지털 기술을 디지털 컨버전스(Convergence)라 할 수 있다. 디지털 컨버전스란 단일 제품이나 서비스(콘텐츠)가 ICT 기술(디지털)과 융합하여 새로운 융합 제품이나 서비스로 전환되거나 새로운 융합 산업을 창출하는 것을 말한다. 특히 기존의 제조업체들은 소비자들에게 제품만 제공해 오던 방식에서 벗어나 '서비스'와 융합한 혁신을 모색하고 있기 때문이다. 글로벌 음원 기기 제조업체인 애플의 아이팟은 음원 서비스, 아이튠 즈를 제공함으로써 고객과 가치를 공유하여 고객 충성도를 높이고 제품 품질 향상으로 인한 시장 우위와 지속적인 경쟁력의 혁신적 성과를 가져왔다(이노리서치글로벌, 2017).

2) 사례

도로분석 제어장치(RAC, Road Analysis Control)는 고객이 운행로 상태를 모니터링하고 대형 광산용 트럭 성능, 생산성 및 안전을 개선하는 한편 수리 횟수, 정비 비용 및 가동 중지 시간 을 줄일 수 있도록 지원하는 디지털 제품이다. RAC는 사이클 시간 및 동력 전달 장치, 프레 임, 서스펜션 구성품 및 타이어에 해를 끼칠 수 있는 운행로 상태에 대한 실시간 피드백을 운전자에게 제공한다. 데이터 센터를 통해 제공되는 두 가지 수준의 RAC 정보는 운전자에게 트럭 작동과 지원 장비의 모든 측면에서 주의해야 할 운행로 지점에 대해 알려 준다. 운전자 는 속력을 낮추거나 문제가 있는 지역을 피할 수 있다. 또한, RAC는 캐터필러(Caterpillar)의 필 수정보관리 시스템(VIMS, Vital Information Management System)과 같은 원격 계측 시스템과 함께 사용할 경우 이 정보를 거의 실시간으로 광산 사무소의 감독이나 관리자에게 전달하여 즉각 적인 조치를 취할 수 있다. 광산 작업자는 이 데이터를 모니터링하여 구성품 수명에 안 좋은 영향을 미치는 운행로 구역을 파악해 주의할 수 있게 된다. 그 결과 운행로가 적절히 관리되 므로 보다 안전한 작동이 가능하고, 기계적인 마모, 물리적 대응력 및 연료 소비가 줄고, 운전 자 편의가 개선될 뿐만 아니라, 타이어의 도로 위험 비용, 구성품 운용 비용이 낮아지는 것은 물론 가동 시간도 늘어나게 되는 효과를 볼 수 있다(현상준, 2010).

제3절 조직 구조의 혁신

1 아웃소싱

요즘 각 대학에는 교내에서 운영하는 식당이 여러 형태로 존재한다. 처음에는 대학에서 직영하는 형태였지만, 점차 외부 업체에 위탁하여 운영하는 사례로 바뀌어졌다. 대학이라는 조직은 기본적으로 학생과 교직원 사회로 이루어져 있어서 적게는 수백 명에서 많게는 수만 명에 이르는 대학사회 구성원을 위한 복지사업이 필수적으로 뒤따를 수밖에 없고, 그중 식사 문제 해결은 으뜸가는 사업으로 손꼽힌다. 그러나 강의 및 수업과 연구가 기본 메커니즘으로 되어 있는 사회에서 학생과 교직원의 식사 문제를 해결하기 위해 대학에서 직영으로 운영하기에는 여러 가지 부담이 많을 수밖에 없고, 외식 문화가 발달하면서 외식 전문 업체에 의뢰를 하여 위탁운영을 하는 것이다. 이것이 바로 전형적인 아웃소싱(outsourcing)의 형태이다.

1) 개념

아웃소싱이란 "조직이나 기관이 내부의 욕구를 만족시키기 위해 외부의 전문 서비스 기관을 채용하는 개념"이다. 이를 테면 각 기업은 인력, 자본, 시설을 내부에서 모두 직접 운영·관리하는 데에 한계성을 지니고 있기 때문에 건물의 관리나 회계 처리 등 일부 업무를 외부 전문 기관에 의존하는 것을 볼 수 있다. 곧 아웃소싱은 기업의 수직적 활동 범위를 얼마까지 인지를 정하고 내부화와 외부화를 얼마만큼, 어떻게 조화시킬 것인가를 결정하는 기업 전략의 주요한 과제를 이른다.

이와 같이 아웃소싱 전략이 수행될 때 다음의 네 가지 측면에서 기업의 자원 가치를 증가시킬 수 있다.

첫째, 기업은 핵심 업무 영역에 초점을 맞추어 기존의 일상적인 업무로부터 인원을 절감할 수 있고, 발생하는 여유 인력을 전략적이고 핵심적인 활동에 투입하여 기업 가치 활동에 보다 효과적으로 수행할 수 있게 한다. 이와 같이 잘 개발된 핵심 능력은 경쟁자에 대한 진입장벽을 제공해 주어 시장점유율의 우위를 유지하고 보호하는데 용이하게 한다.

둘째, 핵심 업무의 전문화와 규모의 경제를 통해서 제품과 서비스의 품질을 높일 수 있고, 기업들은 동일한 서비스나 가치를 내부 조직에서 직접 조달하여 사용하는 것보다 적은 비용으로 제공되어 경제적이다.

셋째, 엄청나게 비싸거나 심지어는 내부적으로 모방이 불가능한 외부 공급자의 투자, 혁신, 특화된 전문 능력을 효용의 극대화 점에서 공급받을 수 있다.

넷째, 아웃소싱을 이용한 전략적 제휴로 위험은 줄이면서 제품의 개발에서 생산, 판매 등에 이르기까지 기업의 제반 사이클 타임을 단축시키고, 또한 무리한 투자를 줄여 고객의 요구에 더 민첩하게 대응할 수 있게 된다(현대경제연구원, 1998).

이러한 아웃소싱을 할 때 디지털 기술을 활용하면 아웃소싱 방법 자체가 가지는 다음과 같은 여러 문제들이 해결될 수 있다.

첫째, 아웃소싱을 할 때 기업의 가치 활동이 대상 기업에 너무 의존함으로써 그 공급업체에 대한 통제를 상실하는 경우가 생기는데, 그 기업 간 거래에 정보시스템을 사용하여 진입장벽을 구축하게 되는 경우 그 공급업자에 대해 강도 높은 협상력을 지닐 수 있게 된다.

둘째, 아웃소싱 계약자들 사이의 의사소통과 의견 조정을 용이하게 하여 토론과 협상으로 인한 시간 낭비와 조정 비용, 잠재 비용의 발생 문제를 줄인다(조경행, 2007).

아웃소싱은 단순히 자신이 가지고 있는 기능이나 활동을 외부 전문 업체에게 위탁한다는 개념에서 보다 전략적으로 그 개념 및 범위, 방법이 계속 확산되고 있는 추세이다. 초기에는 핵심 능력의 극대화를 위한 기업의 가치 활동 중의 일부를 아웃소싱을 하였으나 이제는 기업의 디지털 기술 전략에도 아웃소싱 기법이 활용되기에 이르렀다.

2) 사례

직원 수 4만 명, 연 매출 200억 달러 이상을 자랑하는 플루어(Floor)는 세계 도처의 여러 까다로운 현장에서 고난도 엔지니어링 건설 사업을 성공적으로 수행하고 있는 세계적인 건설 기업이다. 플루어가 거둔 성공의 배후에는 다양한 요인이 있지만, 가장 중요한 점은 적절한 일정과 가격에 적절한 거래를 성사시키고, 시간과 예산에 맞춰 건설 프로젝트를 시행하며, 정부 및 기업 고객에게 능동적으로 대응하고 융통성을 발휘한다는 점이다. 아웃소싱은 이러한 목표 달성에 기여한 종합적인 전략에 포함된 하나의 전술이었다. 아웃소싱 자체가 매출 또는 수익성에 직접적인 영향을 주는 것으로 간주되지는 않지만, 그 덕분에 플루어는 비즈니스 모델을 최적화하고 경영진이 회사의 핵심 역량에 기술력과 인재를 집중 투입할 수 있었다. 2003년 플루어는 비용 구조를 혁신하고 프로젝트 현장에서의 IT 서비스 공급 능력을 개선하기 위해 IT 아웃소싱 프로그램을 시작했다. 처음 몇 년 동안에는 예상치 못한 문제가 몇 가지 발생했지만, 발빠르게 조치해 즉각적인 비용 절감 효과를 거뒀다. 또한, 플루어는 기존 IT 환경에 제약받지 않으면서 현재 우선순위에 부합하도록 IT 기능을 재설계했다. 프로그램이 성숙 단계에 이르면서 플루어는 아웃소싱 덕분에 변화가 심한 시장에서 유연하게 기업을 운영함으로서 성과를 배가할 수 있었다. 건설산업은 주기를 타며 건설 수요가 급증하거나 줄어들 때 IT서비스 필요성도 그에 따라 증감한다. 플루어는 아웃소싱을 통해 불황 시에는 IT 서비스의 범위를 축소하고 호황기에는 빠르게 확대할 수 있었다(현상준, 2010).

2 오픈 이노베이션

오픈 소스(open source)에 기반하여 새로운 기술과 아이디어를 접목해 보려는 시도는 대표적인 오픈 이노베이션(innovation)이라 할 수 있다. 이러한 시도를 하기 위하여 많이 활용하고 있는 것으로 해커톤(Hackathon)을 예로 들 수 있다. 해커톤은 해킹(Hacking)과 마라톤(Marathon)의 합성어이다. 소프트웨어 개발 분야의 프로그래머나 그래픽 디자이너, UI 설계자 등 다양한 분야의 전문가들이 모여 제한된 시간 동안 아이디어를 도출하고 결과물을 만들어 내는 이벤트이다. 성과물은 앱 또는 웹, 비지니스 모델 등의 형태로 도출하게 된다. 4차 산업혁명이 대두되며 사물인터넷(IoT), 인공지능(AI), 블록체인(blockchain), 빅데이터(bigdata)에 대한 관심이 높아졌고, 정부와 기업들은 해당 산업을 부흥시키기 위해 다양한 시도를 하고 있는 중이다.

1) 개념

혁신은 끊임없는 변화를 추구하기 때문에 내부 자원만을 가지고 추진하는 것은 곧 한계에 봉착하게 된다. [그림 2-1]의 폐쇄형 혁신이 이를 설명하여 준다. 많은 비용이 소요될 수 있고 같은 사람들이 혁신을 추구하기 때문에 시야가 편협 해지고 내부 지향적이 될 수 있기 때문이다(Davila, Epstein, & Shelton, 2006). 그러다 보면 결국 외부에서는 전혀 느끼지 못하는 자가 당착적 변화를 추진하는 결과를 초래할 수도 있다. 결국, 혁신의 지속적인 성공은 외부의 전문 지식과 참신한 아이디어의 수혈로 가능해진다. [그림 2-1]에서의 개방형 혁신이 이와 같은 메커니즘을 잘 표현해 주고 있다. 외부의 아이디어와 전문 지식을 적극적으로 수렴해 혁신을 가속화하려는 움직임은 많은 사례에서 찾아볼 수 있다. 인텔은 미국과 영국의 대학 네 곳과 제휴해 그 대학 주변에 네 개의 소규모 연구소를 만들고 인텔의 다른 연구소들과 연구 성과와 아이디어를 교환하도록 했다. 바비(barbie)인형으로 유명한 마텔(Mattel)은 빅 아이디어 그룹(Big Idea Group)과 같은 신제품 아이디어 제공 기업으로부터 새로운 아이디어를 구하고 그를 통해 혁신적인 제품을 개발하고 있다(Davila, Epstein, & Shelton, 2006). 이러한 일련의 흐름은 개방형 혁신이라는 개념을 탄생시켰다.

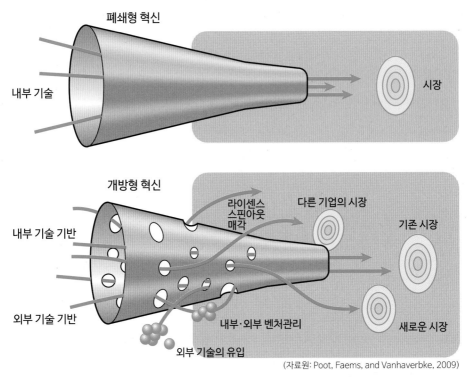

(자료원: Poot, Faems, and Vanhaverbke, 2009)

【그림 2-1】 기존 이노베이션 vs 오픈 이노베이션

미국 버클리대학교의 오픈 이노베이션 센터 책임자인 체스브로(Chesbrough) 교수는 개방형 혁신을 "내부 혁신을 가속하고, 기술을 발전시키기 위해 내 외부 아이디어를 모두 활용하고, 가치를 창출하기 위해 내외부의 시장 경로를 모두 활용하는 것"이라고 정의했다. 이처럼 개방형 혁신은 기업 내외부의 지식과 시장 경로를 활용하는 다양한 행위들, 즉 기업 간 공동 개발, 제휴, 조인트 벤처(joint venture), 리눅스와 같은 오픈 소스 모델(open-source model) 등을 포괄한다. 개방형 혁신은 과거에도 광범위하게 실행되어 왔으나, 대부분의 경우 외부 지식의 활용이 일회성에 그치거나 내부 지식을 보완하는 제한적인 형태였다. 이와 달리 오늘날의 개방형 혁신은 외부 지식을 내부 지식과 동일한 수준에서 중요하게 취급하고, 외부 지식·기술과 내부 지식·기술 및 역량을 통합해 지속적으로 혁신을 추진하는 형태를 띤다는 점에서 과거와 차이점이 있다. 즉 개방형 혁신은 기업 내부에 국한되어 있던 연구개발 활동을 기업 외부까지 확장해 외부 아이디어와 연구개발(R&D) 자원을 활용함으로써 투입 자원과 시간을 절약하고, 내부 기술을 타 기업에 이전(license-out)해 추가 수익을 창출하는 것이다(Poot, Faem & Vanhavorbke, 2009).

2) 사례

P&G는 2004년 새로운 프링글스(감자칩) 제품을 출시하였다. 일명 프링글스 프린츠(Pringles Prints)로 불린 이 상품의 특이 사항은 감자 칩 하나하나에 파란색과 빨간색으로 일반상식, 동물상식, 농담 등을 그림과 글로 인쇄해 놓은 것이다. 이 제품은 출시 6개월 만에 매출 1천만 달러를 기록하며 대 히트를 쳤다. 예전 같으면 이러한 아이디어 제품을 출시하기까지 2년 이상의 시간이 필요했고, 신제품 출시에 대한 실패 리스크도 내부에서 모두 질 수밖에 없었지만 P&G는 새로운 혁신 방법을 도입함으로써 프링글스 프린츠 제품의 출시 기간을 1년으로 단축하였고, 비용도 크게 절감하는 성과를 거두었다

P&G가 이제까지 거둔 많은 성공 사례 중 적지 않은 수가 외부 아이디어를 활용한 것이었

으며, 이런 외부 아이디어의 보다 적극적인 활용이 그동안 풀지 못했던 P&G의 고민을 해결해 줄 수 있다는 확신을 가지게 하였다. 한편 기업 외부에 있는 아이디어를 활용한다는 것은 조직 운영에 있어 막대한 변화를 요구하였다. 그중에서도 가장 어려웠던 것이 바로 "Not Invented Here"(자신이 최고라는 생각으로 자신이 아닌 외부인에 의해 창조된 것을 수용하지 못하는 성향)의 문화를 "Proudly Found Here"(외부인의 아이디어라 하더라도 기업 경쟁력/수익제고에 도움이 된다면 기꺼이 수용하는 자세)의 문화로 변화시키는 것이었다. 이런 과정을 통해 탄생한 것이 바로 P&G사의 새로운 개방형 혁신법인 연결 개발(Connect & Develop : C&D)이고, 대표적인 성공 사례가 앞서 설명한 프링글스 프린츠 제품이다. 동 제품 개발 당시 인체에 유해한 잉크를 굴곡이 심한 감자 칩 위에 인쇄하는 과정에서 기술적 어려움에 직면한 P&G는 자체적으로 운영하고 있었던 외부 전문가 네트워크를 통해 이탈리아 볼로냐에서 빵집을 운영하는 한 대학교수가 자신이 개발한 식용 잉크 분무기를 빵 만드는 데 활용하고 있다는 것을 파악했고, 이 기술 소유자와의 제휴를 통해 신상품 개발을 1년이라는 짧은 시간 안에 완성할 수 있었던 것이다(신한FSB리뷰).

P&G는 새로운 개방형 혁신 모델의 성공적인 도입으로 인해 오늘날 시장에 출시되는 신제품 중 35%(2000년에는 단지 15%에 불과했다), 제품 개발 계획의 45%를 외부 아이디어에서 얻고 있으며, R&D 관련 생산성을 60% 증가시킨 반면 소요 비용은 현저하게 감소하는 성과를 달성했다.

3 네트워크 조직

1) 개념

디지털 비즈니스 시대의 가장 두드러진 특징 중 하나는 기업 간 정보 및 자원 교류가 원활해지면서 사업 수행에 필요한 모든 기능을 내부(소유)화 하지 않고, 해당 기능을 보유한 외부 조직과의 긴밀한 협력관계 구축을 토대로 상호보완적인 시너지를 극대화하여 사업을 전개한다는 점이다. 이와 같이 공동의 이익을 창출하기 위하여 상호 신뢰를 바탕으로 개별적이고 독립적인 단위 조직 간에 지속적인 협력관계를 창출하는 관계 양식을 네트워크 조직이라고 한다. 한마디로 네트워크 조직이란 '상호 의존적인 조직 사이의 협력 관계'를 의미하는 것으로 정의된다. 즉 네트워크 조직은 업무적인 상호 의존성이 큼에도 불구하고 내부화하거나 자본적으로 강하게 연결됨이 없이, 서로 독립성을 유지하는 조직들이 상대방이 보유하고 있는 자원을 마치 자신의 자원인 것처럼 활용하기 위하여 긴밀하게 연결된 조직 간의 상태로 볼 수 있다(강금만, 2000).

2) 사례

ANX(Automotive Network Exchange)는 미국의 3대 자동차 회사의 35개 자동차 부품 공급 업체들의 연합체인 AIAG가 공동으로 협력하여 자동차 생산 프로세스를 효율적으로 운영하기 위해 구성한 네트워크이다. ANX의 개통으로 제품의 설계 데이터, 부품 재고, 부품 발주 정보, 출하 일정, 대금 지급 및 기타 기업 정보 등 자동차의 개발에서부터 제조·판매에 이르기까지 모든 정보를 실시간에 공유함으로써 비용 절감뿐 아니라 부품 공급의 효율성을 향상시켰다. 특히 [그림 2-2]와 같이 그동안 개별 기업 차원에서 추진해 오던 EDI 시스템을 인터넷을 이용해 하나로 통합함으로써 기존의 중복 투자 등 낭비적인 요소를 제거하는 한편 가상적인 전략적 제휴 형태를 취하여 미국 자동차 산업의 경쟁력을 강화하였다. 기업 간 정보 탐색 비용 감소, 정보 이용의 효율성 제고, 부품 개발 및 조달 리드 타임 단축, 재고 및 결품률 감축, 신차 개발 비용 및 기간 단축 등 업무 프로세스의 전 과정에서 효율성이 증대하였다. ANX 시스템 도입 후 자동차 1대당 약 1,200달러의 생산 비용 절감 및 업계 전체적으로는 연간 180억 달러의 비용 절감 효과를 보았다(강금만, 2000).

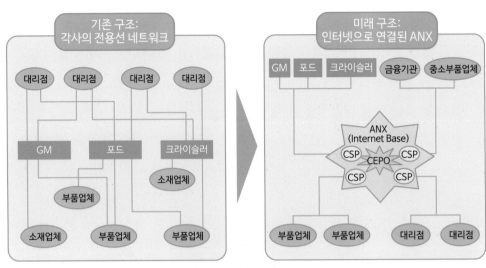

* 주: CEPO: Certified Exchange Point Operator, 인증된 거래 운영자
  CSP: Certified Service Provider, 인증된 서비스 제공자

(자료원: www.lgeri.com)

【그림 2-2】 네트워크 조직으로의 전환

제**4**절 업무처리의 혁신

1 BPR

최근 스타벅스(Starbucks)는 매장 인력의 감축과 업무처리의 신속성을 위해 두 가지 첨단 기법을 도입하였다. 하나는 매장에 키오스크(Kiosk)를 설치하여 고객들이 스스로 메뉴 선택과 결제를 할 수 있도록 하였고, 다른 하나는 고객의 스마트폰에 스타벅스 앱을 설치하도록 하여 앱상에서 주문과 결제를 할 수 있도록 하였다. 이로써 이전까지 대기 줄을 형성하면서 기다렸던 고객들의 불편함을 해소하고, 주문과 결제, 그리고 고객에게 음료 전달까지 걸리는 시간을 단축함으로써 매출 증대 효과까지 보게 되었다.

1) 개념

BPR(Business Process Reengineering)은 '비용, 품질, 서비스, 속도와 같은 핵심적 성과에서 극적인 향상을 이루기 위해 기업 업무 프로세스를 기본적으로 다시 생각하고 근본적으로 재설계하는 것'이라고 정의할 수 있다. [그림 2-3]과 같이 기능적 관점으로 분절되어 있는 기업의 업무를 프로세스 관점으로 전환하는 것을 전제로 한다.

BPR을 시행하기 위해서는 먼저 경영 비전과 프로세스를 재설계함으로써 기업이 얻으려 하는 목표가 확립되어야 한다. 원가 절감이나 생산성의 향상, 품질의 향상 등이 그 예이다. 두 번째는 선정된 목표를 바탕으로 기존의 프로세스를 새김도해서 현재 문제가 되어 재설계할 필요가 있는 프로세스를 찾아야 한다. 세 번째는 재설계 대상 프로세스의 현재 작업 방식과 성취도를 이해하고 평가한 다음 재설계한다. 네 번째는 기존의 프로세스를 재설계하는데 필요한 정보기술을 파악하고 이를 적용하는 방법을 찾는 것이다. 마지막으로 새로운 프로세스를 시범 운영함으로써 기업 구성원들의 반응을 살피고 기술적으로도 문제가 없는지를 살피는 것이다. 이 과정에서 조직원의 반응이 나쁘거나 프로세스를 시행하는데 있어 기술적인 문제가 있을 경우 이를 재검토하여 기업에 맞는 프로세스를 재설계할 필요가 있다. 기업 구성원은 프로세스에 의해 직접적인 영향을 받는 사람들이고 이들에 의해 프로세스가 시행되기 때문에 이들의 요구사항을 만족시킬 수 있는 프로세스의 개발이 중요한 것이다(Garvin & Champy, 1993).

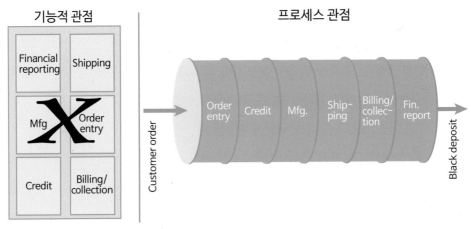

【그림 2-3】 고객 중심 프로세스 관점

BPR은 가치사슬에서 부가가치 창출에 기여하지 못하는 프로세스나, 업무 개선이 요구되는 프로세스를 파악한 다음 획기적인 개선을 추진하는 것이다. 그러나 획기적 개선이란 디지털 기술의 자원 없이는 불가능한 것이다. 따라서 BPR의 성공은 혁신이 요구되는 프로세스에 적합한 디지털 기술을 활용할 때 가능할 것이다. 즉 BPR은 기존의 정보시스템을 대체하는 개념이 아니라 정보시스템을 기업 내부의 경영 혁신으로 끌어올리는 전략으로 정의할 수 있다. 이와 같이 경영 혁신에 있어서 디지털 기술의 역할은 매우 중요하다. 디지털 기술이라는 요소가 단독으로 BPR을 성공적인 것으로 만들 수는 없지만, 디지털 기술의 지원이 없다면 획기적인 BPR을 시행하는 것이 불가능한 것이다(Bair, Fenn, Hunter, Bosic, 1997).

2) 사례

미국 포드(Ford) 자동차회사는 주문 처리 시스템 혁신을 통한 간접 기능을 최소화함으로써 업무 혁신을 이루었다. 과거의 외상 매입 업무는 구매, 재고, 외상 매입 등 3개 기능으로 수행되었는데, 이들 기능들은 많은 중간 단계를 거치면서 서류 작업이 순차적으로 일어나면서 프로세스에 간접적으로 관여하였다. 그러나 BPR이 도입된 이후 공유된 데이터베이스에 의해 간접 기능들은 사라지고, 서류의 흐름이 더 이상 프로세스의 촉발 역할을 하지 않게 되었다. 대신 모든 활동이 데이터베이스에서 나오는 정보로 프로세스에 직접 관여하게 됨으로써 간접 차원에서 직접 차원으로 프로세스를 끌어 올렸다. 대출 업무 프로세스도 대출 신청 서류를 디지털 이미지화하여 간접 프로세스에서 직접 프로세스로 전환하였다. 자동차 설계에 있어서도 컴퓨터 지원 설계 시스템에 의해 설계팀 멤버들이 물리적으로 대서양을 횡단할 필요 없이 공통 설계 데이터베이스를 공유할 수 있게 되었다. 설계자들 간에 물리적으로 돌아다니던 입출력 설계 서류들은 사라졌고, 한 번도 대면해 본 적이 없던 멤버들 간에 네트워크를 통한 비평과 의견들이 자유롭게 교환된 것이다. 이와 같이 포드는 공유 데이터베이스, 지식 베이스, 이미지 기술, 클라이언트/서버 시스템 등의 디지털 기술을 활용하여 내부 비효율 프로세스들을 줄이고 높은 생산성을 달성할 수 있었다(매거진인포에버, 2005).

2 벤치마킹

1) 개념

"경쟁자에게서 배운다."라는 말을 기업 경쟁의 전반에서 실행 가능하게 만들어 주는 경영 기법이 벤치마킹이다. 즉 벤치마킹이란 일단 '최고 수준은 어떻게 이룩 되었나?'에 대한 정보를 파악하고, 이 최고 수준의 정보와 비교할 때 우리의 성취도가 어느 정도인지 인지한 후, 우리의 목표를 재설정하고 전략을 수립하여 추진하는 것이다. 최고 수준의 경쟁력을 확보하기 위하여 제품, 서비스 및 프로세스의 질적 수준을 경쟁 업체 또는 업계를 선도하는 선진 기업의 수준과 지속적으로 비교, 분석하고 격차 극복을 위한 전략을 수립하여 실행하는 일련의 개선 활동이다.

벤치마킹의 첫걸음은 '너 자신을 알라'이다. 즉 자신의 프로세스에 대한 이해를 시작으로 하며, 경쟁사나 선진 기업 등 비교 대상의 프로세스와의 비교를 통해 자신의 취약점을 발견해 낸다. 그리고 궁극적으로는 고객의 요구에 충족되는 세계 수준의 프로세스를 만들어 전략적 우위를 확보하는 것이 벤치마킹인 것이다.

벤치마킹의 핵심은 기업 내부의 프로세스에 시장(market) 개념을 도입하여 비교하는데 있다. 즉 기업 간 경쟁은 시장에서 이루어지며, 그 경쟁의 결과는 품질, 가격, 시간, 서비스 등으로 비교된다. 그러나 기업에서 중요한 것은 그러한 품질과 가격 등을 경쟁 기업이 어떻게 달성했는지 알아내는 것이다. 따라서 경쟁 기업의 품질 수준이 뛰어나다면 그것이 인적자원이 뛰어나서인지, 정보시스템이 탁월해서인지 그 요소를 밝혀 내고 그 요소를 우리 기업과 비교하여 차이(Gap)를 파악하는 것이 기본이다. 이와 같은 차이를 파악하고 극복하기 위해서는 디지털 기술의 활용이 필수적으로 요구된다(Spendolini, 1992).

2) 사례

　벤치마킹은 1970년대 미국의 제록스(Xerox)사가 일본의 캐논(Canon)사의 도전에 대응하는 전략으로 도입·활용하면서 시작되었다. 그동안 제록스사는 미국에서 뿐만 아니라 전 세계 복사기 시장점유율을 96%까지 점유해 왔으나 캐논사를 비롯한 신규 복사기 업체들이 품질, 기능, 디자인 면에서 우수한 중·저가 제품을 내놓으면서 제록스사의 경쟁력은 급격히 하락하기 시작했다. 이로 인해 컨(David Kearn) 회장 취임 당시 제록스사의 시장점유율은 45%까지 추락했다. 위기 상황에 직면한 제록스사는 제품의 경쟁력 회복을 목표로 벤치마킹을 통한 경영 혁신과 고객 요구에 맞는 제품 혁신을 추진하였다. 그 결과 제록스사는 시간 단축, 비용 절감, 생산성 향상 및 품질 향상에 성공하여 1986년부터 제품의 경쟁우위를 확보하고 시장점유율을 회복할 수 있었다(A.어바웃컨설팅, 2012).

　벤치마킹을 위해 정보시스템을 도입하는 데는 비용과 시간이 많이 든다. 그러나 이와 같은 시스템의 구축은 경영 혁신의 측면에 상당한 시너지 효과를 가져온다고 실증되었다. 제록스사의 경우 벤치마킹에 디지털 정보시스템을 이용하여 생산성 향상, 비용 절감, 품질 향상을 이룰 수 있었고, 경쟁 기업들이 시스템을 도입하는 기간 동안의 시간을 이용하여 시장점유율을 회복할 수 있었다. 이러한 원동력은 경쟁 업체들과 비교할 수 있는 경쟁자 정보의 데이터베이스화로 우물 안 개구리에서 벗어날 수 있었다는 점과 소수의 중요 부문에 경영층과 전 종업원이 단기 경영계획 수립 과정에 동참하고 이를 실현하기 위한 계획과 실적의 비교가 항상 정보시스템을 통하여 공유되었다는 데서 비롯된 것이다.

3 스마트워크

'클라우드(cloud)', '원격 기술' 등 4차 산업혁명으로 대두되는 기술 발달이 이를 뒷받침하면서 시간과 장소에 구애받지 않는 유연 근무가 가능해졌기 때문이다. 저출산·고령화에 따른 이른바 '인구 절벽' 시대를 맞아 숙련된 노동자를 확보하기 위한 스마트워크(smart work) 도입 움직임이 국내외 산업계 전반에 확대되고 있다. 이에 발맞춰 스마트워크의 핵심 기술인 클라우드, 협업 도구, 화상회의, 원격제어 등이 각광받고 있다. 관련 솔루션(solution service)을 제공하는 국내외 정보통신기술(ICT) 기업들은 급변하는 비즈니스 환경에 따라 신규 서비스와 시스템·기기 등을 내놓으면서 업무 환경에 새바람을 일으키고 있다(정재희, 2017).

1) 개념

스마트워크의 개념은 종래의 지정된 근무 시간과 공간적 개념을 탈피하여 장소와 시간의 제약을 받지 않고 근무자가 최근의 디지털 기술 생태계를 적극 수용하여 사람, 정보, 지식, 시스템을 네트워크로 연결하는 업무 수행 환경을 포괄적으로 지칭하는 것이다. 이를 함수로 표현하면 다음과 같다.

조직의 생산성 혹은 효율성 = F(공간적 자유, 시간적 자율)

위의 식에서 공간적 자유와 시간적 자율의 정도는 조직의 관리 역량과 디지털 기술의 수준에 따르는 독립변수 들이고, 종속변수는 조직의 생산성, 근로자 만족도, 비용 절감 등을 포함할 수 있는 변수 들이다.

스마트워크 실천 전략은 시간적 자율과 공간적 자유의 정도를 선택하는 것으로 다양한 형태의 조합이 가능하다. 시간적 자율에 입각한 스마트워크 환경은 시차 출근제, 자율 출퇴근제, 집중 시간제, 재량 근로제 등 유연근무제가 대표적인 제도로 떠오르고 있다. 공간적 자유기반 스마트워크는 재택근무, 모바일 오피스(mobile office), 워크 스테이션(work station) 또는 스마트워크센터(smart work center)* 등의 유형이 시행되고 있다(남수현, 2011).

2) 사례

토요일 오전 11시, 정부 세종 청사에서 근무하는 이진성(가명) 사무관이 5일 만에 상경해 가족과 시간을 보내고 있는 시간, 상사로부터 문서 파일(file)을 급히 전송해 달라는 연락이 왔다. 기존 로컬(local) PC 기반의 환경에선 보안 USB를 사용하거나 이마저 없으면 다시 세종 청사로 복귀해야 했을 일. 하지만 이 사무관은 즉각 집에 있는 컴퓨터를 켜고 클라우드 저장소에 접속(로그인)해 세종 청사 사무실의 PC에 있는 업무 자료를 전송했다. "자료 클라우드에 올려 뒀습니다." 상사가 이를 받아 보기까지는 5분이 채 걸리지 않았다. '스마트워크'가 가져다준 업무 혁신이다.

화상회의 솔루션도 대면 보고의 대안이다. 글로벌 시장에선 MS의 '기업용 스카이프(skype)'와 시스코(Cisco)의 '웹(web) EX'가 이 분야에서 왕좌를 차지하고 있다. 최근 아마존이 '아마존 차임(chime)'이란 브랜드의 신제품 3종을 발표하며 화상회의 솔루션 시장에 발을 들였다. 한국의 기업 알 서포트(Al Support)는 화상회의 솔루션인 '리모트 미팅(remote meeting)'을 통해 재택근무(일본식 '텔레 워크(tele work')가 늘고 있는 일본 시장을 공략하고 있다. 리모트 미팅에 자사의 원격제어 솔루션인 '리모트 뷰(view)'와 원격 지원 솔루션 '리모트 콜(call)'을 협업하여 제공한다는 전략이다(피어슨, 레서 & 샙, 2010).

---

* 스마트워크센터란 자택 인근 원격사무실에 출근하여 사무실에서 제공되는 IT 기기를 활용하여 업무수행을 하는 공간을 말한다.

사례

BBC가 20년 전인 1997년 "매일 매 순간 업데이트됨(updated every minute of every day)"이라는 구호를 걸고 웹 페이지를 처음으로 열었을 때만 해도 페이지를 불러오는 데 30초의 시간이 필요했다. 하지만 현재 인터넷은 이미 뉴스를 이용하는 경로로서 TV와 같은 전통 매체를 앞질렀다. '로이터 디지털 뉴스 리포트 2017'에 따르면, 미국 기준으로 소셜미디어를 포함한 온라인 뉴스 이용률은 77%이며 TV(66%)를 크게 앞질러 있다. 이와 같은 변화를 가속화한 것은 모바일의 발전이었다. 2007년 아이폰이 등장한 이후 스마트폰을 통한 온라인 이용은 지속적으로 증가해 2017년 영국에서는 PC로 접속하는 것만큼 스마트폰을 통해 인터넷을 이용한다는 응답자가 66%로 나타났다.

이처럼 언론사는 뉴스 유통에 대한 통제권을 부분적으로 상실했고 이용자는 모바일을 통해 복수의 플랫폼을 다양한 맥락에서 사용하고 있다. 종이신문을 만들던 시절처럼 하나의 포맷에만 초점을 맞춘다면 현재의 독자들과 관계를 이어나가기 어렵다. 인터넷은 뉴스 기업의 비즈니스 모델을 해체했고, 유통 채널을 차지한 플랫폼은 언론사가 독자와 직접적인 관계를 맺는 데 장애물이 되고 있다. 이와 같은 상황에서 언론사는 새로운 독자를 만나기 위해 뉴스 포맷에 대한 실험을 끊임없이 시도하고 있다. 동영상 전환 흐름에서 나타나듯이 일부는 플랫폼이 강제하는 측면이 있지만 종이라는 미디어의 한계에서 벗어나 새로운 독자를 확보하기 위한 노력의 일환으로 바라볼 수 있다.

예를 들어 홈페이지 없이 뉴스 콘텐츠를 공급하는 나우디스(NowThis)는 소셜미디어에 최적화된 형식의 콘텐츠 생산 사례를 보여 준다. 많은 사람이 모바일에서 페이스북을 통해 콘텐츠를 접하는 상황이다. 공공 장소에서 비디오 콘텐츠를 접하는 경우에 이용자는 화면은 볼 수 있지만 소리를 듣지 못하는 경우가 많다. 나우디스는 모바일에서 보기 편한 1:1 비율의 동영상에 소리를 듣지 않아도 내용을 확인할 수 있는 자막을 붙여 기사를 올린다. 이러한 형식 자체가 TV 뉴스와는 완전히 다른 양상을 보여 준다(송해엽, 2017).

[토론 문제] 다음 질문들을 바탕으로 토론해 보자.

(1) 앞의 사례를 읽어보고 AMAZON 사례와 비교 분석한 다음 AMAZON이 미처 도입하지 못한 사례에 대하여 토론해 보자.

(2) 뉴스공급 비즈니스와 관련해서 미래의 경영혁신은 어떤 모습으로 등장할 것인지 예측해 보자.

(3) 이 책에서 소개되지 않은 사업범위의 혁신, 조직구조의 혁신, 업무처리의 혁신 등을 파악해 보고 각각의 사례에 대하여 알아보자.

【참고문헌】

강금만. "디지털시대의 기업조직: 네트워크조직". LG주간경제 2000.1.26. pp.41-47.

김은홍, 김화영. "경영정보학 개론". 다산출판사. 2006.

남수현. "스마트워크 출현과 비전". 스마트워크 2.0. 커뮤니케이션북스. 2011.

노규성, 조남재. "경영정보시스템". 사이텍미디어. 2010.

대한상공회의소. "국내기업의 아웃소싱 실태조사". 2006.3.

동아비즈니스리뷰. "'가성비갑' 이마트 노브랜드, 어떻게 소비자선택 받았나". 2017.8.2.

동아비즈니스리뷰. "현대적인 방식의 신용평가는 어떻게 탄생했을까? 2015". 1-2월호.

매거진 인포에버. "프로세스기바의 혁신(BPR) - 프로세스 혁신 및 비즈니스 리엔지니어링". 2005.2.5.

송해엽. "기술과 경영 혁신: 디지털 기술이 바꿔가는 저널리즘의 현재와 미래". 신문과 방송. 2017.12월
　　　호(통권 564호).

신한FSB리뷰. "P&G사의 프링글스 프린츠". 창조경영①http://img.shinhan.com/cib/ko/data/
　　　FSB_0711_06.pdf.

ICT와 스마트홈. 아마존의 끊임없는 진화는 계속된다. 2017.3.14.

A.어바웃컨설팅. "벤치마킹의 도입자, 제로스". 2012.2.28.

이노리서치글로벌. "융합의 개념 이해". 2017.10.3.

이서령. "정부의 정책이 기업의 혁신에 미치는 영향에 관한 연구". 서울과학종합대학원대학교 박사학위
　　　논문. 2017.2.

정재희. "스마트워크: 달아오르는 ICT전쟁 - 글로벌 ICT 기업의 전쟁터, '스마트워크' 솔루션. 한국경제
　　　매거진 제1110호. 2017.3.8.

조경행. "아웃소싱의 현황과 활용 사례". 임금연구 2007년 가을호. 2007.

캐터필라. "도로분석제어장치". https://www.cat.com/ko_KR/support/operations/technology/fleet-
　　　management.

피어슨, 낸시., 에릭 레서, 조엘 샘. "업무처리의 새로운 방식 - 글로벌 리더의 통찰력", IBM가치연구소.
　　　2010.

한국경제TV. "혁신을 만난 플류... 세계로 뻗는 CJ대한통운". 2017.12.26.

현대경제연구원. 전략적 아웃소싱을 통한 기업 경쟁력 강화. Prime Business Report(제44호). 1998, p.4.

현대자동차그룹. "현대자동차-아우디 수소차 동맹결성". 2018.6.20.

현상준. "[IT아웃소싱 성공사례] 대형 건설업체 플루어". 한국IBM. 2010.7.11.

Bair, j. J. Fenn, R. Hunter, D. Bosic. Foundation for Enterprise Knowledge Management.
　　　Business Process Re-engineering. Strategic Analysis Report. GartnerGroup. April 7, 1997.

Davila, Tony, Epstein, Marc, & Shelton, Robert. Making Innovation Work. Pearson Education
　　　Inc. 2013.

Degraff, Jeff and Quinn, Shawn E. Leading Innovation: How to Jump Start Your Organization's Growth Engine. 2007.

Garvin, D. A., "Building a learning organization". Harvard Business Review, 1993, July-August, pp.78~91.

Hammer, Michael and Champy, James. Reengineering The Corporation. New York: Harper Collins Publishers, Inc. 1993.

Michael J. Spendolini. The Benchmaking Book. New York; AMACOM, 1992.

Poot, Faem & Vanhavorbke. Toward a Dynamic Perspective on Open Innovation: A Longitudinal Assessment of the Adoption of Internal and External Innovation Strategies in the Netherlands. *International Journal of Innovation Management*(IJIM), Vol. 13, No. 2, 2009, pp. 177-200.

03

경영과 정보

경영자가 정보와 지식을 잘 관리해서 상황에 맞는 적절한 경영 의사결정을 하는 것은 기업 경영에 있어 매우 중요하다. 본 장에서는 정보와 지식의 역할과 중요성에 대해 학습하고, 조직에서 경영자의 역할은 구체적으로 무엇이며, 역할 수행 시 어떤 정보를 필요로 하는가?에 대해 살펴보고자 한다.

■ 정보와 지식의 정확한 개념을 이해한다.
■ 경영자의 역할에 따른 정보의 지원을 이해한다.
■ 의사결정 과정에 정보가 어떤 역할을 하는지 이해한다.

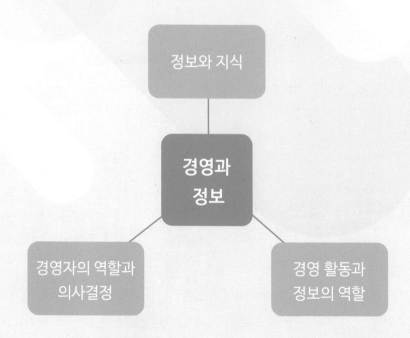

제1절 정보와 지식

정보(information)와 지식(knowledge)이란 단어를 사회 전반적인 분야에서 자주 사용한다. 디지털 기술의 성장은 엄청나게 많은 데이터(data)와 정보를 생성한다. 경영 의사결정을 자주 하는 기업의 입장에서 정보는 반드시 필요한 경영 자원이다. 모든 기업은 의사결정 하기 위해 디지털 기술을 활용해 대량의 정보를 정리하고 분석한다. 정보는 기업뿐 아니라 학교, 동호회 모임, 정부 등 모든 조직 운영에 꼭 필요한 요소가 되었고, 모든 사람이 정보란 말을 아무 거리낌 없이 사용한다. 그러나 대부분 사람들은 정보의 개념을 막연하게 알고 있으며 데이터, 정보, 지식의 개념 차이를 잘 모른다. 정보의 역할이나 중요성을 완전히 이해하고 있지는 않다.

1 데이터, 정보, 지식의 관계

일반적으로 정보란 개인이나 조직이 의사결정 하기 위해 의미 있고 유용한 형태로 가공된 데이터를 말한다. 사용자는 정보가 실제로 가치가 있을 것이라는 확신이 있어야 사용한다.

※ 대표 저자 : 박상혁

흔히 경영에서 말하는 정보란 경영이나 영업 활동을 효과적으로 추진하기 위해 데이터를 추출, 요약, 정리한 것으로 관련된 의사결정과 문제 해결에 도움을 얻기 위해 사용한다. 이후 시간이 흘러 축적된 경험, 노하우(knowhow), 평가, 감정 등을 지식이라 한다.

- 데이터는 현실 세계의 사실(fact)로부터 조사(research), 생산(creation), 수집(gathering), 발견(discovery) 등을 할 때 발생한다. 관찰한 객관적인 사실 그 자체를 의미한다. 데이터만으로는 어떤 정보도 갖지 않는다.
- 정보는 결론을 쉽게 도출할 수 있도록 데이터를 정리하거나 시각적으로 변환하여 표현한다. 즉 처리 또는 가공된 데이터(processed data)를 의미한다.
- 지식은 경험을 통해 상황이나 맥락에 맞게 적용한 정보를 의미한다. 정보는 정적이지만, 지식은 개인의 경험, 상황에 따라 달라지므로 동적이다. 데이터와 정보를 상황에 따라 잘 분석해서 발견한 규칙이나 패턴이 지식이다.

의사결정을 하거나 과업을 수행할 때 데이터와 정보의 의미를 혼동해서 표현하는 경우가 종종 있다. 데이터와 정보는 분명하게 차이가 있다. 데이터는 현실 세계에서 관찰해서 수집한 사실 그 자체이지, 의미 있게 정의되거나 분류한 개념은 아니다. 따라서 데이터는 의사결정에 도움이 안 된다. 의사결정에 도움이 되려면 데이터를 정리하고 편집해서 정보로 만들어야 한다. 예를 들어 의류 쇼핑몰의 각 고객별 판매 내역은 가공 전에는 단순한 데이터일 뿐이다. 그러나 고객의 구매 내역을 성별, 연령별, 지역별로 분석한 자료나 월 또는 시즌별로 선호하는 의류 스타일을 분석한 자료는 다음 연도 마케팅/홍보 계획 수립이나 판매/구매 계획 수립에 유용한 정보로 활용될 수 있다.

정보란 의사결정에 도움이 될 수 있도록 가공한 데이터를 의미한다. 어떤 사실이나 지식에 대해 별다른 의미를 갖지 못하는 사람에게는 단순한 종이나 자료에 불과하다. 여행을 가는 사람에게 일기예보는 매우 중요한 정보지만, 병원에 있는 사람에게는 아무런 의미가 없는 단순한 자료일 수 있다. 즉 정보는 잘 다듬어진 데이터(structured data)이다.

지식은 행동으로 옮길 수 있는 정보(actionable information)를 의미한다. 데이터, 정보, 지식은 서로 별개가 아니다. 데이터와 정보는 과거에 있었던 사건을 처리하며, 지식은 현재 일어난 일을 다룬다. 그런 과정을 통해 우리가 지혜와 통찰을 얻는다면 앞으로 어떤 일이 일어날지에 대한 전망을 할 수 있다. 따라서 최고경영자의 의사결정은 지식과 관련이 깊다. 최고경영자는 지속적으로 세상에 대한 깊은 통찰을 통해 회사 성과를 성찰하며 새로운 사업 방향을 정해야 한다(그림 3-1 참조).

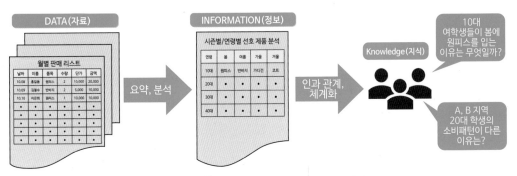

【그림 3-1】 데이터, 정보, 지식의 관계 예시

2 정보의 바람직한 특성

정보는 의사결정과 실행에 도움을 줄 수 있는 형태로 정리해야 한다. 정보의 가치는 활용하고자 하는 사람의 신분과 목적에 따라, 언제 어떤 방식으로 수집하고 처리했는가에 따라 달라진다. 특히 급변하는 환경에서 기업 경영자는 오래된 정보나 불완전한 정보가 아니라 정확한 최신 정보를 확보해야 한다. 정확하고(accurate), 시기적절하며(timely), 증명 가능하고(verifiable), 목적에 적합한(relevant) 정보인 경우에만 의사결정에 도움이 된다. 또한, 특수성, 유용성, 명확성 등을 가져야 데이터가 정보로서 제대로 인정받을 수 있다. 정보가 의사결정의 유용한 자원이 되기 위해 앞서 언급한 조건을 갖추어야 한다. 그러지 못하면 정보의 가치는 상실한다(노규성·조남재, 2010).

1) 정확성

모든 정보는 오류의 가능성을 가지고 있다. 그러나 정보가 정확할수록 의사결정의 방향과 내용이 올바르게 결정된다. 의사결정의 질은 정보의 정확성에 의해 좌우된다. 정보의 정확성은 무엇보다 중요한 정보의 질적 요소이다. 만약 정보의 내용이 부정확하다면 그 원인을 파악, 수정해야 한다. 정보가 정확하지 않은 경우는 목적에 맞지 않는 자료가 수집되거나, 자료가 시스템에 잘못 입력되거나, 처리 방법이 부적절한 경우에 발생한다.

의사결정자가 허용할 수 있는 정보의 정확성 정도는 상황에 따라 달라질 수 있다. 신속한 정보는 오류가 발생할 가능성이 높기 때문에, 긴급한 의사결정 상황에는 시기 적절성과 정확성 사이에 절충이 필요하다. 정보는 관심사가 정보에 의해 정확히 설명될 수 있도록 충분히 자세히 제공되어야만 가치가 있다. 정확성의 개념은 정밀성(precision)과는 구분해서 사용해야 한다. 즉 정확성은 어떤 사실이 얼마나 정확한 것인가를 의미하는 반면 정밀성은 얼마나 정교하고 치밀한가를 의미한다.

2) 시기 적절성

시기를 놓치면 가치가 줄어드는 정보가 있다. 정보는 적시에 제공되는 것이 중요하다. 일상적인 영업에 필요한 정보는 현재 상태를 보여 줘야 한다. 창고관리자는 최근 재고보고서가 있으면 주문에 빠르게 대응할 수 있다. 시간이 많이 지난 오래된 보고서는 재고관리에 아무런 도움이 안 된다. 반면 중장기 계획을 세우는 경우에는 과거 정보가 현재 정보보다 더 가치가 있다. 미래 판매량을 예측하기 위해서는 과거 판매량 추세가 중요한 정보가 된다.

예를 들어 "테슬라가 전기자동차 개발에 성공했다"란 정보는 테슬라 주식을 사면 큰 투자 수익을 올릴 수 있다는 좋은 정보가 될 수 있다. 그러나 이런 정보를 뒤늦게 입수한다면 투자 시기를 놓치게 된다. 뒤늦게 알게 된 정보는 정보로서의 가치를 상실한 것이다. 오히려 시기를 놓친 정보를 잘못 활용하여 주가가 급등하였을 때 그 주식을 매수함으로써 큰 손해를 입을 수도 있다.

따라서 '적시'란 반드시 '현재'를 의미하는 것이 아니라 필요한 때에 적절하게 이용할 수 있어야 하는 것을 의미한다.

3) 증명 가능성

정보가 의사결정에 도움이 되려면 증명할 수 있어야 한다. 증명할 수 없는 정보는 신뢰하기 힘들기 때문에 가치가 떨어질 수밖에 없다. 증권시장에는 투자자들을 현혹시키는 수많은 정보가 가득하다. 그중에 정보의 진위 여부를 증명할 수 없는 것이 많다. 투자자가 확인할 수 없는 정보를 가지고 잘못 투자했다가 큰 손실을 보는 경우, 증명이 안 된 정보를 의사결정에 활용했기 때문이다.

정보를 증명하는 방법은 여러 가지가 있다. 첫째, 새로운 데이터를 처리하여 얻은 결과를 처음 정보와 비교해서 증명한다. 둘째, 새로운 정보를 기존의 정확한 다른 정보와 비교해 증명한다. 셋째, 감사추적(audit trail), 즉 정보로부터 원시 데이터로 거꾸로 추적한 뒤 서로 비교해서 증명한다.

4) 목적 적합성

적시에 제공된 정보라도 의사결정에 도움이 안 되면 쓸모가 없다. 오히려 의사결정을 방해하는 결과가 나올 수 있다. '정보의 홍수'란 이런 경우에 해당되는 말이다. 목적에 적합한 정보란 의사결정에 필요한 정보를 말한다. 회계 감사인에게는 공장 운영 계획서가 필요한 것이 아니라 재무제표와 관련되는 장부가 필요하다. 목적에 적합한 정보는 정보가 필요로 하는 사람에게 해당 정보가 전달되어 의사결정에 실제로 도움을 줄 수 있어야 한다.

5) 기타 정보의 특성

정보는 특수성을 지닌다. 정보는 일반적인 것이 아니라 특수한 상황에 적합한 것이어야 한다. 경영자들은 특정 사건에 관한 정보를 필요로 할 뿐 아니라 그 추세나 전체적인 특성에 대해서도 이해해야 한다. 또 정보는 유용성을 지녀야 한다. 정보는 어떤 상황이든 직접 응용할 수 있는 형태로 만들어져야 한다. 이해 가능성, 검색 용이성(readability), 간결성(conciseness) 등의 특성도 가지고 있다. 또한, 정보는 명확해야 한다. 애매모호하게 표현하지 않고 의문의 여지가 없는 상태이어야 한다. 막연하고 일반적인 이야기나 모호한 말들로 작성된 보고서는 정확하지 않다는 인상을 주어 가치를 상실하게 된다.

3 지식의 창조와 관리

1) 지식 창조

경영자의 입장에서 보면 불확실성을 극복하고 새로운 기회를 만들기 위해서는 지속적인 혁신을 추구해야 한다. 공정 혁신과 신제품 개발에 대한 새로운 지식을 지속적으로 만드는 것이 매우 중요하다. 따라서 지식 창조 과정을 잘 관리할 필요가 있다. 이때 암묵지(implicit knowledge) 와 형식지(explicit knowledge)의 상호작용을 통하여 지식 창조 활동이 이루어진다 (Nonaka and Konno, 1998). 암묵지는 요리사의 전문 요리 기술이나 택견 달인의 무술 무공처럼 도제 학습과 체험을 통하여 개인에게 습득되지만 겉으로 드러나지 않는 상태의 지식을 말하며, 형식지는 암묵지가 문서나 매뉴얼처럼 외부로 드러나서 여러 사람이 공유할 수 있도록 잘 정리된 지식을 의미한다(그림 3-2 참조).

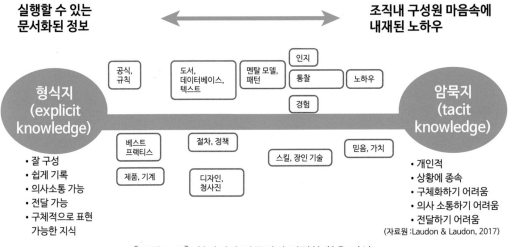

【그림 3-2】 형식지와 암묵지별 적절한 활용 지식

지식이 만들어지는 과정은 다음과 같다.

(1) 조합하기(combination)

기존에 알려진 형식지와 형식지를 새롭게 조합하면서 새로운 지식을 만드는 과정이다. 전형적인 신제품 개발 프로세스는 이러한 과정을 거친다. 신제품을 만들기 위해 기존에 개발된 특허를 검색하고 조사해서 필요한 신제품 스펙을 구성한다.

(2) 내재화하기(internalization)

새롭게 알게된 형식지를 학습하는 과정에서 개인 또는 조직의 암묵지로 축적하는 과정이다. 개인과 조직의 상황이 다르기 때문에 형식지를 학습하는 과정에서 새로운 경험과 노하우도 함께 축적된다. 이것이 새로운 암묵지가 형성되는 계기가 된다.

(3) 표출하기(externalization)

개인 간의 암묵지를 외부로 표출하는 과정으로 자신만이 가지고 있는 지식을 다른 사람도 이해할 수 있는 형태로 문서나 매뉴얼 또는 영상물로 표현하는 것을 말한다. 이런 형태로 지식이 표현이 되면 보다 많은 사람이 전문가의 지식을 배우기 쉬워진다. 암묵지를 형식지로 바꾸는 과정에서 새로운 관점과 통찰을 통해 새로운 지식이 만들어지기도 한다. 예를 들어 전문가의 노하우를 유튜브를 통해 녹화하여 다른 사람이 쉽게 학습하도록 도울 수 있다.

(4) 교류하기(socialization)

개인 간의 암묵지를 공유하는 과정으로 암묵지가 있는 사람이 다른 사람과 경험과 노하우를 체험, 도제학습 등을 통해 지식을 전하는 과정이다. 주로 말이나 문서가 아닌 눈으로 보면서 따라 배우면서 지식 전달이 이루어진다. 예를 들어 도자기 굽는 예술가의 경우, 장기간에 걸쳐 제자가 보고 따라하면서 예술가의 기술을 전수한다. 또한, 고객 욕구를 알기 위해 우리 제품을 어떻게 사용하는지를 관찰할 경우, 예상치도 못했던 새로운 방식으로 활용하는 것을 발견한다면 고객의 암묵지를 얻게 된다.

일반적으로 기업에서 문제가 발생하면, 문제 발생 원인을 찾고 해결안을 도출하기 위해 '조합하기' 과정이 발생한다. 성공적으로 문제가 해결되면, 이를 자신의 업무에 적용하는 '내재화하기' 과정이 일어난다. 이런 문제 발생 과정과 해결안을 문서로 정리하는 단계가 '표출하기' 과정이 일어나면, 공유하기 좋은 상태의 지식으로 바뀌게 된다. 그러면 동료와 함께 전체 과정을 '교류하기' 과정을 통해 확산하게 된다.

2) 지식관리

지식관리(knowledge management)는 1990년대부터 기업 경영에 본격적으로 도입되어 적용 범위가 신속하게 증가하였다. 지식관리는 사람, 프로세스, 디지털 기술 등을 함께 통합하는데 초점을 두고 있으며, 조직 목표를 달성하기 위해 조직 내 지식수집, 작성, 공유, 적용 등을 통해 조직 내 지식을 체계적으로 관리하는 것이다. 예를 들어 영업 판매왕의 고객관리 노하우가 있다면, 영업 판매왕의 암묵지를 지식 창조 과정을 통해 조직 내에 잘 축적하고 전파되도록 관리하는 것이다.

지식관리를 잘하기 위해서는 조직이 해야 할 일은 다음과 같다.
- 지식이 어디에 어떤 형태로 존재하는지 조사
- 적절한 지식을 필요한 사람들에게 적시에 제공
- 조직이 알아야 하는 새로운 지식을 어떻게 생성하고 획득하며 공유하는지에 대한 절차 제시
- 지식 창출 및 공유에 도움이 되는 조직 문화 형성

이러한 지식관리는 전략적 관리, 정보관리, 프로젝트 관리 등과 같은 다양한 분야와 밀접

한 관련이 있으며, 다양한 프로세스와 시스템으로 활성화되기 때문에 지식관리 체계는 매우 다양하고 복잡하다. 기본적으로 조직에서는 공식적 조직(formal group)에서 발생하는 지식을 잘 축적해서 공유하는데 초점을 맞춘다. 공식적 조직은 일반적으로 컨퍼런스나 회의를 통해 지식을 공유한다. 이를 위해 사용하는 정보시스템을 지식관리시스템(KMS, knowledge management systems)이라 한다. 전통적인 정보시스템은 주로 정형화된 정보만을 다루기 좋게 되어 있으나, 지식관리에서 관리해야 되는 정보 형태는 스토리, 사진, 동영상 등 비정형화된 형태로 이루어진 경우가 많기 때문이다. 지식관리시스템은 비정형화된 정보를 잘 다루며, 조직내 지식 전문가의 노하우를 잘 활용하도록 설계되어 있다. 전문가의 경험을 공유하기 위해 게시판을 운영하기도 한다. 혁신적인 아이디어나 문제 해결 방안은 공식적인 조직이 아닌 동아리와 같은 비공식적 조직(informal group)에서 창출되는 경우가 종종 있기 때문에 성공적인 지식관리를 위해서는 비공식적 조직의 활성화도 함께 추진한다. 이를 기반으로 많은 조직이 다양한 학습 동아리(CoP, Community of Practice)를 육성해서 지식관리를 활성화한다.

지식관리시스템은 현재 다양한 분야에서 활용되고 있다. 특히 보험권 중심으로 챗봇 도입이 활발해지면서, 챗봇과 지식관리시스템 연계가 이뤄지면서 주목받고 있다. 고객 서비스 향상을 위해 챗봇이 도입되면서 내부 업무 대응을 위해 지식관리시스템과 연동되고 있는 것이다. 예를 들어 고객센터 등 고객 업무를 담당하는 직원이 특정 문의에 대한 전문적인 답변을 원할 때, 지식관리시스템의 데이터를 기반으로 챗봇이 응답하는 구조이다.

앞서 보험업계의 챗봇 경우와 같이 최근 지식관리시스템은 대고객 서비스 향상을 위한 시스템으로 활용되고 있다. 대표적으로 NH 농협이 지식관리시스템을 고객 서비스에 도입한 사례를 들 수 있다. NH 농협은행은 4,000여 건 이상의 상담 콘텐츠가 데이터베이스화 되어 있는 상담 지식관리시스템을 통해 고객 상담을 제공한다.

NH 농협생명은 자동응답 시스템을 통해 고객 상담을 제공하고 빅데이터를 통해 상담 내용을 분석한다. 여기서 빅데이터로 분석한 상담 내용을 지식관리시스템으로 구축하고, 여기에 사내 공문, 관련 파일, 과거 답변 내용 등의 데이터를 융합해 고객에게 보다 정확한 정보를 제공할 수 있다.

(컴퓨터월드, IT업계에 분 지식관리시스템 열풍, 2017년12월29일자 중 일부)

제2절 경영자의 역할과 의사결정

1 경영자는 어떤 일을 하는가?

1) 경영자의 업무

기업에서 경영을 담당하는 관리자는 크게 ① 운영관리를 하는 하위 관리자, ② 하위관리자를 관리하고 조직의 목표를 구체화하여 성과 목표를 관리·통제하는 중간관리자, ③ 의사결정과 전략기획 업무를 하는 최고경영자로 구분한다. [표 3-1]은 경영 계층별로 어떤 일을 하는지 정리하였다.

하위관리자는 현장 업무 관리하기(operational management) 활동을 통해 업무 현장에서 작업을 지시하고 현장에서 발생하는 문제점을 해결하는 의사결정을 수행한다. 소비자나 공급자와 관계된 일이다. 하위관리자의 주된 업무는 인력 배치와 운영, 생산과 공정관리, 기계와 자재관리, 시장분석과 고객관리, 영업 활동 등이다. 일반적으로 조직을 운영하면서 직접 이익을 창출하거나 손해를 본 경험이 운영관리 업무에서 일어난다. 예를 들어 자동차회사 생산공장의 하위관리자는 당일 작업 투입을 위한 인원 배치와 공정별 투입 인원수 결정 등에 대한

【표 3-1】 경영 계층별 경영 활동과 업무 내용

경 영 계 층	경 영 활 동	업 무 내 용
최고경영자	기업 전략 세우기 (strategic management)	조직의 목표와 사업방향 설정 사업 정책과 전략 결정 신제품과 기술개발에 대한 방향 설정 기업 인수와 합병 결정
중간관리자	사업부 관리하기 (management control)	최고경영자가 정한 조직 목표를 달성하기 위해 사업부별 역할과 책임 담당 조직 목표를 구체화하여 중기 계획 수립 하위 부서의 정책과 목표를 부여하고 성과 관리
하위관리자	현장 업무 관리하기(operational management)	중간관리자가 정한 중기 계획에 따른 단기 계획 수립 인적·물적 자원을 활용하여 실제 현장에서 업무 수행

의사결정을 한다. 마케팅 부서의 하위관리자는 목표 시장에 대한 고객 반응 조사를 통해 상위 관리자의 경영 의사결정에 도움이 되는 정보를 제공한다. 상위 계층 경영자의 업무와 비교해 하위관리자는 숫자로 표현되는 구체적인 자료를 주로 다루며 단순한 업무가 많다. 의사결정은 비교적 빠르게 이루어진다. 잘못된 의사결정이 내려졌다 하더라도 짧은 시간 내 수정·보완이 가능하다. 잘못된 판단으로 인한 의사결정의 영향은 오래가지 않는다. 현장 업무를 관리하는 하위관리자는 효율성을 가장 중요한 기준으로 정하고 의사결정을 한다. 현장 업무를 관리하는 업무내용은 주로 명령이나 주문의 형태로 나타난다. 상위 계층에 비해 상대적으로 자율적 의사결정은 제한되고, 상위관리자의 관리와 통제를 받는다.

중간관리자는 사업부 관리하기(management control) 활동을 통해 기업에서 발생하는 다양한 상황에 대해 적절하게 대응하여 조직 운영이 지속 가능할 수 있는 전략을 계획하고 수립한다. 중간관리자의 권한은 현장 업무 관리하기와 중기 전략기획을 포함한다. 예를 들어 자동차공장의 경우 생산 계획과 노동생산성 분석 등에 대해, 중간관리자는 당일 작업을 위한 투입 노동자 수, 당일 자동차 생산량 등에 대한 의사결정을 한다. 중간관리자 업무는 하위관리자 업무와 비교해 숫자로 표현하는 일이 상대적으로 적다. 사업부 관리하기 업무가 현장 업무관리하기 업무와 비교하여 업무 성격이 추상적이고 복잡하여 정량적으로 평가하기 어렵기 때문이다.

최고경영자의 기업 전략 세우기(strategic management) 활동은 미래에 맞춰져 있다. 최고경영자에 의해 수립된 의사결정은 대부분 장기적인 성격을 지닌다. 전략기획의 성격은 통제보다 계획에 집중되기 때문에 낮은 계층의 업무보다 훨씬 더 독창적이며 창조적이다. 예들 들어 자동차공장의 경우, 최고경영자는 공장 부지의 확보, 기업의 인수와 합병, 노사 혹은 기업과 고객 간의 분쟁 조정과 교섭 등과 같은 문제를 해결하게 된다. 이를 위해 최고경영자에게 필요한 자질은 회사 내 여러 부서의 방향과 구조를 조정하고 통합하며 아이디어를 모아 장기 계획을 수립하는 것이다. 최고경영자는 소비자, 직원, 공급자로부터 발생하는 다양한 요구사항과 불만을 동시에 접하게 된다. 따라서 최고경영자의 업무는 하위관리 계층에 비해 복잡하고 다양하다.

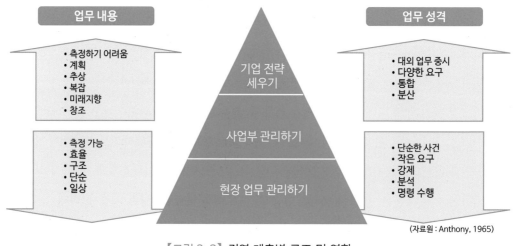

【그림 3-3】 경영 계층별 구조 및 역할

2) 팀 조직 경영자

팀 조직은 의사결정 권한이 소수의 경영자에게 집중하는 것이 아니라 역할을 수행하는 팀에게 책임과 권한이 부여하는 조직 형태로 민첩한 실행이 가능하고 조직원의 능력과 역할에 따른 리더십을 발휘할 기회를 제공한다. 팀 조직을 적용하는 것은 대기업보다는 스타트업

(startups, 창업기업), 영리기업보다는 비영리기관, 전통적인 제조업보다는 지식기반 서비스업에 더 적합하다. 왜냐하면, 스타트업의 경우 규모가 작고, 환경 변화에 빠르게 대응하여 혁신을 시도해야 하기 때문에 팀 조직 형태로 운영하는 경우가 많다. 또한, 비영리기관의 경우에도 금전적 보상이나 지위를 바라보기보다는 사회적 가치를 더 중요시 여겨 자발적으로 참여한 조직원으로 운영하는 하기 때문에 팀 조직으로 운영하는 경우가 많다(Bernstein et al., 2016).

미국 온라인 신발 쇼핑몰 업체인 자포스는 대표적인 팀 조직이다. 서클(circle)이라는 유동적 형태의 팀에 역할을 부여하는 자율 경영 방식으로 회사를 운영한다. 대부분의 조직원은 다양한 서클에 소속되어 활동하며, 기업 상황에 따라 서클이 만들어졌다가 해체된다. 전통적 계층구조의 조직과는 다르게 조직 구성원들은 업무에 대한 책임과 권한, 업무와 관련된 정보 등을 전부 공유한다.

2 경영과 의사결정

1) 경영과 의사결정 과정

경영자의 가장 중요한 역할은 불확실한 미래를 예측하고 투자를 결정하며 실행하는 것이다. 이때 경영자는 의사결정에 관한 수많은 고민을 한다. 의사결정자로서 경영자를 만나 보자. Simon(1975)에 의하면, 개인 의사결정은 탐색(intelligence), 설계(design), 선택(choice)의 과정을 거친다. 이러한 의사결정 모형은 실행 단계가 포함되면 [그림 3-4]와 같이 4단계로 나타난다. 각각 분리된 단계가 아닌 반복적이고 순환적인 과정이다. 의사결정 시 문제 해결을 위해 필요하다면 더 많은 정보를 수집한다. 또 문제를 재정의하기 위해 탐색 단계나 설계 단계로 되돌아갈 수 있다.

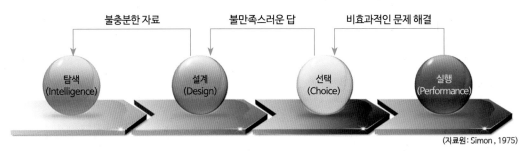

(자료원 : Simon , 1975)

【그림 3-4】 사이먼의 의사결정 과정

탐색 단계는 의사결정에 필요한 데이터를 수집하고, 조직 내외부 환경을 조사하며, 해결하고자 하는 문제를 탐색하고 정의한다. 문제와 기회가 잘 드러나지 않는 상황에는 정확한 데이터를 얻기 힘들다. 이런 상황에서 수집된 데이터는 의사결정 과정에 적절한 정보 제공이 어렵다.

설계 단계는 탐색된 문제를 구조적으로 연구하고, 선택 단계에서 고려하게 될 대안을 개발하며, 예상되는 결과를 평가한다. 충분한 자료와 창조적이고 다각적인 사고가 필요하다. 그러나 확보된 자료가 충분하지 않고, 문제를 다루는 것이 제한되어 있을 경우 대안을 개발하거나 평가하기는 어렵다. 이 경우 문제 해결에 보다 많은 정보와 새로운 대안들이 필요하여 탐색 단계로 되돌아 가는 경우도 발생한다.

선택 단계는 설계 단계에서 개발된 대안들 중에서 가장 합리적인 대안을 선택한다. 대안을 선택하는 것은 상당한 위험과 불확실성을 내포하는 경우가 많다. 조직의 목표와 기대되는 이익이 서로 충돌할 경우 이들을 조화시켜야 하고, 불확실성을 제거해야 하며, 집단 내 의사결정이 조직 구성원 개개인을 모두 만족시키지 못할 경우 적절한 조정 절차를 거쳐야 한다. 그러나 조정이 힘들 경우 의사결정자는 다른 대안을 개발해야 하기 때문에 설계 단계로 되돌아 가거나, 아예 문제 자체를 재구성하기 위해 탐색 단계로 되돌아가야 한다.

실행 단계는 선택 단계에서 채택된 결정 사항을 현실적으로 구체화하여 효과적으로 실행한다. 경영자는 선택 단계의 결정을 이해 당사자들에게 적절히 설명하면서 문제 해결에 도움을 줄 수 있다는 것을 알려야 한다. 이해 당사자들을 잘 설득하기 힘들 경우 위원회를 구성해

합의를 이끌어낼 수 있다. 또 의사결정에 영향을 받는 사람들이 결과에 따를 수 있도록 해야 한다. 결정 사항을 실행 후 성공 여부도 추적하여 실행 과정에서의 문제를 해결한다. 필요하다면 더 많은 정보를 수집하고 문제의 초점을 재구성하여 탐색 단계 → 설계 단계 → 선택 단계 → 실행 단계로 되돌아가는 순환적 과정을 반복해야 한다.

2) 경영 의사결정의 왜곡

최고경영자에서부터 하위관리자에 이르기까지 기업의 임직원은 미리 막을 수 있는 의사결정 실수를 자주 저지른다. 많은 경우, 경영자가 사이먼의 의사결정과정을 따르지 않고 직관적으로 판단하고 깊은 고려 없이 빠르게 의사 결정하는 경우가 종종 있기 때문이다. 계획에 문제가 있다는 정보를 간과하거나 무시하기도 한다. 노벨 경제학상 수상자인 대니얼 카너먼에 의하면, 무의식적이고 본능적이며 감정적인 직관적 사고방식을 무분별하게 적용하여 성급한 판단을 할 경우, 경영의사 결정에 오판을 하게 된다(Kahneman, 2013).

경영의사 결정의 왜곡이 일어나는 주요 이유는 다음과 같다. 첫째, 과도하게 낙관적으로 상황을 판단하는 것이다. 긍정적인 사건이 일어날 가능성은 과대평가하고 부정적인 사건이 일어날 가능성은 과소평가한다. 예를 들어 창업자들이 사업계획서를 작성할 때 과다하게 미래 전망을 낙관적으로 예측할 때 오판할 가능성이 있다. 둘째, 자신이 선호하는 신념과 일치하는 증거에는 필요 이상으로 의미를 부여하고, 반대되는 증거에는 충분한 의미를 부여하지 않는다. 공평하게 정보를 탐색하지 않는다. 이런 경우 다양한 전략적 대안에 대한 객관적 평가는 힘들어진다. 셋째, 현재 상태를 바꾸라는 압력이 없으면 그것을 유지하려고 하고, 현재 시점의 즉시적 보상의 가치를 매우 높게 평가하여 장기적 이득에는 과소평가하는 경향을 보인다. 이런 경우 단기 실적에 집중해서 미래를 바라보는 장기적인 투자는 소극적으로 대응하게 된다.

큰 성공을 이룬 사람일수록 자기 확신이 커서 위험을 과소평가하는 경향이 있다. 이러한 자기 확신은 확증편향(confirmation bias)을 일으켜 의사결정 실패하는 경우가 많다. 초기에 크게 성공한 창업가가 사업이 진행되면서 또 다른 선택도 잘될 것이라는 자기 확신으로 오판을 하여 크게 실패하는 경우가 종종 발생한다. 이러한 경영의사 결정 왜곡은 기타 다양한 심리적 요인에 의해서도 발생한다.

3 경영자의 기타 역할

1) 인간관계 중재 역할

개인과 집단은 상호관계를 맺고 있는 타인이나 다른 집단과 갈등을 경험한다. 갈등은 크게 개인 간 갈등, 개인과 집단 간 갈등, 집단 간 갈등 등으로 구분한다. 갈등은 조직의 성과를 떨어뜨리기도 하지만, 적당한 갈등은 조직에게 오히려 긍정적인 효과를 준다. 관리자는 긍정적인 갈등과 발전적인 대립을 잘 활용할 필요가 있다. 회사 내 관리자들은 변화에 능동적으로 대처하고 생산적인 방향의 경영관리를 할 수 있도록 긍정적인 갈등을 유도해야 한다. 이러한 집단 간 갈등을 회피하기보다는 적극적인 자세로 해결 방안을 찾고자 노력해야 한다.

갈등을 해결하기 위해 다음과 같은 노력을 해야 한다. 갈등을 겪고 있는 사람들의 의사소통을 원활히 하고 서로의 입장을 알리고 갈등 원인을 찾아야 한다. 때로는 집단 간 공동의 목표를 설정하여, 서로 의논하고 교류를 갖게 하여 갈등을 해소할 수 있다. 이때 조직 내 갈등을 발견하고 해결하는데 있어 정보는 매우 중요한 역할을 한다.

2) 경쟁우위 창출자의 역할

경영 전략의 핵심은 목표 시장을 잘 찾고, 경쟁자를 대비하여 어떻게 하면 경쟁우위를 가질 수 있는가에 있다. 이렇게 하기 위해서는 경영자가 고객에 대한 정보를 지속적으로 관리하고, 경쟁사 상황에서 대해 항상 관심 있게 지켜봐야 한다. 경쟁우위는 기업의 외부 요인과 기업 내부의 혁신을 통해 생긴다. 외부 환경의 변화에 대한 기업의 대응 능력은 수집한 정보와 유연성에 따라 달라진다. 정보 수집력은 외부 환경의 변화를 인식하고 예측할 수 있는 능력을 제공해 준다. 디지털 기술과 인터넷의 발전, 특히 소셜미디어와 스마트폰의 등장 이래 기하급수적으로 쌓이고 있는 대용량 데이터들의 가치를 추출하고 결과를 분석하는 '빅데이터 기술'은 기업에 유용한 정보를 제공, 시장 현황과 상품 및 고객 분석 등을 지원한다. 유연성은 외부 환경의 변화에 맞춰 기업들이 갖고 있는 경영 자원을 신속히 재배치하기 위하여 필요한 조건이다. 그러나 유연성이란 어떤 기술적인 능력(공장이나 기계와 같은 하드웨어)이 아니라 주로 조직에서 나오는 소프트웨어적인 성격을 갖는다. 유연성은 기업의 조직 구조, 기업의 의사결정 시스템, 각 개인의 업무, 업무 체계에 따라서 상당히 차이가 난다. 관료주의적인 조직은 이러한 유연성을 확보하기가 어렵다. 의사결정이 분권화되어 있고 조직 내에 협조 체계가 잘되어 있을수록 유연성은 훨씬 높아지기 때문이다.

경쟁우위는 기업 내부 혁신으로부터 발생할 수도 있다. 기업이 기술 혁신을 통해 신제품을 만들어 내거나, 혁신적으로 원가를 줄일 수 있는 방법을 개발하고, 새로운 유통망의 개척이나 새로운 판매 지역의 개척과 같은 혁신 활동을 하면 상당한 경쟁우위가 발생한다. 기업이 이런 혁신을 통해 경쟁우위를 창출하려면 풍부한 상상력과 직관이 필요하다. 기업 내부의 혁신으로부터 만들어진 경쟁우위의 확보 능력은 경쟁 기업이 갖고 있는 경쟁우위 요소를 분석하여, 이를 극복하기 위한 방안을 수립하고자 하는 경영자로부터 나오게 된다. 이러한 경쟁우위 창출은 양질의 정보를 지원하는 기업 내부의 정보시스템이 어떻게 활용되고 있는가에 따라 크게 달라진다.

제3절 경영 활동과 정보의 역할

조직이 외부 환경에 대한 정보를 신속하게 파악해야 환경 변화에 민첩하게 대응할 수 있다. 경쟁 기업들과 비교하여 조직 내부의 여건에 대한 정보도 항상 확보하고 있어야 치열한 경쟁환경에서 생존할 수 있으며, 성장을 기대할 수 있다. 기업이 경쟁에서 생존하고 지속 가능한 성장을 위해 제품 및 서비스 관련 비용을 줄일 수 있는 비용 우위 전략과 차별화 전략으로 경쟁우위를 확보해야 한다. 이러한 중요한 역할을 정보와 정보시스템이 맡고 있다. 최근 들어 조직 운영에 정보와 정보시스템이 필수 불가결한 요소가 된 이유다. 정보가 어떻게 관리자를 지원하는지 살펴보자.

1 경영 계층별 관리자를 위한 정보 지원

제2절에서 살펴본 바와 같이 하위관리자는 현장 업무 관리하기, 중간관리자는 사업부 관리하기, 최고경영자는 기업 전략 세우기를 한다. 그런데 각 경영자가 제대로 업무를 진행하려

면 [그림 3-5]와 같이 적절한 정보가 필요하다.

　하위관리자가 필요한 정보는 현재 생산 중인 상품이나 제공하는 서비스에 초점 맞추어져 있다. 주로 조직 내에서 정보가 발생되며 상품이나 성과 등으로 좁게 범위의 정보에 집중한다. 정보 원천이 미리 결정되어 있기 때문에, 하위관리자는 어떤 자료를 수집하여야 하고 어떤 정보가 중요한지 알고 있다.

　중간관리자가 필요한 정보는 판매 및 생산계획, 수익 및 이익률, 원가 등 경영 지표와 관련이 깊다. 물론 전략 계획 수준의 조직 성과도 관심 분야다. 하지만 중간관리자의 주 관심사는 경영 성과를 극대화하기 위해 다양한 경영 활동을 지속적으로 실행하는 데에 있다. 따라서 경영 성과에 영향을 주는 내외부 정보를 집중적으로 모니터링한다.

　최고경영자는 기업 정책, 계획, 예산, 목표와 관련한 정보에 관심이 많다. 구체적인 숫자를 기록한 예산조차도 미래에 대한 전망일 뿐이며 틀릴 수도 있다. 최고경영자는 중요한 정보를 주로 조직 외부로부터 확보한다. 따라서 조사하는 정보는 상당히 넓은 영역을 포함하고 있으며 기업 내부 정보도 함께 검토한다. 최고경영자가 다루는 정보는 미래 지향적이고, 비주기적이고, 요약되어 있는 형태이다. 전략기획 업무를 위한 의사결정은 조직 전체에 장기적으로 영향을 주기 때문에 정밀한 정보보다는 대략적인 동향 정보가 더 중요하다.

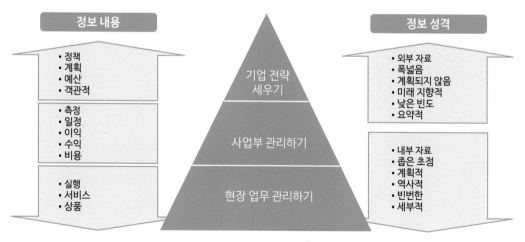

【그림 3-5】 경영 계층별 요구되는 정보 내용과 성격

조직 계층별 정보 특성을 요약하면 다음과 같은 [표 3-2]으로 나타낼 수 있다.

【표 3-2】 경영 계층별 정보 특성

정보의 특성	하위관리자의 현장 업무 수행하기	중간관리자의 사업부 관리하기	최고경영자의 기업 전략 세우기
출처	기업 내부	기업 내외부	기업 외부
범위	잘 정의되고 좁음	중간	매우 넓음
요약 수준	구체적	상황에 따라 다름	요약적
시간	과거 지향적	현재 지향적	미래 지향적
정확도 요구	높음	보통	낮음
활용빈도	매우 잦음	보통	드뭄
불확실 정도	낮음	상황에 따라 다름	높음
구조화 정도	높음	상황에 따라 다름	낮음

2 의사결정을 위한 정보 지원

1) 탐색

정보시스템은 경영자에게 드러나지 않는 문제에 대해 경고하고, 문제 해결을 위한 결정적인 단초와 기회를 제공함으로써 합리적인 의사결정을 가능하게 한다. 그러나 경영자의 능력이나 탐색 스타일에 따라 불완전한 데이터 속에서도 문제와 기회를 발견할 수도 있다. 경력이 풍부한 경영자는 과거의 의사결정 과정에서 축적했던 경험을 바탕으로 문제를 직관적으로 포착하여 일정한 형식이나 틀로 만들 수 있다.

경영자는 정보시스템을 통해 조직의 내외부 환경에 대한 정보를 수집하여, 조직이 당면하고 있는 문제를 발견하기도 하고 새로운 기회를 파악하기도 한다. 경영자는 방대한 양과 일정한 틀에 구애받지 않는 다양한 데이터인 빅데이터를 수집, 저장, 분석하여 작성된 시장 현황 보고를 통해 자사 제품 및 서비스의 상품 계획 수립, 목표 시장 설정 등 의사결정을 할 수 있다. 기업의 현황 정보나 외부 시장정보 등은 경영자의 성공적인 의사결정을 위하여 경영정보시스템에 의해 제공된다.

하지만 경영자는 합리적으로만 생각하지 않는다. 편견과 직관적 판단으로 제공된 정보를 충분히 검토하지 않고 문제를 협소하게 정의할 수도 있다. 따라서 합리적 판단을 하기 위해서는 문제 정의 단계에서 문제의 근본적인 원인이 무엇인지 재점검해야 한다. 이렇게 해야 잘못된 의사결정을 피할 수 있다.

2) 설계

정보시스템은 의사결정의 대안을 만들고 평가하는 데 도움을 줄 수 있다. 의사결정의 설계 단계에서 정보시스템의 역할은 의사결정 유형에 따라 달라진다. 적정 재고 유지나 대출 자격의 심사와 같이 구조화될 수 있는 의사결정의 경우 의사결정의 대안이 컴퓨터로 구축한 정보시스템을 통하여 자동으로 처리될 수 있는 반면, 신사업 투자 효율성 분석이나 종업원 교육 투자 분석 등은 일정한 형식이나 틀로 만들기 어렵다. 이런 경우 정보시스템은 데이터를 분석하여 각종 요인을 검토하고 요약하여 의사결정에 필요한 형태로 정보를 제공하는 목적으로 활용될 수 있다.

창의적인 의사결정 대안을 설계하기 위해서는 직관적 사고와 논리적 사고를 함께 이용해야 한다. 경영자의 경험과 노하우나 집단지성을 통해 직관적이며 창의적인 아이디어를 도출하고 이에 대한 철저한 논리적 판단을 함께 할 경우, 창의적 의사결정 대안을 설계할 수 있다.

3) 선택

의사결정이 정보시스템을 통하여 완전 자동화되는 경우를 제외하면 최종적인 선택은 경영자의 의사결정에 의해 이루어진다. 선택 과정에서 정보시스템은 다양한 변수를 비교하여, 다양한 대안을 평가해서 경영자의 의사결정을 돕는 민감도 분석(sensitivity analysis)을 제공할 수도 있다. 또는 가상의 상황을 만들어서 조건의 변화에 따라 결과가 어떻게 달라지는지를 시뮬레이션(simulation) 기법을 통해 미래 예측을 할 수도 있다. 이를 통해 가상적인 변화 상황을 예측하고 이에 대한 분석을 가능하게 함으로써 미래의 불확실성과 위험을 감소시킬 수 있다.

4) 실행

이 단계에서 정보시스템을 활용하면 결정된 대안의 성공적 실행 여부를 판단하는 데에도 도움이 된다. 피드백 기능 제공뿐만 아니라 의사결정의 성공적 실행 여부를 판단하는데 도움이 된다. 불확실성이 높은 현 경영 환경에서는 완벽한 해법을 초기에 제시하기보다는 린스타트업(Lean Startup) 개념을 도입하여 대안을 빨리 제시하고, 실험을 통한 검증을 통해 보완하는 피드백 절차를 갖는 것이 바람직하다.

3 경영자를 위한 정보의 기타 역할

정보는 의사결정에만 도움을 주는 것이 아니다. 정보는 우리 삶에 깊숙이 자리를 차지하고 있다. 유명 연예인의 최근 소식이 친구들과 이야기할 수 있는 공감대를 형성해 주는 것처럼 정보는 관리자와 조직원의 사회적 관계를 이어 주는 역할을 한다(March & Simon, 1993). 심지어는 소셜미디어 서비스는 서로 잘 모르는 익명의 사람과 관계를 맺고, 이를 기반으로 새로운 기회 창출의 도구로 활용하기도 한다. 이러한 연결고리로서의 정보 역할은 다음과 같다.

1) 상황파악

정보는 의사결정과 직접적인 연관이 없더라도 상황을 파악하고 이해하는데 있어 매우 중요하다. 사람들은 회사에 아무런 일도 없다는 것을 확인하기 위해 또는 새로운 뉴스가 없는지 알기 위해서 정보를 필요로 한다. 업무나 생산이 특별한 문제 없이 정상적으로 이루어지고 있다는 사실을 아는 것도 매우 중요한 조직생활의 일부이다. 새로운 상황의 전개나 문제의 발생 조짐을 파악하고 적절한 대비를 하는 것도 중요하다. 이러한 상황 파악 도구로서의 정보의 역할은 의사결정과는 다른 정보의 유용성을 보여 준다. 미리 설정된 목적이나 가설의 검증이 아니라 조치가 필요한 상황이 발생할 것인가, 새로운 아이디어는 없는가 등을 파악하고 판단하기 위해 아주 일상적인 상황의 탐색이나 분석의 대상으로 정보가 사용된다.

2) 변화 적응 및 학습

기업이 정보를 통하여 상황의 전개를 파악하고 해석하며 상황의 변화에 적응해 나가는 능력은 문제를 해결하기 위한 방법을 찾고 선택하는 의사결정 활동보다는 경영상의 노하우와 새로운 지식을 수용하고 축적하는 학습 활동과 밀접한 관련을 삿고 있다(Sengi, 2006). 정보는 기업이 가진 지식 베이스라는 저수지에 흘러 들어가는 물줄기와 같다. 학습 능력이 뛰어난 기업은 새로운 지식의 소화 속도가 빠를 뿐 아니라 상황 적응과 혁신 속도가 빠르며, 혁신을 지속적이고 안정적으로 전개할 수 있는 능력을 갖출 수 있다.

3) 사회적 관계 유지

정보는 사회적 관계 유지 도구로서 사용된다. 초중고 학생들이 유튜브를 보는 이유가 다음 날 친구들과 이야기하기 위해서라고 한다. 유튜브를 보지 않으면 친구와의 대화에서 소외된다는 것이다. 이런 에피소드는 학생들 세계에서만 있는 것은 아니다. 특정 주제나 이슈에 대한 정보와 상황 이해는 업무를 위한 필요성이나 의사결정상의 필요성 이외에도 조직 구성원의 하나로서 사회적 관계 유지에 매우 필요하다. 사회적 네트워크의 소통에 윤활유와 같은 역할을 한다. 이때 정보의 적절성이나 유용성은 그 정보의 객관적 가치보다는 그들이 속한 그룹의 가치와 관심에 의해 결정된다.

4) 정보와 권력

정보는 힘을 갖게 한다. 정보가 인간관계나 조직 생활에서 차지하는 정치적 역할에 관심을 갖고 연구하는 사람들은 정보 내용보다 이면에 깔려 있는 사회적 역학관계에 주의를 기울인다. 정보는 조직에서의 권한과 밀접한 관계가 있다. 정보는 힘이다. 정보는 의사결정에 영향을 주며 개인과 조직에게 전략적 도구 역할을 한다. 바로 이런 이유로 현실에서는 합리적 의사결정을 가능하게 하는 가치 중립적이고 객관적인 정보는 사라지고 비합리적이고 직관적이며 주관적인 정보를 더 많이 활용한다. 심지어는 "무엇무엇 하더라"라는 확인되지 않은 정보를 믿고 경영 의사결정에 반영하기도 한다.

정보는 서로 다른 이해관계를 가진 인간관계와 조직 생활 속에서 만들어진다. 의사결정을 해야 하거나 이해가 관련되는 상황에서 정보는 결정 과정에 영향을 주거나 설득하는데 필요한 도구로 쓰인다. 그래서 정보는 수집과 가공, 요약, 전달의 과정을 거치는 동안 왜곡되는 현상이 일어난다. 이러한 왜곡 현상은 권한의 배분이 불균형을 이룰 때, 즉 개인이나 부서 또는 기업의 성과에 대한 평가 권한을 가진 의사결정자나 상사에 대한 정보 제공 시 더욱 두드러지게 나타난다.

정보의 정확성에 영향을 미치는 요인들을 분석한 연구에 따르면 정보 사용자가 정확성에 가장 큰 영향을 주는 요인은 디지털 기술의 정보 처리 과정이 아니라 정보 제공자나 정보원에 대한 신뢰 수준이었다. 정보를 활용하는 사람은 정보 내용뿐만 아니라 정보 제공자에 대한 믿음, 의도, 지위 등도 동시에 고려한다. 따라서 정보 활용자가 정보를 축소 해석하기도 하고, 같은 주제에 대해서도 다른 정보를 요구하기도 한다.

정보 원천에 대한 신뢰 정보 정확성을 평가하는 객관적 근거에 두기보다는 인간적인 믿음이나 개인적 소신, 정보원에 대한 편견, 비합리적인 루머 등에 의존하는 경우가 많다. 정보시스템에서 받은 정보가 정확한 것인지를 확인하기 위해 잘 아는 동료에게 전화해 문의하기도 한다. 공식 발표의 '사실'이나 내부적 사연이 있는지 비전문가에게 알아보기도 하고, 기상청의 예측 자료를 받고 점술가를 찾는 경우를 주변에서 심심치 않게 발견할 수 있다.

5) 정보의 상징적 효과

정보는 상징적인 의미를 부여함으로써 경영자를 돕는다. 때때로 우리는 의사결정의 결과보다 의사결정 과정이 더 중요하고, 정보 내용이나 의사결정 가치보다 정보의 양 그 자체가 더 중요한 역할을 하기도 한다. 일반적으로 우리는 정보를 많이 모을수록 더 좋다는 편견을 가지고 있다.

많은 정보를 가지고 있으면 좋은 의사결정을 내린다는 생각 때문에 의사결정 결과보다는 과정을 더 중요시한다. 정보를 많이 가지고 있거나 특이한 정보를 가지고 있다면 경쟁력이 있다고 판단하기도 한다. 데이터를 자꾸 축적하려고만 하지 어떻게 활용할 것인가에 대한 고민은 상대적으로 적다. 일단 데이터를 모으는 것에만 초점을 둔다. 정보 수집과 처리하는 행동 자체가 특정 이슈에 관심이 있다는 것을 암시하는 신호 역할을 하기도 한다.

[토론 문제] 다음 질문들을 바탕으로 토론해 보자.

영화 「머니볼」(moneyball, 2011)
줄거리: 게임의 역사를 바꾼 감동의 리그가 시작된다!
메이저리그 만년 최하위에 그나마 실력 있는 선수들은 다른 구단에 뺏기기 일수인 '오클랜드 애슬레틱스'. 돈 없고 실력 없는 오합지졸 구단이란 오명을 벗어 던지고 싶은 단장 '빌리 빈(브래드 피트)'은 경제학을 전공한 '피터'를 영입, 기존의 선수 선발 방식과는 전혀 다른 파격적인 '머니볼' 이론을 따라 새로운 도전을 시작한다. 그는 경기 데이터에만 의존해 사생활 문란, 잦은 부상, 최고령 등의 이유로 다른 구단에서 외면 받던 선수들을 팀에 합류시키고, 모두가 미친 짓이라며 그를 비난한다.
과연 빌리와 애슬레틱스 팀은 '머니볼'의 기적을 이룰 수 있을까?

(자료원: 네이버 영화)

「머니볼 이론」 상황
우리 팀은 다른 팀에 비해 재정적으로 여유가 없다.

현재 선수 영입 시장의 선수 평가를 기준으로 선수를 사들이는 것은 불가능하다. 좋은 선수는 재정 여유가 많은 팀에게 빼앗길 수밖에 없다.

그렇다고 경쟁을 포기하면 구단의 경제적 이득이 발생하지 않는다.

「머니볼이론」 대안

결국, 한정된 예산으로 우리 팀을 이기게 해 줄 수 있는 저평가된 싼 선수들을 사야 한다.

저평가된 선수들을 찾기 위해서는 승리를 하기 위해 필요한 새로운 평가 기준으로 선수를 재평가해야 한다(출루율).

시장에서 선수들을 평가하는 지표들 중 저평가된 지표와 과대평가된 지표를 찾아 선수들을 재평가한다.

실제 능력보다 과대평가된 선수들을 대체할 수 있는 과소평가된 선수들이 있다면 과대평가된 선수를 좋은 가격으로 팔고 과소평가된 선수들을 헐값에 사온다.

이렇게 선수 평가를 보다 정교하게 개선해 빅마켓 팀보다 효율적으로 팀을 꾸려야만 한다.

[토론 문제] 「머니볼」 영화를 보고 다음 질문에 대해 토론해 보자

(1) 오클랜드 애슬레틱스가 직면한 문제가 무엇인가?

(2) 이러한 문제 원인은 무엇인가?

(3) 빌리 단장의 대안은 무엇인가?

(4) 실행 시 발생한 애로상황은 무엇이고, 어떻게 극복했는가?

(5) 일반적인 기업 환경에서도 이러한 문제가 발생한다면 그 이유가 무엇일까?

【참고문헌】

노규성·조남재. "경영정보시스템". 사이텍미디어. 2010.

컴퓨터월드. "IT업계에 분 지식관리시스템 열풍". 2017년 12월 29일자.

Anthony, R., Planning and Control Systems: A Framework for Analysis, Harvard University Press, Cambridge, MA, 1965.

Bernstein, E., Bunch, J., Canner, N., and Lee, M, "Beyond the Holacracy Hype," Harvard Business Review, July-August 2016, pp.38-49.

Kahneman, D. Thinking, Fast and Slow, Farrar, Straus and Giroux, 2013

Laudon, K. C. and Laudon, J. P., Management Information Systems: Managing the Digital Firm(15/E), Pearson Education, 2017

March, J. and Simon, H.A., Organizations(2nd/E), Wiley-Blackwell, 1993

Nonaka, I. and Konno, N., "The concept of 'Ba': Building a Foundation for Knowledge Creation," California management review, 1998, 40(3), pp. 40-54.

Sengi, Peter M., The Fifth Discipline: The Art & Practice of The Learning Oraganziation(Revised/E), Doubleday Currency, 2006

Simon, H. A., The New Science of Management Decision(Revised/E), Harper & Row, New York, 1975.

04

경영지원시스템

1. 정보시스템의 기본 모형
2. 경영지원시스템의 유형

정보시스템의 응용과 활용은 기업 내 경영 활동의 효율화를 넘어 고객과의 접점, 협력업체와의 접점, 나아가 고객과 협력 업체와의 연계 효율화로 확대되고 있다. 이제 정보시스템은 비즈니스의 효율화를 위한 제반 업무와 협력 강화를 위한 근간이 되고 있다.

이 장에서는 정보시스템이 경영 활동을 어떻게 지원하고 통합하는지를 소개한다. 그 유형은 크게 기업 내의 업무 통합을 위한 응용 시스템으로서 전사적 자원관리(ERP)와 제조 실행 시스템(MES), 협력 업체와의 통합을 위한 응용 시스템으로서 공급망 관리(SCM), 고객과의 통합을 위한 응용 시스템으로서 판매망 관리(SFM)와 고객 관계 관리(CRM)로 나누어지는데, 이들 응용 시스템들에 대한 소개와 사례를 통해 경영지원시스템 전반에 대한 이해를 도모한다

■ 정보시스템이 무엇인지 알아보고 구성 요소와 기본 모형을 살펴본다.
■ 기업 내의 업무 통합을 위한 응용 시스템의 유형과 주요 내용을 살펴본다.
■ 협력 업체와의 통합을 위한 응용 시스템의 유형과 주요 내용을 살펴본다.
■ 고객과의 통합을 위한 응용 시스템의 유형과 주요내용을 살펴본다.

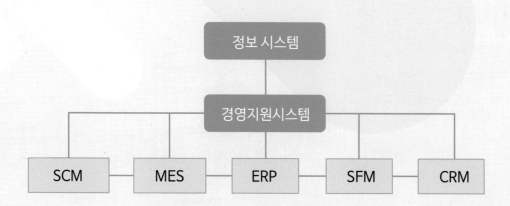

제1절 정보시스템의 기본 모형

1 정보시스템의 정의

김대학 군은 점심시간에 동네 편의점에서 삼각김밥(1,500원)과 컵라면(900원)을 합쳐 2,400원에 구매하였다. 편의점 점원은 김군에게 신용카드를 받아 포스(POS) 단말기에 꽂아 카드회사로부터 승인을 받은 뒤 계산서와 함께 신용카드를 돌려주었다. 단순한 구매 행위이지만 편의점 차원에서는 한 가지의 정보시스템 사이클이 돌아가는 모습이 구현된 것이라 할 수 있다.

이런 과정은 판매 - 영수 처리(소비자) - 데이터 저장(점포-회계처리) - 재고 - 업데이트와 같은 일편의 절차를 거치게 된다. 여기에 하드웨어(POS단말기), 소프트웨어(Payment of Gate), 통신기술(VAN) 등과 같은 정보기술을 업무처리 및 사용자 요구사항에 맞도록 응용해 놓은 인간과 기계의 통합 시스템이 작동하는 모습을 확인할 수 있다.

※ 대표 저자 : 노규성, 이서령

2 # 정보시스템의 구성 요소

정보시스템은 네 가지 자원을 활용하여 다섯 가지 기능을 수행한다고 볼 수 있다. 정보시스템의 기능 요소는 [그림 4-1]과 같이 입력, 처리, 산출, 저장, 통제와 피드백 등의 다섯 가지로 구성되어 있다. 또한, 정보시스템의 네 가지 지원 요소가 기능적 지원을 한다. 첫째, 하드웨어이다. 중앙처리장치, 주변장치, 통신 네트워크 장비 등이 그것이다. 둘째, 소프트웨어이다. 시스템 소프트웨어, 응용 소프트웨어, 절차 등을 말한다. 셋째, 데이터이다. 데이터베이스, 모델 베이스, 지식 베이스 등을 일컫는다. 마지막으로 인적 자원으로서 사용자, IS 전문가 등을 예로 들 수 있다.

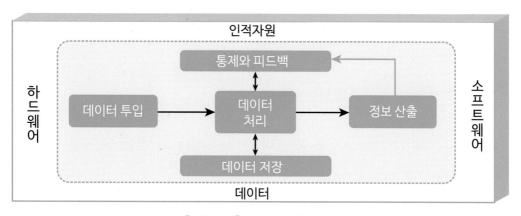

【그림 4-1】 정보시스템의 개념

3 경영지원시스템의 유형

　정보시스템을 기반으로 공급망 관리(SCM), 제조·실행 시스템(MES), 고객 관계 관리(CRM), 판매망 관리(SFM), 그리고 이들을 통합한 프로그램인 전사적 자원관리 프로그램(ERP)이 도출된다.

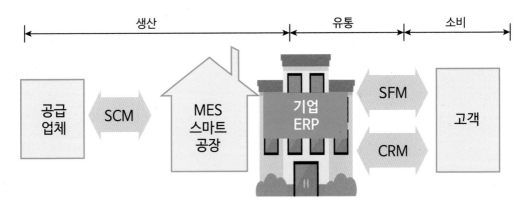

【그림 4-2】 제조 기업의 경영지원시스템의 유형

제**2**절 경영지원시스템의 유형

1 ERP

　불과 몇 년 전까지만 해도 기업의 업무 전산화는 기업 내부의 전산실 또는 시스템 통합(SI) 업체를 활용해 요구 부서의 업무를 분석하고 회계관리, 인사관리, 급여관리 등을 직접 자사의 업무 프로세스에 맞게 구축하는 주문식 개발 방법이 보편적이었다. 그러나 전산 환경이 클라이언트/서버(client/server) 환경으로 급속히 재편되면서 신기술과 신제품이 쏟아져 나와 기존 전산 환경에 큰 변화를 요구하고, 또한 시장 환경이 글로벌화됨에 따라 생산 및 물류의 거점이 국내외 여러 곳에 산재하게 되어 새로운 개념의 프로세스인 글로벌 전략 자원관리 및 최적 공급망 구축이 더욱 절실해졌다. 이러한 요구에 따라 발생한 것이 ERP이다.

1) ERP의 개념

ERP(Enterprise Resource Planning, 전사적 자원관리)란 [그림 4-3]과 같이 기업 내의 생산, 물류, 재무, 회계, 영업 및 구매, 재고관리 등 경영 활동 프로세스들을 통합적으로 연계하여 관리해 주며, 기업에서 발생하는 정보들을 서로 공유하고 새로운 정보의 생성과 빠른 의사결정을 도와주는 전사적 자원관리 시스템 또는 전사적 통합 시스템을 말한다.

(자료원 :Opensource for ERP, xTuple.com, 수정)

【그림 4-3】 ERP의 개념

ERP는 첨단의 디지털 기술을 기반으로 하여 선진 비즈니스 프로세스가 구현된 기업의 통합 정보시스템 패키지(Package) 소프트웨어이다. 결론적으로 말하자면 ERP를 도입한다 함은 단순한 전산화 시스템을 구축하는 것이 아니라 마치 새로운 공장을 짓고 새로운 회사를 설립하는 것과 같은 기존의 시스템과는 전혀 다른 혁신적인 개념으로 ERP를 도입, 활용함으로써 일 처리 방법이나 구조를 본질적으로 개혁시켜 업무의 생산성을 극대화하는 강력한 솔루션(solution)이라고 할 수 있다.

일반적으로 ERP는 생산관리 업무는 물론 설계, 재무, 회계, 영업, 인사 등의 순수 관리 업무와 경영 지원 기능을 포함하고 있다(노규성, 조남재, 2010).

첫째, 물류 기능은 공급업체, 생산라인, 소비자 간에 자재, 생산 및 판매와 관련되는 정보의 흐름을 최적화하는 데에 필요한 기능을 제공한다. 물류 기능에서 제공하는 세부 기능은 생산계획/관리, 자재관리, 품질관리, 설비 유지 보수, 프로젝트 시스템, 판매 및 배분으로 나누어진다.

둘째, 회계 기능은 각 업무 프로세스를 가치 중심으로 표현하고 기업 내부에서의 가치 흐름을 계획, 관리, 검사할 수 있도록 지원한다. 회계 기능은 다시 수익, 비용과 관련되는 의사결정 정보를 제공하는 내부 회계와 법적 요구를 충족하기 위한 외부 회계로 구분할 수 있으나, 두 기능은 완전히 통합되어 있다.

셋째, 인적자원관리는 기업의 경영 자원인 사람에 대해 인사 계획, 인사 정보관리, 급여 등의 모든 인사 업무를 지원하는 종합적인 인사관리시스템이라 할 수 있다.

2) 사례

텔스타-홈멜(Telsta-Hommel)은 1987년 설립된 매출액 519억(2016년 기준) 의 자동차 파워트레인(powertrain)의 자동화 조립라인 제조업체다. 자동차의 동력을 발생시키는 부분, 즉 엔진 또는 변속기 등의 부품 단위에서부터 측정하고, 그것을 정밀하게 조립하여 파워트레인의 각종 부품을 생산할 수 있는 자동화 생산라인 분야의 대표적인 스마트 팩토리 구축 강소 기업이다.

텔스타-홈멜은 설립 30주년을 맞아 스마트 팩토리 구축 전문회사라는 비전을 확립하였다. 이 모든 것은 전기자동차 시대의 도래 등 급변하는 자동차산업의 변화에서도 생존하기 위한 변화다. 이러한 비전은 인더스트리(Industry) 4.0과도 맞물려 있다. 이를 위해 2005년부터 사용해 오던 ERP를 클라우드 ERP로 업그레이드했다

자동차산업에서 가장 큰 변화는 전기자동차 시대의 도래다. 이 회사 대표는 "전기자동차 시대가 오면 현재 사용되고 있는 엔진과 미션은 필요 없어지게 된다"면서 "지난 30년간 해오던 엔진과 미션 비즈니스가 없어지게 되는 것"이라고 설명했다.

그래서 두 가지 결정을 했다. 하나는 측정장비, 검사장비 등 품질관리 장비를 만들다가 턴키(turn-key) 조립라인 비즈니스를 시작했다. 턴키 조립라인에 ICT 기술, 즉 빅데이터와 사물인터넷(IoT) 기술을 접목해 스마트 팩토리 구축 전문회사로 탈바꿈하겠다는 것이다. 다른 하나는 기존의 엔진과 미션 비즈니스를 대체할 수소차, 전기자동차 시대에도 생존 가능한 새롭고 강한 차체 관련 사업을 준비하는 것이다.

15년 전부터 인연을 맺은 독일 파트너사와 기술 협력을 통해 레이저 커팅(laser cutting) 비즈니스를 새롭게 시작하였다. 텔스타-홈멜이 ERP 구축으로 만족하는 것은 프로젝트별 원가 및 수익성 등의 중요한 정보를 신속하게 파악할 수 있게 됐다는 것이다. 프로젝트별 원가를 실시간으로 정확하게 파악할 수 있는 것이 가장 큰 장점이라는 것이다(텔스타홈멜, 2017).

결산 진행 없이도 프로젝트별 투입 원가를 실시간으로 확인 가능해졌다. 프로젝트별 수익성 분석도 가능하다. 기존 ERP에는 없던 기능으로 월별 프로젝트 매출 및 수익성 분석이 가능하여 현재 프로젝트별 진행 상황을 확인할 수가 있다. 이를 통해 모든 부서가 필요한 자료를 손쉽게 만들고 분석하는 데 많은 도움이 돼 업무 향상성이 크게 높아졌다.

월 마감도 빨라졌다. 전체적으로 많은 부분에서 자동화가 되도록 설계해 해당 담당자의 ERP 처리에 대한 업무 피로도를 줄이고 월 마감을 하는 환경 및 분위기를 조성해 기존보다 마감일이 5일가량 단축됐다. 앞으로도 경영진이 신속한 의사결정을 할 수 있도록 ERP에 비즈니스 인텔리전스(BI) 기능 등을 확장할 계획이다.

2 MES

1) 정의

MES(Manufacturing Execution System, 제조실행시스템)는 스마트공장을 구현하기 위한 계획-실행-제어 단계를 구현하는 시스템이다.

MES는 "주문으로부터 제품 생산에 이르기까지 가장 효과적으로 활용할 수 있는 정보를 제공할 수 있도록 현재의 정확한 데이터를 사용하여 데이터들이 발생할 때마다 현장의 활동을 관리, 착수, 응답하고 보고하는 생산 실행관리 시스템"이다. 생산라인의 조건 변화에 대한 빠른 응답은 비 부가가치 행위의 감소에 초점을 맞추는 것과 더불어 현장 작업과 공정을 효과적으로 운용하고, 양방향 통신에 의한 공급 체인과 기업의 전반적인 생산 활동에 관한 중요한 정보를 제공한다. MES는 자동차, 반도체, 전자, 식품 제조, 약학, 항공, 의료 기기, 타이어, 철강 및 직물 제조 등의 제조업 부문에서 폭넓게 사용되고 있다. 최근 스마트 공장의 확대 차원에서 제조업 전 분야로 확대되고 있다(김은홍, 김화영, 2006).

MES는 제품의 주문을 받은 이후 제품이 완성될 때까지 생산의 최적화를 위한 정보를 제공하며 생산 현장에서 발생하고 있는 최신의 정보를 현장 실무자나 관리자에게 보고하고, 신속한 응답을 통해 생산 조건을 변화시키며, 가치 없는 요소를 감소시켜 줌으로써 생산 공정과 기능을 개선하도록 유도한다. 따라서 MES는 기업이 가지고 있는 자산의 효율화는 물론 정확한 납기, 재고의 순환, 전체적 순이익(margin), 자금 흐름 능력 등을 향상시켜 준다.

MES는 기업과 공급망에 걸친 생산 활동에 관한 주요 정보를 제공해 준다.

제조의 시스템 구조는 [그림 4-4]와 같이 크게 3 단계로 구성되어 있다. 즉 계획 단계는 제품의 정보, 고객의 주문 상황 및 자재의 소요 계획을 관리하고, 실행 단계는 제품 생산에 관계된 모든 공정을 관리하며, 제어 단계에 어떻게 생산할 것인가를 상세히 지시하는 역할을 담당하는 부분으로 나누어진다. 이렇듯 MES는 생산 제조업체에서 관리되고 있는 모든 데이터를 수집 및 가공하여 제조 현장의 공정을 개선하고, 제품의 품질을 높이는 데 도움을 주는 경영지원시스템이라 할 수 있다.

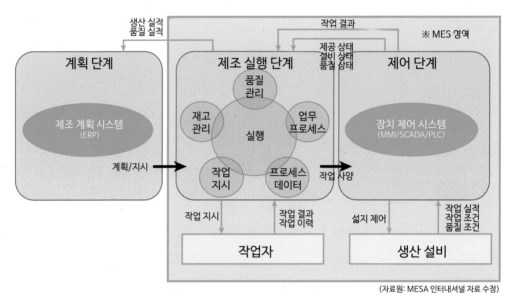

【그림 4-4】 MES의 구조

2) 사례

성민전자는 휴대전화의 방수 부품과 키, 전기자동차의 충전기용 외형 사출물 등 단순 부품을 주로 생산하는 사출·성형·금형 제조 기업이다. 중국·베트남에 법인을 두고 있으며 약 300억 원의 매출을 기록하고 있다. 이 회사는 품질이 경쟁력의 바탕이라는 판단과 대기업 고객들의 품질 인증 요구를 맞추기 위해 '스마트 공장 보급사업'을 신청, MES를 구축했다. 성민전자는 S사, H사 등 대기업과 거래하고 있다. 이들 대기업들은 체계적인 자체 품질관리 기준을 요구하기 때문에 품질관리의 체계화가 필요한 상황이었다. 각 기업의 품질 인증을 받아 요구사항의 기준을 통과해야 이들과 지속적인 거래가 가능하였다. 특히 각 제조 기업은 '제조자', '설비', '원재료', '조건'이라는 네 가지 생산 조건 등 기본 관리를 까다롭게 관리하도록 요구받고 있다. 이는 조건을 동일하게 통제해 '동일한 제품'을 생산하라는 대기업 측의 요구에서 기인하는 절차로, 이전의 수기식 관리로는 이러한 기본 관리를 제대로 수행하기 어려웠다. 이러한 배경과 더불어 제조 기업 간 경쟁이 심화되고, 인건비 상승과 경제 불황의 여파로 경쟁력을 갖추기 위한 혁신이 필요했다(IT Daily, 2017).

시스템 도입 이후 생산품의 각종 치수를 계측기를 이용해 측정하기만 하면 합격 여부 판정이 자동으로 이루어졌다. 검사 공정이 간소화됐을 뿐 아니라 전산 처리로 사람의 조작 가능성을 원천적으로 봉쇄해 품질의 신뢰성을 높일 수 있게 됐다. 또한, 문제가 생기기 전에 능동적인 대처가 가능할 뿐만 아니라 추후 불량 생산품 발생 시 생산·검사 일자, 생산자, 생산 조건 등 동일한 문제를 안고 있는 불량 제품을 쉽게 추적할 수 있게 됐다.

이러한 시스템 구축으로 불량률 연간 50% 감소, 설비 가동률 7.6% 향상, 납기 준수율 12.5% 향상 등 다방면의 효과를 보았다. 그 뿐만 아니라 실시간 설비 모니터링 관리 및 설비 환경 이력관리를 통한 설비 운영 능력, 체계적 품질검사 관리를 통한 고객 만족도, 데이터 분석에 의한 현장 업무 표준화 및 관리 체계 등에서도 큰 도움이 되었다. 전산 시스템 사용이 익숙하지 않은 직원들도 시스템에 빠른 속도로 적응했다. 특히 사출에 사용되는 금형의 수명까지도 시스템으로 관리가 가능해졌다. 나아가서는 생산 공정의 모든 데이터가 직원들에게 공유됨으로서 전사적 품질관리가 가능해졌다.

3 SCM

1) SCM의 정의

SCM(Supply Chain Management, 공급망관리)은 [그림 4-5]와 같이 원재료 조달, 제품의 제조를 위해 원재료를 조달하는 공급 체계를 말한다. ERP가 기업 내의 전사적인 자원의 효율적 활용을 위한 최적의 시스템이라고 한다면, SCM은 기업과 기업 간의 자원, 정보, 자금 등을 통합 관리하여 이해관계에 있는 모든 기업들의 최적화를 도모하는 데 주목적이 있다.

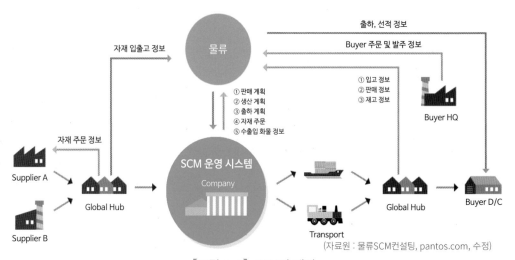

【그림 4-5】 SCM의 개념

무한 경쟁 체제하에서는 핵심 역량의 공유를 통한 강한 경쟁력을 지닌 기업군만이 생존할 수 있다. SCM은 치열한 경쟁을 극복하는 이런 차원에서 제조업체와 물품 공급업체 등이 마치 쇠사슬처럼 엮어져 서로 긴밀한 협조 체제를 이루게 된다. 이를테면 공동 운명체를 형성하게 되는 것으로 새로운 패러다임의 창조인 것이다. 경쟁력을 키우기 위해서는 제조업체, 물품 공급업체 등이 혼연일체가 되어 비용을 절약하고 기술력의 향상 등 강한 경쟁력을 확보해야 만 살아남을 수 있는 상황이 전개되고 있는 것이다(김은홍, 김화영, 2006).

이상적인 공급망은 다양한 기업들이 마치 한 기업인 것처럼 모든 정보와 책임감을 공유하면서 효과적이고 효율적으로 작용하는 것을 의미한다.

공급망에 존재하고 있는 기업군은 서로 자기 회사의 정보를 투명하게 공개하고 상대 회사는 이런 정보를 기반으로 자재 및 제품의 생산이나 납품 계획을 수립하고 재고를 최소화시키게 된다. SCM은 물품의 공급자에서부터 고객사에 이르기까지 거래와 관련되어 발생된 정보, 자원, 자금 등의 흐름을 총체적인 관점에서 각 기업 간의 인터페이스를 통합하고 관리함으로써 효율성을 극대화하는 전략적 기법이라고 할 수 있다.

2) 사례

효율적인 공급망을 잘 구성한 예로 자주 나오는 것이 스타벅스(Strarbucks) 커피의 예이다. 스타벅스는 북미 최고의 원두커피 제조 및 판매 업체이다. 이 커피 회사는 소매점들을 통해 매주 400만 명의 고객을 상대로 연간 8,500만 파운드(pound)의 커피를 공급하고 있다.

이 회사는 많은 고객들의 구매 요구사항을 적절히 해결하기 위해 그들의 공급망을 특화, 직접 반응, 소매 또는 합작 투자의 세 채널로 지원한다. 즉 스타벅스는 커피 원료의 조달, 커피 제조, 포장, 유통 및 판매 등의 효율적인 관리를 위해 그들의 공급망을 수직적으로 통합하였다. 그 과정에서 이 회사는 유통 계획과 자재 소요량 계획을 정확히 실행하기 위해 오라클(Oracle)의 자동화된 시스템인 젬스(GEMMS)를 도입했다(레비 칼라코타, 2006).

스타벅스는 이러한 공급망 관리를 적절히 활용함으로써 주요 원료의 할당 여건 개선, 총경비 및 재료비용 감소, 품질 개선, 원료 처리 속도 향상, 생산 과정에서의 완벽한 재료관리, 통합된 조달, 출시 기간 단축 등의 효과를 얻을 수 있었다.

4 SFM

1) 개념

통합된 수주 전략으로 불리는 SFM(Sales Force Management, 판매망관리)은 [그림 4-6]과 같이 고객으로부터의 문의에서 주문까지 전체 주문 사이클의 모든 활동에 적용된 기술로 정의할 수 있다. 델(Dell), 시스코(Cisco), 아마존(Amazon) 같은 기업들은 판매 인력들의 수주 과정을 제품 정보, 구성, 가격, 주문 내역 등의 제공과 같은 고객과의 직접적인 상호작용을 통해 그들의 판매 능력을 가장 적절하고 수익성 있는 사업에 집중하도록 해주고 있다. 이러한 실시간 상호작용을 가능하게 하는 시스템이 SFM이다.

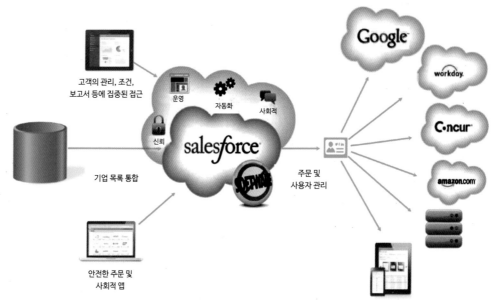

(자료원: Salesforce Content Relationship Management, Girikon Blog, 수정)

【그림 4-6】 SFM의 개념

기업이 제품을 판매하는 경로는 다양한데 그것이 어떠한 경로이든, 조직 내에는 판매를 담당하는 담당자가 있기 마련이다. 이때 판매의 과정에서 수반되는 여러 가지 업무, 예컨대 제품 사양에 관한 상담, 가격 결정에 관한 합의, 주문서 작성, 명세서 제시 등의 업무는 판매 담당자의 몫이 된다. 특히 판매원이 취급하는 기업의 제품이 기업 단위의 상거래 품목(원재료, 반제품)이거나 복잡한 선택 사양을 가진 것이라면, 판매원이 모든 정보를 알고 있기에는 한계가 발생한다. 물론 최소한의 사양에 관한 정보는 판매원이 알고 있다. 그러나 고객의 요구사항에 관한 상담을 진행함에 있어, 생산부서 등과의 긴밀한 협조는 필요하게 된다. 예컨대 고객이 요구하는 미묘한 제품 사양의 변화 요구에 대해 생산 부서가 이를 수용할 수 있을지에 관한 실시간 정보교환이 필요하다는 것이다. 판매 구성 및 비치, 수수료 및 계약 관리 등도 빼놓을 수 없다. 이를 통해 판매원은 본사와의 의사소통과 판매 부대 절차에 필요한 노력을 줄임으로써 대 고객 판매에 집중할 수 있게 된다. 이를 위한 정보교환을 디지털 기술 인프라를 통해 지원하는 과정이 판매망 관리의 핵심 개념이다(노규성, 조남재, 2010).

결국, SFM은 판매팀의 모든 인력들이 어떤 활동을 언제 수행할 것인지에 대한 결정을 빠르게 할 수 있도록 함으로써 판매 사이클을 단축하고, 고객의 관심사에 대해 더 많이 파악함으로써 같은 제품의 판매를 증가시키고, 주문 경로를 보다 명확히 하여 판매 예측의 정확성을 향상시키고, 의사결정자들이 시장을 보다 정확히 이해하도록 한다.

2) 사례

세계적인 통신장비업체인 시스코의 고객들은 모든 종류의 네트워킹(networking) 제품을 소매점, 기업, 소비자에게 되파는 중간 판매업체들이다. 시스코는 오늘날 많은 기업들과 마찬가지 방식으로 주문을 처리해 왔다. 주문서 작성을 위해 판매 인력이 직접 현장으로 가거나 고객들이 스스로 작성하곤 한다. 그리고 나서 주문서는 팩스를 통하여 시스코 본사로 보내지고, 그곳에서 누군가가 주문 처리 시스템에 입력하게 된다. 이와 같은 방식의 주문 처리와 판매 방식은 누구나 겪듯이 많은 인력을 투입하고도 오류 투성이와 업무의 지연으로 인한 고객 서비스의 실패를 초래하곤 한다(박정선, www.interbrand.com).

시스코는 오류 발생을 줄이고, 주문 프로세스에 관련된 인력을 감축하기 위해 이러한 프로세스의 대부분을 자동화할 수 있고, 결국 시간도 아낄 수 있다는 사실을 깨달았다. 그렇게 되면 판매 인력은 주문을 받지 않아도 되기 때문에 판매와 최종 마케팅에 보다 많은 시간을 투입할 수 있게 된다.

이에 따라 시스코는 1996년 초, 자동 주문처리 프로세스를 회사의 경영 계획 프로세스에 통합되는 시스템을 도입했다. 그리고 곧 판매 방식을 획기적으로 바꾸는 판매망 관리 프로젝트에 착수했다. 이 시스템 도입에 따라 시스코는 수요를 보다 정확히 예측하고 생산 계획을 합리화하는 동시에 고객의 주문에서 납품까지의 소요 시간을 획기적으로 줄일 수 있게 되었다.

5 CRM

1) 개념

CRM(Customer Relationship Management, 고객관계관리)이란 [그림 4-7]과 같이 고객 관계를 체계적으로 관리하는 것을 말하는 것으로, 선별된 고객으로부터 수익을 창출하고 장기적인 고객 관계를 가능케 하는 솔루션이다. 즉 CRM이란 우리 회사의 고객이 누구인지, 고객이 무엇을 원하는지를 파악하여 고객이 원하는 제품과 서비스를 지속적으로 제공함으로써 고객을 오래 유지시키고 이를 통해 고객의 평생 가치를 극대화하여 수익성을 높이는 통합된 고객 관계 관리 프로세스를 말한다.

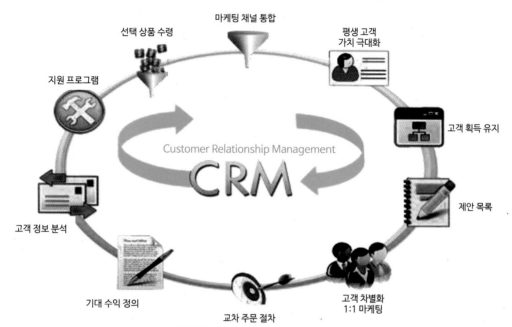

선택 상품 수령
마케팅 채널 통합
평생 고객
가치 극대화
지원 프로그램
Customer Relationship Management
CRM
고객 획득 유지
제안 목록
고객 정보 분석
기대 수익 정의
교차 주문 절차
고객 차별화
1:1 마케팅

(자료원: https://all.biz/uz-ru/crm-sistemy-razrabotka-vnedrenie-ot-fido-biznes)

【그림 4-7】 CRM의 개념

　선별된 고객과의 수익성 있고 장기적인 관계를 구축하여 고객의 평생 가치를 증대시키기 위해 기술적으로 뒷받침되어야 할 것은 무엇인가? 고객과의 돈독한 관계를 통해 장기적인 발전을 추구하고자 하는 기업들이 디지털 기술 측면에서 CRM을 구현하기 위해서는 다음 세 가지 디지털 기술을 필요로 한다(Laudon, Laudon, 2007).

　첫째, 고객 통합 데이터베이스가 구축되어 있어야 한다. 기업이 보유하고 있는 고객과의 거래 데이터와 고객 서비스, 웹사이트, 콜센터, 캠페인 반응 등을 통해 생성된 고객 반응 정보, 그리고, 인구 통계학 데이터를 데이터웨어하우스(Data Warehouse) 관점에서 통합한다. 즉 CRM을 위해서는 고객과 관련된 전사적인 정보의 공유 체제가 확립되어야 한다. 고객이 생각하고 표현하는 말 한마디 한마디를 사내 정보망을 통해 공유하고, 이러한 정보가 충분히 분석된다면, 향후 고객에 대한 마케팅을 실시할 때 고객에 대해 훨씬 더 다양하고 의미 있는 정보를 생산할 수 있게 된다.

둘째, 고객 특성을 분석하기 위한 데이터마이닝(Data Mining) 도구가 준비되어야 한다. 구축된 고객 통합 데이터베이스를 대상으로 마이닝 작업을 통해 고객의 특성을 분석한다. 데이터마이닝 작업은 고객 개개인의 행동을 예측하기 위한 목적으로 모형을 구축하는 것으로 신경망(Neural Network)과 같은 다양한 분석 모형을 활용하게 된다. 대용량 데이터를 분석하여 차별화된 정보를 획득하는 것은 마케팅 우위를 차지하는데 있어 큰 지렛대 역할을 한다.

셋째, 분석을 통해 세워진 전략을 활용하는 다양한 마케팅 채널과의 연계를 들 수 있다. 마케팅 채널로는 영업망(대리점, 영업점), 콜센터, 캠페인 관리 및 고객 서비스 센터의 시스템을 들 수 있다. 분류된 고객 개개인에 대한 특성을 바탕으로 해당 고객과 만나는 채널을 다양한 형식으로 관련 부서 및 사용자의 목적에 따라 다른 전략을 구사할 수 있다.

CRM을 구현하는 디지털 기술은 전사적으로 연계되어야 하고 고객 지향적이어야 한다. 기업의 수익을 가져다줄 수 있는 고객 관계를 위해서라면 사내 어느 부서에서 근무하는 그 누구라도 항상 고객을 위해, 고객에 대해 준비해야 한다. CRM은 이처럼 전사적으로 고객에 대한, 고객정보에 대한 마인드를 바꾸고, 개선하며, 집중적인 관리를 통해 완전한 정착 단계에 이를 수 있게 해준다. CRM은 고객, 정보, 사내 프로세스, 전략, 조직 등 경영 전반에 걸친 관리 체계이며, 이를 디지털 기술이 뒷받침하여 구성되는 것이다(노규성 외, 2015).

2) 사례

니콘(Nikon)은 한국에도 잘 알려져 있는 브랜드이다. 아마 카메라를 구매하려 한다면 고려 상품군에 항상 언급될 Top 3 브랜드라고 할 수 있다. 디지털 일안 반사식(DSLR) 카메라와 렌즈로 이름을 알리고 있는 기업이다. D5500 같은 카메라는 아빠 카메라, 아빠 번들로도 유명하다. 하지만 Nikon은 DSLR뿐만 아니라 현미경, 망원경 그리고 기타 IT 장비들까지도 제조하고 있는 기업이다. 최근 Nikon은 소비자 만족도를 높이기 위한 여러 시도를 하는 것으로 드러났는데, 병행 수입 제품도 애프터서비스를 지원하고, 사용 설명서와 관련 소프트웨어(S/W)

를 한 번에 확인 가능한 원스톱 다운로드 센터(onestop download center)도 운영하고 있다. 그리고 모바일 시대에 걸맞게 매뉴얼(manual)을 볼 수 있는 모바일 앱(app.)도 출시했다. '니콘 매뉴얼 뷰어2'라는 어플리케이션을 다운받으면, 모바일에서도 쉽게 사용설명서를 볼 수 있다.

Nikon은 고객 관련 정보를 관리하는 데 어려움이 많았다. 마이크로소프트 오피스(MS Office)를 이용하여 업무계획, 이메일(email), 일정표 등을 만들고 있었지만 여러 시스템, 컴퓨터, 장소에 분산되어 통합된 관리가 어려웠다. 따라서 수동으로 작업해야 했던 탓에 직원들 간의 의사소통이 원활하지 못했고, 데이터의 투명성도 보장될 수 없었다. 따라서 영업을 보다 효과적으로 가이드할 수 있는 중앙 시스템을 구축하는 것이 우선적인 목표였다. 제품, 고객, 영업과 관련된 정보들을 하나의 플랫폼에서 관리할 수 있고, 모든 직원들이 어려움 없이 업무에 활용할 수 있는 사용하기 쉬운 솔루션이어야 한다고 판단하여 마이크로소프트 다이내믹 (Microsoft Dynamics) CRM을 선택하였다. 도입한 결과 단 3개월 만에 영업 사원들의 시스템 적응도가 굉장히 빨라졌으며, 통합된 데이터베이스를 언제 어디서나 조회할 수 있어 협업 과정이 원활해졌다. 또한, Microsoft Office와의 뛰어난 연동성에 의해 보고서는 더욱 정확해졌고 업무는 더욱 신속하게 처리되었다(다이나믹스 CRM, 2015).

사례

한국무역협회(www.kita.net)는 IBM 로터스 솔루션을 기반으로 그룹웨어를 재구축하고 모바일 오피스 환경을 조성하는 'e경영지원 시스템'을 구현했다고 최근 밝혔다.

한국무역협회의 이번 e경영지원 시스템의 구축은 66,000여 개에 달하는 회원사 지원 서비스를 강화하기 위해서다. 그룹웨어 구축 과정에서 분산되었던 사내 정보 인프라를 통합했으며, 싱글사인 온 기능을 정보관리(CRM), 경영정보시스템(MIS), 인적자원관리(Kita.net) 등 기간계 인프라, 그리고 그룹웨어와 연계해 단 한번의 로그인으로 업무처리가 가능하도록 했다.

특히 다양한 스마트폰과 태블릿 PC로 업무를 수행할 수 있는 모바일 오피스 환경을 구현했다. 전자메일, 전자결재, 일정관리, 게시판 등의 기능이 포함된 모바일 오피스는 메일이나 결재가 신규 등록되면 푸시 기능을 통해 자동으로 알려준다.

한국무역협회는 시스템 선정 과정에서 유연한 커스터마이징 및 보안 기능을 중심으로 솔루션을 검토했디. 그 결과 IBM 로터스 노츠(Lotus Notes)와 로터스 도미노(Lotus Domino)를 비롯해 모바일 오피스 솔루션인 마음 정보의 X-Mobile Office 2.0을 도입했다.

한국무역협회 기획조정실 대리는 "공적 서비스 기관이 모바일 오피스라는 최신 트렌드를 먼저 도입함으로써 회원사들에게 좋은 참고 사례가 될 수 있다고 판단해 시스템 구축에 나서게 됐다"면 서 "새로운 e경영지원 시스템으로 결재 대기 시간이 감소하고, 사내 커뮤니케이션이 활성화 되는 등 곳곳에서 업무 혁신 효과가 나타나고 있다"고 밝혔다.

한국IBM 로터스 사업부장은 "한국무역협회의 모바일 오피스 구축은 유사한 공적 기관의 스마 트한 업무 환경 구축을 선도하는 의미 있는 사례가 될 것이다"면서 "IBM은 스마트 업무 환경 구축 을 지원하는 통합적인 솔루션 제공 역량을 바탕으로 기업과 기관의 업무 환경 혁신을 위해 끊임없 이 노력하고 있다"고 말했다(BI Korea, 2011).

[토론 문제] 다음 질문들을 바탕으로 토론해 보자.

(1) 새롭게 도입한 한국무역협회의 경영지원시스템과 기존의 경영지원시스템의 차이점을 분석하라.

(2) 한국무역협회의 새로운 경영지원시스템은 2011년도에 도입되었다. 이후 7~8년간 운영해 본 결과 동 경영지원시스템의 장점은 무엇이고, 드러난 기능적 한계는 무엇인지 등에 대해 이야기해 보자.

(3) 위 경영지원시스템을 토대로 미래에 도입해야 할 더 새롭고 진화된 경영지원시스템은 어떤 모습으로 등장할 것인지 예측해 보자.

【참고문헌】

김은홍, 김화영. "경영정보학 개론". 다산출판사. 2006.

노규성, 조남재. "경영정보시스템". 사이텍미디어. 2010.

노규성 외. "빅데이터시대의 전자상거래". 생능출판사. 2015.

다이나믹스 CRM. "[Microsoft CRM 도입 사례] Nikon [니콘] 통합된 CRM 솔루션으로 영업 및 고객 관리를 완성하다". 2015.3.31.

물류SCM컨설팅. pantos.com

박정선. 시스코시스템즈. www.interbrand.com.

BI Korea. "한국무역협회, 'e경영지원 시스템 구현, 모바일 오피스 조성, IBM로터스 마음정보 X-Mobile Office 2.0 도입'". 2011.1.31.

IT Daily. 성민전자, MES 도입으로 품질관리 체계화 나서. 2017.2.1.

MESA인터내셔널. MES의 구조.

칼라코다, 데비. "스타벅스와 SCM", e비즈니스 성공과 전략. e비즈니스 전략연구소. 2006.

텔스타홈멜. "클라우드 ERP 도입 성공사례". 2017.11.4. http://www.telstar-hommel.com.

Laudon, Kenneth C. and Laudon, Jane P., Management Information Systems: Organization and Technology(10th ed.). Macmillan Publishing Company, Inc., 2007.

Opensource for ERP. xTuple.com.

Salesforce Content Relationship Management. Girikon Blog.

http://www.krgweb.com/index.php?option=com_content&task=view&id=639&Itemid=32.

http://www-903.ibm.com/kr/reference/index.jsp?nav=software&catid=94&from=product.

http://www.scmlab.com/?mid=coms&page=1&document_srl=28101.

http://www.dt.co.kr, e2007. 5. 25. 기사.

https://all.biz/uz-ru/crm-sistemy-razrabotka-vnedrenie-ot-fido-biznes-s22545.

05

데이터베이스와 빅데이터

데이터는 기업이 일상적 경영 활동을 신속하고 정확하게 수행하도록 지원함과 동시에 데이터 기반의 문제 해결을 위해서 필요하다. 본 장 학습 후에는 다음과 같은 이해가 있어야 한다.

- 경영 활동에서 데이터의 필요성에 대한 이해
- 데이터베이스의 필요성 및 구조에 대한 이해
- 관계형 데이터베이스의 한계에 대한 이해
- 조직 문제 해결 지원을 위한 데이터의 역할 및 데이터베이스의 진화에 대한 이해
- 기업의 문제 해결 역량을 높이기 위해 지원되어야 할 요소로서 데이터, 데이터 분석 기술, 분석가의 분석 역량 등에 대한 이해
- 빅데이터 분석 두 가지 접근법의 이해 및 적용
- 다양한 데이터를 기반으로 하는 비즈니스 애널리틱스에 대한 이해

<데이터의 구조와 사용 목적>

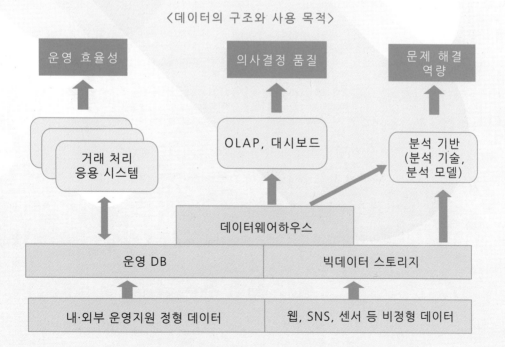

제1절 데이터와 경영관리

1 배경

재고 창고 책임자의 엄격한 관리가 없이 이곳저곳에 다양한 형태 및 규격의 원부자재가 흩어져 있는 자동차 부품공장의 재고 창고를 상상해 보자. 부품 구매자는 자기가 주문한 부품을 임의로 창고에 입고시키고, 생산 담당자는 필요한 부품을 마음대로 창고에서 가져다 사용한다면 이 부품공장에는 물리적 부품관리가 이루어지고 있지 않다. 이와 반대로, 부품 창고 관리자가 어떤 부품은 어디에 어떻게 배치하고, 어떤 순서에 입각하여 입고와 출고를 하는지, 부품 변화 발생 시 기록은 어떻게 하는지 등의 규칙에 의해서 실행한다면 입고 담당자, 재고 관리 담당자, 생산관리 담당자 등은 체계적인 업무 수행을 할 수 있게 된다.

이와 같은 물리적인 관리 이면에는 부품에 대한 측정이 이루어져야 한다는 것을 알 수 있다. 여기서 측정하는 것은 단순히 부품의 개수 이상이다. 부품의 사양, 가격, 공급자 등도 포함된다. 따라서 물리적 재고관리와 함께 현재의 재고량, 매일 변화하는 입고 및 출고량의 추적 등으로 부품 창고 관리가 제대로 되지 않는다면 부품 공장의 체계적인 운영과 생산 활동은 불가능할 것이다. 이와 같이 물리적인 재고관리와 더불어 논리적인 데이터 관리도 필요하다.

※ 대표 저자 : 남수현

피터 드러커는 "측정 없이는 관리가 없다"라고 단정적으로 주장했다. 즉 측정은 관리의 필요조건이라는 것이다. 측정을 위해서는 관리의 대상을 우선 식별해야 한다. 그리고 어떤 특성들을 중심으로 그 대상을 이해할지 정의하고 그 특성들의 값을 측정하고 관리해야 한다.

데이터는 현실 세계에 존재하는 사물, 현상, 개념 등을 문자 또는 숫자로 표현한 것이다. 만약에 이 표현이 현실과 정확히 일치한다면, 데이터를 보면 현실 세계를 이해할 수 있게 되어, 구태여 현상을 직접 눈으로 확인하지 않아도 실제 상황을 파악할 수 있게 된다.

2 경영 활동과 데이터 활용

데이터가 경영 활동에서 어떻게 활용되는지는 다음과 같은 세 가지 예를 들어 설명할 수 있다. 첫째, 자동차 부품 판매회사의 업무를 보자. 영업부서 직원은 고객으로부터 부품 주문을 접수한다. 그 주문은 회계부서로 전달되어 고객의 신용평가나 지불 능력을 평가한다. 고객의 신용이 확인되면 재고관리부서는 부품 재고에서 주문한 수량만큼 반출하거나 재고가 충분하지 않으면 공급자에게 공급을 의뢰하게 된다. 이와 같은 업무가 이루어지기 위해서는 고객, 부품, 재고, 공급자 등과 같은 데이터가 최신 측정치로 정확히 유지되어야 한다. 만약 재고 수량이 부정확하게 기재되어 있다면, 고객 주문에 대응을 못 하거나 재고를 불필요하게 많이 보유하게 된다. 여기서 데이터의 목적은 매일 반복되는 주문을 정확하게 대응할 수 있도록 지원하는 것이다. 우리는 이러한 데이터를 거래처리 지원을 위한 데이터라고 한다. 이와 같은 데이터 관리에 대한 상세한 설명은 2절 거래처리지원을 위한 데이터에서 다룬다.

두 번째, 영업 담당 임원의 데이터 사용 예를 보자. 그는 지난 2사분기의 매출이 급격히 감소하고 있음을 확인하였다. 매출 감소 원인을 알아내기 위해서 매출에 영향을 줄 것으로 판단되는 지난 2사분기의 주간별, 상품별, 지역별, 영업사원별, 판촉 방법별로 축적된 매출액을 데이터 관리부서에 요청하였다. 데이터 관리자는 거래 처리를 지원하는 데이터베이스로부터 2사분기 간 발생한 모든 매출 관련 거래를 통합하여 요청된 매출 차원에 의거 합계를 구하고 재조립하여 임원에게 제공한다. 담당 임원은 다차원으로 구성된 매출 데이터를 다양한 각도에서 탐색하여 문제점을 식별한다. 이 용도는 첫 번째 데이터 사용과는 달리 문제 해결 또는 의사결정을 돕기 위해 이용된 예이다. 이와 같은 데이터 관리에 대한 상세한 설명은 3절 의사결정을 위한 데이터 분석 시스템에서 다룬다.

세 번째, 프로야구 구단에서 데이터를 활용하는 예이다. 프로야구 구단은 경기마다 경기에서 발생한 모든 상황을 데이터화하여 기록하고 있다. 선수들의 공격, 수비와 관련한 결과는 물론, 경기 시간, 날씨 등까지도 포함한다. 감독은 이 데이터를 이용하여 경기의 승리 가능성을 최대화하기 위하여 공격과 수비 전략을 수립한다. 예를 들어 한화이글스가 두산베어스와의 홈경기 9회 말 2사 후 공격에서 2:3으로 지고 있는 상황에서, 4번 타자가 2루타로 2루에 출루해 있다고 하자. 이때 감독은 어떤 타자를 기용할 것인가? 만약 감독이 다음 타자는 2사 후에도 선구안이 좋고 평정심을 잃지 않는 선수를 기용하여 반드시 출루를 시키겠다는 전략이라면, 과거 축적된 데이터를 기반으로 어떤 선수가 2사 후 출루 가능성이 높은지는 출루율 순서로 데이터를 조회하여 도움을 받을 수 있다. 이와 같은 데이터는 어떤 목적으로 데이터를 사용할 것인지 미리 정해져 있지 않고 발생한 문제에 대한 해결책을 얻고자 할 때 사용된다. 이와 같은 데이터 관리에 대한 상세한 설명은 4절 빅데이터에서 다룬다.

제2절 거래처리지원을 위한 데이터

1 거래 처리와 데이터

매일 반복되는 업무처리를 위해서 업무 프로세스 (business process)의 효율성은 운영 경쟁력 (operational competitiveness)의 원천이다. 신속하고 정확한 업무 프로세스를 유지하는 핵심은 데이터이다. 업무 프로세스를 구성하는 일련의 과업 수행을 위해서는 이전 과업에서 생성된 데이터에 근거하여 판단을 하고, 연계된 과업에 데이터를 공급하는 상호 의존적 관계가 원만하게 수행되어야 한다. 경영 활동은 생산, 인사, 영업, 연구개발, 재무회계 등과 같은 기능 (business function)의 집합체이고, 또한 여러 기능을 관통하며 수행되는 업무 프로세스들의 집합으로 볼 수 있다. 경영관리를 위해서는 피터 드러커가 주장한 측정은 각 기능에 소속되어 있는 자원과 업무 프로세스를 대상으로 이루어져야 할 것이다. 관리 대상의 폭과 깊이가 더해지면서 데이터 관리의 중요성과 복잡성은 쉽게 이해될 것이다. 먼저 데이터 관리의 기본적 필요성에 대해 살펴보자.

① 데이터는 조직 전반에 걸쳐서 다양한 입력 장치에 의해 수집되고, 여러 형태의 저장 공간에 저장되어 어떤 데이터가 어디에 흩어져 있는지, 그들 데이터값은 서로 동일하고 정확한지 확신할 수 없다.

② 수집되는 데이터의 양과 형태는 획기적으로 증가하고 다양해져서 이에 따른 새로운 관리 방법이 필요하게 되었다.

③ 부품의 입고와 출고 내역을 기록하는 장부관리와 같이 데이터의 사용자 및 사용 이력은 데이터의 정확한 사용과 투명성 및 추적을 위해 필요하다.

2 데이터의 구조화

1) 관련 용어

기업 조직은 종업원, 고객, 부품 등과 같이 경영 활동을 위해 관리를 해야 하는 다수의 대상이 있다. 예를 들면 [표 5-1], [표 5-2]와 같이 우리가 취급하는 부품과 그 부품을 공급해 주는 공급자가 있다고 가정하자.

【표 5-1】 관리 대상의 측정 예: 공급자

공급자 번호	공급자 이름	공급자 주소	공급자 전화번호	공급자 우편번호
8755	주)공감	대전 동구 123번지	042-222-3333	34444
8100	자연인간	대전 동구 세종로 1	042-345-1245	34444
1234	공감㈜	부산 해운대구 33	061-666-7777	54555
7744	휴먼AI	강원 속초시 경포로 1	072-243-9456	22222

【표 5-2】관리 대상의 측정 예: 부품

부품번호	부품 이름	단가	공급자 번호
P123	CPU	5,500	8755
P125	모니터	1,000	8100
P333	키보드	500	7744
P456	프린터	770	8100
P555	마우스	300	1234
P577	스피커	900	8100

[표 5-1]은 공급자라는 관리의 대상, 데이터베이스 용어로는 개체 (entity)에 대한 측정 결과이다. 기업에서 관리해야 할 대상으로는 공급자는 물론, 고객, 직원, 부품 등과 같은 많은 개체가 존재한다. 대상 또는 개체를 이해한다는 것은 관리를 위해 필요한 특성을 식별하고, 그 특성의 값을 측정하는 것이다. 측정 후 이 개체에 대한 관리가 비로소 가능한 것이다. 개체의 특성을 속성(attribute)이라고 한다. 따라서 [표 5-1]에서는 공급자라는 개체에 대해 필요한 5개의 속성이 기술되어 있다. 또한, [표 5-1]에는 4개의 실제 공급자(레코드 또는 인스턴스)가 있음을 표현한다. [표 5-1]과 같이 개체와 속성이 정의되고, 레코드의 값이 측정된 상태를 테이블이라고도 부른다. 따라서 테이블을 수평으로 바라볼 때 행(또는 레코드)이라 하고, 위에서 내려 보는 열(또는 컬럼)은 모든 레코드들에 대하여 하나의 속성을 살펴볼 때 사용하는 용어이다.

[표 5-1]에서 공급자 번호는 다른 속성들과 달리 주요 키(primary key)라고 한다. 주민등록번호가 대한민국 국민 각각을 구별해 주는 것과 같이, 공급자 번호는 공급자 테이블의 레코드를 구별하게 하므로 데이터 관리에서 특별한 의미를 갖는 속성이다.

이와 비교하여 [표 5-2]의 부품이라는 대상은 4개의 속성으로 구성된다. 부품번호는 부품 테이블의 레코드를 구별하는 주요 키가 됨을 알 수 있다. 4번째 속성인 공급자 번호는 [표 5-1]의 공급자 테이블에서 주요 키에 해당된다. 이 키는 부품 테이블과 공급자 테이블을 연계시켜주는 중요한 역할을 수행하고, 참조 키(referential key)라 한다. 이 키는 "부품 P123의 공급자 전화번호는 무엇인가?"와 같은 질문의 답변에 유용하게 사용된다. 독자들은 공급자와 같이 독립적인 개체가 있음은 물론, 두 개 이상의 개체가 서로 연관을 갖으면서 새롭게 파생된 개체도 있음을 알아야 한다. 관련 내용은 본 절의 3) 데이터베이스 구조화 과정과 4) 데이터베이스 정규화 과정을 참고하기 바란다.

이와 같이 데이터 관리는 조직에서 관리 대상인 다양한 개체 또는 테이블의 집합인 데이터베이스를 대상으로 한다. 그리고 데이터베이스는 개체, 속성, 레코드 등과 같이 계층구조로 구성됨을 알 수 있을 것이다.

2) 데이터베이스 접근 방식의 필요성

엑셀을 이용하여 데이터를 관리할 때 발생할 수 있는 문제점을 A 유통회사의 주문 관련 데이터를 통해 살펴보자. A사의 운영 방침은 다음과 같다. 주문은 주문이 일어날 때마다 자동으로 부여되는 주문번호와 주문 일자를 중심으로 관리된다. 따라서 하루에 다수의 주문이 발생할 수 있게 된다. 또한, 하나의 주문은 하나 또는 여러 주문 내역을 포함한다. 또한 하나의 주문 내역은 하나의 제품에 대한 제품번호, 제품 이름, 단가, 그리고 주문 개수 등에 대한 정보를 갖고 있다. 그리고 한 공급자는 여러 제품을 공급할 수 있지만, 한 제품은 반드시 한 공급자로부터 제공받아야 한다. 이와 같은 규칙을 반영한 주문서의 한 예는 [그림 5-1]과 같다.

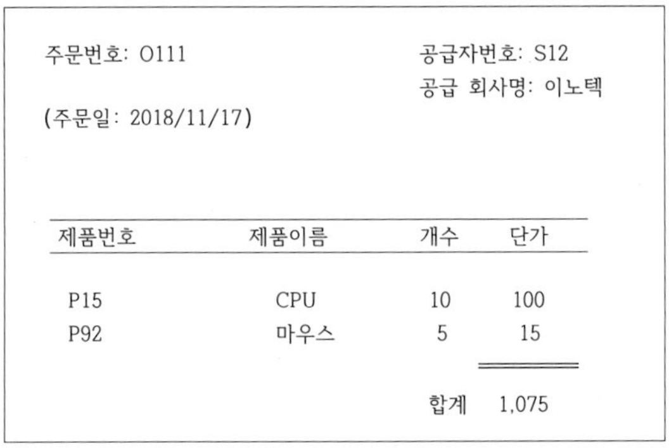

주문번호: O111		공급자번호: S12	
		공급 회사명: 이노텍	
(주문일: 2018/11/17)			
제품번호	제품이름	개수	단가
P15	CPU	10	100
P92	마우스	5	15
		합계	1,075

【그림 5-1】 A 유통회사의 주문서의 예

위의 그림에 제시된 데이터는 주문번호에 의해 구별되고 한 공급자에게 발급되며, 동일한 제품이 반복적으로 발생하는 형식이다. 이를 엑셀에서 테이블로 표현하면 [표 5-3]과 같다.

【표 5-3】 엑셀을 이용한 주문서 데이터

주문번호	주문 일자	제품번호	제품 이름	단가	개수	공급자 번호	공급자 이름
O111	2018/11/17	P15 P92	CPU 마우스	100 15	10 5	S12 S12	이노텍 이노텍
O112	2018/11/18	P18	공유기	27	2	S15	커넥티드
O113	2018/11/19	P18	공유기	27	5	S15	커넥티드

[표 5-3]에 제시된 엑셀 시트는 주문, 제품, 공급자 등과 같은 여러 관리 대상을 포함하고 있다. 만약 이 유통회사에서 판매하는 제품 수가 20,000개이고, 공급자 수가 500개라면, 엑셀 시트의 크기를 쉽게 이해할 수 있을 것이다. 엑셀 시트를 통해서 우리는 주문번호 O111에서 보는 바와 같이, 다수의 제품이 하나의 주문에 반복적으로 발생하여 제품과 공급자 정보가 중복되어 데이터 갱신에서 발생할 수 있는 데이터 일관성 등 데이터의 품질과 관리에 심각한 문제점을 야기할 수 있다. 이는 마치 체계적인 재고관리가 이루어지지 않는 부품 창고를 연상할 수 있다.

엑셀에 의한 데이터 관리와 비교하여, 데이터베이스는 논리적으로 기업 현황을 파악하기 위해서 기업이 요구하는 데이터들을 통합된 장소에 저장해 놓은 상태를 의미한다. 데이터베이스는 개인 혹은 응용 프로그램이 개별 파일을 사용하는 파일 시스템에서 발생하는 데이터의 중복, 데이터의 일관성 결여 등의 문제점을 없애고 자료의 공유와 통합 관리의 지원을 목적으로 한다.

3) 데이터베이스의 구조화 과정: 모델링

조직에서 데이터베이스를 활용하면 체계적인 데이터 관리가 가능하다. 이를 위해서는 데이터베이스의 구축이 필요하다. 본 절에서는 대표적으로 사용되고 있는 관계형 데이터베이스를 중심으로 구축 과정을 살펴본다. 구축 과정은 데이터 모델링이라 불리고, 이는 조직의 경영 활동을 데이터 관점에서 표현한 것이다. 모델링 단계의 결과물은 개념적 데이터 모델, 논리적 데이터 모델, 그리고 물리적 데이터 모델로 구분된다.

(1) 개념적 데이터 모델(conceptual data model)

경영 활동을 위해 관리가 필요한 개체(entity)의 집합을 파악하고, 각 개체의 속성을 식별하고, 개체들 간의 관계(relationship)를 표현하는 단계이다. 개체는 고객, 공급자, 부품 등과 같이 직접적으로 관찰이 가능한 것과 더불어 두 개 이상의 개체가 결합하여 파생할 수도 있다. 예를 들면 고객과 부품이 결합되면 그 관계에 의해서 주문과 같은 개체가 생성될 수 있다. 개념적 모델은 실제로 구현할 데이터베이스 기술과 무관하게, 필요한 데이터의 식별과 데이터 간의 관계를 총체적으로 표현하는 모델이다.

이 모델을 위해 개체-관계도(entity-relationship diagram, ERD)는 가장 유용하게 사용된다. 개체 관계도는 개체와 개체 간의 관계를 체계적으로 표현하는 다이어그램이다. [그림 5-2]는 '2) 데이터베이스 접근 방식의 필요성'에서 제시한 전자제품 소매점의 운영 방침에 따라 공급자, 부품, 주문, 주문 내역 등 4개의 개체로 구성된 개체-관계도를 보인다. 사각형은 개체, 원은 속성, 다이아몬드는 관계, 그리고 숫자는 1:1, 1: 다, 혹은 다대다 등의 관계 차수(cardinality)를 의미한다. [그림 5-2]의 의미는 한 공급자는 여러 제품을 공급할 수 있으나, 하나의 제품은 반드시 한 공급자로부터만 공급받을 수 있다. 또한, 한 제품은 여러 주문 내역에 포함될 수 있지만, 하나의 주문 내역은 반드시 하나의 제품만을 포함한다. 마지막으로 한 주문은 여러 주문 내역을 포함할 수 있지만, 한 주문 내역은 하나의 주문과 관계를 맺는다는 규칙을 반영한다. ERD

에서 정의된 비즈니스 규칙은 실제로 데이터베이스 시스템이 운영될 때, 데이터의 무결성과 일관성을 유지할 수 있는 근거를 제공한다. 즉 한 공급자가 이미 한 제품을 공급하고 있는데, 다른 공급자가 동일한 제품을 제공한다면 이 시도는 허용되지 말아야 한다.

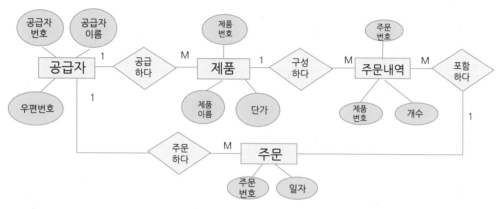

【그림 5-2】 개체-관계도의 예

개체-관계도는 단지 식별된 개체의 집합, 각 개체의 속성, 그리고 개체 간의 관계 등과 같은 데이터의 틀만을 제시하고 실제의 데이터 또는 레코드는 포함하고 있지 않다.

(2) 논리적 데이터 모델(logical data model)

개념적 데이터 모델인 개체-관계도를 이용하여 물리적 관점의 데이터베이스로 변화시키는 과도기의 데이터 모델이다. [그림 5-2]에 제시된 개체-관계도를 관계형 데이터베이스로 구현할 경우, 각 개체와 관계는 테이블로 변환된다. 따라서 개념적 데이터 모델로부터 논리적 모델로의 변환은 매우 용이하다고 할 수 있다. 관계형 DB로 구현되는 논리적 모델의 경우, 테이블의 속성 중 주요 키의 역할은 매우 중요하다. 한 테이블에서의 주요 키 이외의 다른 속성들은 주요 키에 종속되어야 한다. 만약 종속 관계로 설명되지 않는 속성이 테이블에 존재한다면, 그 속성은 해당 테이블이 아닌 다른 테이블에서 정의되어야 한다. 이는 데이터베이스의 구조, 즉 스키마 (schema)에 직접적인 영향을 주고 테이블의 정규화 (normalization) 과정이 필요한 이유이다.

(3) 물리적 데이터 모델(physical data model)

사용자의 데이터 사용 빈도, 응답 시간, 보안 수준 등을 고려하여 데이터가 물리적 장치에 어떻게 저장되어야 하는지를 정의한다. 이는 저장되는 레코드의 포맷, 레코드의 위치, 레코드 접근 방법 등에 대한 명세이다. 물리적 모델의 주요 목적은 데이터베이스의 성능과 운영 비용을 최적화하는 것이다.

4) 데이터베이스 정규화

데이터베이스는 데이터의 생성, 기존 데이터의 삭제, 변경 작업이 반복하여 발생한다. 기업 운영과 거래 처리를 지원하기 위해서는 데이터의 정확성이 필수적이다. 이를 실현시키기 위해서는 특정의 데이터가 한 장소에만 존재(one data, one copy)할 때 가능하다. 그러나 경영 활동은 개체 간의 관계 또는 상호작용에 의해서 발생하기 때문에 특정의 데이터가 하나 이상의 장소에 위치할 수 있는 경우가 있다. 일반적으로 데이터베이스 관리 시스템은 데이터의 상호적 관계를 고려하여 자동으로 데이터의 수정을 처리한다. 만약 동일한 데이터이면서도 한 테이블에서는 수정이 되었지만, 다른 테이블에서는 수정이 되지 않았다면 데이터의 일관성이 유지되지 않는다. 테이블의 정규화(normalization)는 이러한 데이터 작업에도 데이터의 중복을 가급적 없애고, 일관성을 유지하기 위한 테이블의 분할 기법을 말한다. 정규화는 관계형 데이터베이스 시스템에 적용되며 정규화의 기본 원칙은 속성 간의 함수적 종속관계를 유지하도록 데이터 관계를 표준화하는 것이다. 여기서 함수적 관계란, 한 테이블에서 속성 X와 Y가 있을 때, X가 Y를 결정하지만, 역으로 Y는 X를 결정짓지는 못하는 것을 의미하고, X → Y 라고 표현한다. 예를 들어 [그림 5-1]의 주문서에서 제품번호 -> 제품명이지만 동일한 제품명이 한 개 이상 존재할 수 있으므로 제품명 -> 제품번호라고는 할 수 없다. 이와 같은 함수적 종속관계를 일반화하면, (X, Y) -> A, B, C의 의미는 두 개의 속성 X와 Y로 구성된 결합 키로 A, B, C 각 속성과 함수적 종속관계를 의미한다. 정규화 과정을 설명하기 위해서 [표 5-3]과 같은 주문서 데이터가 있다고 가정하자.

(1) 1차 정규화

[표 5-3]에서 주문서를 식별하는 속성은 주문번호이고 제품에 대한 속성 데이터는 주문되는 제품 수만큼 반복된다. 따라서 하나의 주문 번호는 다수의 제품 속성과 관계를 갖게 되어 주문번호와 제품과는 함수적 종속관계가 아니다. 이를 해결하기 위해서 [표 5-4]와 같이 반복되는 속성을 없애고 각 행을 단일 값으로 구성하는 것을 1차 정규화라고 한다.

【표 5-4】 공급자_제품_주문 관계

주문번호	주문 일자	제품번호	제품 이름	단가	개수	공급자 번호	공급자 이름
O111	2018/11/17	P15	CPU	100	10	S12	이노텍
O111	2018/11/17	P92	마우스	15	5	S12	이노텍
O112	2018/11/18	P18	공유기	27	2	S15	커넥티드
O113	2018/11/19	P18	공유기	27	5	S15	커넥티드

1차 정규화를 거친 테이블을 살펴보면, 데이터가 수정될 때 다음과 같은 문제가 발생한다. 예를 들면 현재의 공급자 번호 S12의 공급자 이름이 이노텍인데, 공급자 이름이 ㈜이노텍으로 바뀌었다고 가정하자. 공급자 이름을 변경하기 위해서는 주문번호 O111에 포함된 두 개의 제품인 P15, P92에 대한 공급자 이름을 ㈜이노텍으로 모두 수정해야 한다. 만약 P15에 대한 공급자 이름의 수정이 있었고, P92에 대해서는 변경이 되지 않았을 경우, 동일한 공급자 번호

S12에 대한 공급자 이름이 이노텍과 ㈜이노텍 등 두 이름이 존재하여 데이터의 일관성이 결여된다. 이와 같은 데이터 수명주기 중 발생하는 바람직하지 않은 현상을 방지하기 위해 다음과 같은 절차에 따라 공급자_제품_주문 테이블을 분할하는 과정을 거친다.

(2) 2차 정규화

[표 5-3]과 [표 5-4]의 차이는 각 셀에 하나의 값을 갖는지의 여부이다. 그러나 아직 한 주문에 포함되는 제품 속성의 반복은 그대로이다. 이를 제거하기 위해서 주문번호와 제품번호의 결합으로 주요 키를 구성하고 개수를 종속 속성으로 하는 테이블로 분리하고, 주문번호와 제품번호 각각을 주요 키로 함수적 종속관계를 갖는 속성들을 분리하면 [표 5-5-1] ~ [표 5-5-3]과 같은 3개의 함수적 종속관계로 된다. 이를 2차 정규화라 한다.

【표 5-5-1】 **주문-제품 관계**(주요 키: 주문번호와 제품번호의 결합)

주문번호	제품번호	개수
O111	P15	10
O111	P92	5
O112	P18	2
O113	P18	5

【표 5-5-2】 **주문-공급자 관계**(주요 키: 주문번호)

주문번호	주문 일자	공급자 번호	공급자 이름
O111	2018/11/17	S12	이노텍
O112	2018/11/18	S15	커넥티드
O113	2018/11/19	S15	커넥티드

【표 5-5-3】 **제품 관계**(주요 키: 제품번호)

제품번호	제품 이름	단가
P15	CPU	100
P92	마우스	15
P18	공유기	27

(3) 3차 정규화

2차 정규화의 결과 중, [표 5-5-1]의 주문-제품 관계에서 주문번호와 제품번호의 결합 키와 주문 개수 속성 간의 관계와 [표 5-5-3]의 제품 관계에서 제품번호의 주요 키와 제품이름 및 단가 속성 간은 함수관계가 성립함을 알 수 있다. 그러나 [표 5-5-2]의 주문-공급자 관계를 살펴보면, 주문번호는 주문 일자와 공급자 번호 간에 함수적 종속관계가 성립하나, 주문번호와 공급자 이름은 직접적 함수관계가 아니다. 오히려 공급자 이름은 공급자 번호에 의해서 결정되어, 주문-공급자 관계를 [표 5-6-1]과 [표 5-6-2]와 같이 두 개의 관계로 분할하면 이와 같은 문제를 해결할 수 있다. 이 결과를 3차 정규화라고 한다.

【표 5-6-1】 **주문-고객 관계**(주요 키: 주문번호)

주문번호	주문 일자	공급자 번호
O111	2018/11/17	S12
O112	2018/11/18	S15
O113	2018/11/19	S15

【표 5-6-2】 **고객 관계**(주요 키: 공급자번호)

공급자 번호	공급자 이름
S12	이노텍
S15	커넥티드

지금까지 우리는 정규화 과정을 통하여 [표 5-3]과 같은 하나의 엑셀 기반의 데이터 형식으로 3단계의 정규화 과정을 거쳐서 데이터의 수명 주기에서 발생할 수 있는 갱신, 삽입, 삭제 작업 수행 시 데이터의 중복을 최소화하고, 데이터의 일관성을 유지시켜 데이터의 품질을 유지시킬 수 있도록 [표 5-5-1], [표 5-5-3], [표 5-6-1], [표 5-6-2]와 같은 4개의 테이블로 분할하였다.

5) 데이터베이스 관리 시스템

(1) 개념

데이터베이스는 위에서 설명한 바와 같이 데이터가 저장되는 공간이다. 저장 공간이 설정이 되면, 저장된 데이터는 사용자의 데이터 사용 목적에 따라 데이터가 생성되고(Create), 읽히고(Read), 수정되고(Update), 삭제(Delete)와 같은 "CRUD" 작업이 수행된다. 즉 데이터의 수명주기에서 생성과 삭제는 한 번씩 일어나지만, 읽히고 수정되는 것은 경영 활동에 따라 반복하여 발생한다. 따라서 데이터베이스에 기록되는 내용은 거래 처리에 따라 바뀌게 되고, 이를 휘발성 (volatility)이 있다고 한다. 데이터의 관리는 이와 같은 데이터에 대한 여러 조작에도 데이터의 정확성과 신뢰성을 유지하기 위해 필요한 활동이다. 이와 같은 다양한 형태의 데이터 조작은 체계적인 시스템에 의해 수행되어야 한다. 이 역할을 담당하는 것이 데이터베이스 관리 시스템(DBMS, Database Management System)이다.

(2) DBMS를 이용한 데이터 관리의 목적

데이터베이스는 조직 전반에서 사용되는 데이터의 통합적 환경을 구축하여 관리하고 데이터의 공유 필요성으로부터 시작된다. 과거 여러 곳에서 중복되어 관리되던 파일 시스템과 비

교하여 하나의 논리적 구조인 데이터베이스로 통합되어 데이터의 중복을 최소화하고 일관성
의 유지가 용이하다. 이외에도 다음과 같은 목적이 있다. ① 데이터베이스에는 관련 데이터
가 논리적으로 연계되어 사용자가 요구하는 데이터의 취득이 용이하고 빠른 응답 시간을 기
대할 수 있다. ② 분산 관리되던 파일 시스템과는 달리, 데이터 관리의 표준을 정해 체계적
인 관리 및 품질관리가 가능해지고, 데이터를 중요한 자원으로 인식하게 하였다. ③ 프로그
래머의 생산성 향상: 데이터베이스는 데이터와 응용 프로그램을 분리시킴으로써 프로그래머
는 응용 프로그램을 개발할 때, 데이터의 구조를 신경 쓰지 않아도 된다. 따라서 프로그래머
들은 프로그램 로직에 집중할 수 있어 사용자의 요구를 신속하게 반영할 수 있고 유지보수를
효율적으로 수행할 수 있게 된다. ④ 데이터에 대한 책임자와 책임소재를 명확히 정의하여 데
이터 관리 및 보안 기능을 체계화하는 데이터 거버넌스 (governance)가 가능하다.

(3) DBMS 역할

데이터의 변경 작업은 사용자에 의해 직접 이루어지는 것이 아니고, 거래 처리를 위한 응
용 프로그램에 의해 수행된다. 따라서 사용자는 응용 프로그램을 이용하여 업무를 수행하
고, 응용 프로그램은 필요한 데이터 서비스를 데이터베이스 시스템에 의뢰한다. 데이터베이스
관리 시스템은 물리적 데이터베이스에 저장되어 있는 데이터에 접근하여 사용자가 요구한 업
무를 수행한다. 사용자를 위한 응용 프로그램, DMBS, 데이터베이스 간의 관계는 [그림 5-3]
과 같다. 응용 프로그램과 데이터베이스를 직접 연계시키지 않고 DBMS의 서비스를 이용하
는 이유는 다음과 같다. 첫째, 업무의 분리로 응용 프로그램은 비즈니스 규칙에 초점을 맞추
고, 데이터 관련 활동은 DBMS에 의뢰한다. 둘째, 데이터는 기업에서 핵심 자산으로 품질 유
지가 중요하다. 응용 프로그램에 의해 손상될 수도 있을 데이터베이스의 품질을 DBMS에 의
해 관리되도록 한다.

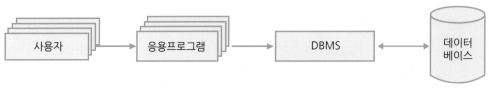

【그림 5-3】 응용 프로그램과 데이터베이스의 관계

관계형 데이터베이스의 관리는 구조적 질의 언어(Structured Query Language, SQL)라는 프로그래밍 언어를 이용한다. SQL은 데이터베이스 및 데이터베이스를 구성하는 데이터의 생성과 수정, 데이터에의 접근 및 질의, 그리고 제어를 위해 사용된다. 이 중 관계형 데이터베이스에서 질의는 세 가지의 데이터베이스 연산인 select, project, 그리고 join을 바탕으로 이루어진다. 먼저 select는 한 테이블에서 질의 조건을 만족하는 레코드(행)를 선택하고, project는 한 테이블에서 선택된 속성(열)을 만족시키는 데이터를 제공한다. 마지막으로 join은 두 개의 테이블을 하나의 테이블로 확장하여 사용자에게 각각의 테이블에서는 얻을 수 없던 데이터를 제공하여 준다.

데이터베이스 관리 시스템은 Microsoft의 Access와 같은 개인 PC용 DBMS, Oracle Database, Microsoft SQL Server, IBM의 DB2 등의 기업용 DBMS가 많이 사용된다. 또한, MySQL은 공개 프로그램으로 최근 많은 기업에서 활용하고 있는 DBMS이다.

제**3**절 의사결정지원과 데이터 분석 시스템

1 데이터웨어하우스

1) 개념

기업은 경영 활동의 효율성과 효과성을 높이기 위해, 과거에는 데이터를 단순히 거래처리를 지원하는 용도로 사용하던 것을 문제의 발견과 해결책을 모색하는데 활용하기 시작하였다. 문제의 발견과 해결책을 데이터로부터 찾기 시작하였다. 이는 축적된 과거의 데이터를 분석하면 그로부터 문제의 원천과 해결책이 존재할 것이라는 가정에서이다. 이를 위해 기업은 내부의 운영 DB와 외부에서 제공되는 DB로부터 관심 있는 주제를 중심으로 정기적으로 데이터를 추출하고, 적합한 형태로 변환하여 적재하는 새로운 형태의 데이터베이스 [그림 5-4]를 활용하기 시작하였다. 이와 같은 중앙집중식의 데이터베이스를 데이터웨어하우스라 한다. 또한, 데이터웨어하우스로부터 개별 사업부서의 요구에 맞게 제공되는 데이터웨어하우스의 부분집합을 데이터 마트라 한다. 이들의 특성은 다음과 같다.

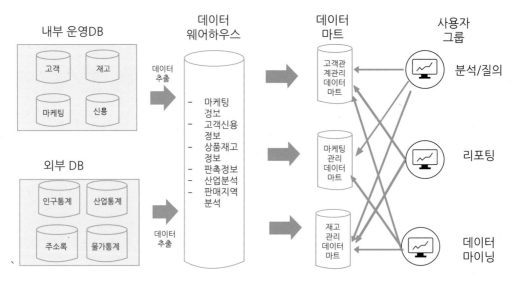

【그림 5-4】 운영 DB와 데이터웨어하우스의 관계

2) 특징

① 주제 지향적: 다양한 경영 활동을 포괄적으로 지원하는 데이터베이스와 달리 데이터웨어하우스는 특정 관심 주제를 중심으로 데이터를 수집하고 저장한다. 예를 들어 품질, 판매, 고객 등과 같이 전략적으로 중요한 의미를 갖고 있는 분야가 될 수 있다.

② 통합: 특정 데이터가 다양한 원천의 데이터베이스로부터 올 수 있기 때문에 동일한 데이터임에도 형식, 측정, 표현 방식 등이 서로 다를 수 있다. 따라서 사용자에게 혼란을 주지 않기 위해서는 이러한 불일치성을 제거하고 통합되어야 한다.

③ 시간의 가변성(time-variant): 데이터베이스는 개체의 현재 상태 값을 반영하지만, 데이터웨어하우스는 장시간의 과거 데이터를 축적하여 사용자의 분석 요구에 대응한다.

④ 비휘발성(nonvolatility): 데이터웨어하우스의 데이터는 읽기 전용(read-only)으로만 사용되어 생성, 갱신, 석재 등의 연산을 할 수 없다.

⑤ 요약(summarization): 데이터는 사용자의 요구에 따라 요약 정도를 달리할 수 있다. 예를

들어 매출액은 전체 매출액, 지역별 매출액, 영업직원별 매출액, 소매상별 매출액 등과 같이 다양한 차원에서 매출액을 볼 수 있게 하여 준다.

2 데이터 마트

1) 개념

데이터웨어하우스가 기업 전체의 데이터 서비스를 중앙 집중적으로 제공하는 반면에, 데이터 마트는 하나의 사업부나 부서의 요구를 반영하여 그에 맞는 형식과 규모로 제공된다. 따라서 구축 비용도 상대적으로 저렴하다. 일반적으로 데이터웨어하우스가 기업 전체의 주제를 중심으로 데이터의 체계적인 축적에 주안점이 있는 반면, 데이터 마트는 사용자 그룹의 접근 및 사용 용이성에 초점이 맞추어져 있고, 사용자 부서의 요구에 초점을 맞춰 커스터마이징 된 소규모의 데이터웨어하우스이다.

2) 특성

의사결정자는 온라인 분석 프로세스(OLAP, OnLine Analytical Processing) 도구를 이용하여 데이터 마트의 다차원 성격을 이용하여 차원과 차원의 결합을 다양한 관점에서 살펴볼 수 있고, 이 과정을 통하여 문제 식별과 해결 방안을 모색할 수 있다. 예를 들어 상품, 지역, 영업사원, 월별로 실제 판매량과 판매 계획량이 축적된 데이터웨어하우스가 있다고 가정하자. 사용자는 상품의 월별 실제 판매량과 같이 두 개의 차원을 결합하여 볼 수 있고, 영업사원별,

지역별, 월별, 실제 판매량 대비 예상 판매액 등 다차원 결합의 결과를 볼 수도 있다. 또한, 다차원의 데이터를 시각적으로 표현해 주는 기술은 효과적인 데이터 관찰을 위한 유용한 도구이다. 그러나 이 기술은 데이터 간의 관계 분석이나 예측 기능은 없고, 사용자의 의도에 따라 얼마나 유연하게 데이터를 조작하여 제시해 주는가가 관건이다.

3 데이터마이닝

1) 개념

데이터마이닝은 조직에 축적되어 있는 대용량의 데이터로부터 자동 또는 반자동적인 방법으로 데이터에 숨겨 있는 의미 있는 패턴, 규칙, 관계를 찾아내는 과정이라고 정의된다. 이 과정은 데이터 기반의 지식 발견 과정으로도 해석될 수 있다. 발견된 지식은 해당 조직에서 전략적으로 활용이 가능하다. 예를 들어 SNS에 산재되어 있는 고객의 소리를 분석하여 고객의 요구를 파악하여 마케팅뿐만 아니라 신상품 개발에도 적극 활용되고 있다. 그러나 발견된 지식은 사용되는 데이터의 품질에 영향을 받기 때문에 필요한 데이터의 수집, 분석에 적당한 형태로의 변환 및 정제 등이 데이터마이닝을 하기 위한 중요한 사전 작업이다.

2) 특징

기업은 업무의 효율적 수행을 위해 데이터베이스를 이용하고, 데이터베이스의 내용 및 결과를 단순히 활용하는 단계를 벗어나, 데이터 자체의 분석을 통해 패턴을 추출해 내고 이 결과를 업무에 적용하여 문제 해결과 기회 탐색에 활용하고 있다. 이는 과거에는 담당자가 경험이나 통찰력에 의존하여 문제 해결의 범위와 깊이가 제한적이었던 것에 비해, 데이터에 기반한 객관적 문제 해결 접근법으로의 전환을 의미한다. 즉 데이터마이닝은 사용자의 경험이나 편견을 배제하고 전적으로 데이터에 기반하여 지식과 패턴을 추출하기 때문에 영역 전문가가 간과해 버릴 수도 있는 지식과 패턴을 찾아낼 수 있다. 데이터마이닝의 활용 분야는 카드사의 사기 발견이나 금융권의 대출 승인, 투자 분석, 기업의 마케팅 및 판매 데이터 분석, 생산 프로세스 분석, 기타 순수과학 분야의 자료 분석 등 매우 다양하다.

3) 기법

데이터마이닝은 학문적으로 통계, 전산, 경영 등 데이터 분석과 관련된 다양한 학문이 융합되어 탄생된 융합 학문이라고 평가된다. 주요한 데이터마이닝 기법으로는 정형 데이터 분석을 주로 다루는 연관관계 분석 기법, 의사결정나무 기법, 인공신경망 기법, 사례 기반 추론, 군집분석 기법 등이 있으며, 최근에 관심을 받고 있는 비정형 데이터 분석으로 웹 문서, 소셜 데이터를 주로 분석하는 텍스트 마이닝, 웹 마이닝, 오피니언 마이닝, 소셜네트워크 분석 등이 있다. 또한, 데이터를 시각화해서 보여 주는 데이터 시각화 기법 등이 있다.

제4절 빅데이터

1 빅데이터로의 진화 필요성

데이터베이스가 경영 활동에서 필요한 근본적 이유는 먼저 일상적으로 발생하는 거래 처리의 정확성과 신속성을 제공하여 운영의 효율성을 높이기 위한 것이다. 그리고 과거의 거래 처리 과정을 데이터를 통해 살펴봄으로 운영 과정에서 발생한 문제들을 발견할 수 있고, 그 문제의 원인이 무엇인지 알아낼 수 있는 기반을 제공한다. 데이터베이스에서 제공되는 데이터는 사전에 정의(pre-defined)된 개체의 집합 그리고 각 개체가 지니는 속성에 대하여 수집된 범위에 국한된다. 이들 데이터는 유형, 포맷 등 정형화된 것이 대부분이다. 운영 데이터베이스로부터 데이터의 가치를 도출하기 위해서 관심 있는 데이터의 추출 및 적재로 데이터웨어하우스를 구축하여 데이터를 의사결정에 본격적으로 사용하기 시작하였다. 데이터의 사용은 미리 정의된 DB 구조에 의하여 제한되어 실제로 기업 환경에서 발생하는 데이터를 분석에 사용하는 범위는 극히 일부분에 지나지 않았다.

그러나 현실은 경영 활동 중 발생하는 다양한 데이터, 예를 들면 신고된 고객의 불편 사항, 제품에 대한 사용 후기나 평가 등은 데이터베이스에 수집되지 않았고, 이들을 분석하여 경영에서 유용한 정보로 사용할 것에 대해서는 고려되지도 않았다. 즉 비정형화된 데이터가 다양해지고 규모가 증가하여 전통적인 데이터베이스 관리 시스템으로는 분석 처리가 불가능하게 되었다.

2 빅데이터 개념

최근의 IT기술은 경영 활동에서 발생하는 데이터를 실시간으로 디지털 데이터로 변환하여 수집하고, 수집된 데이터를 저렴한 저장 공간에 체계적으로 저장할 수 있게 되었다. 수집된 데이터는 경영 활동을 표현하고 있고, 이를 분석해 보면 경영 활동의 잘잘못을 되짚어 볼 수 있게 된다. 빅데이터는 기존 데이터베이스 관리 도구의 데이터 수집-저장-관리-분석의 역량을 넘어서는 대량의 정형 또는 비정형 데이터를 분석하여 가치를 추출하는 기술이라고 정의할 수 있다. 빅데이터의 성격을 규명하는데 3V가 자주 사용된다.

먼저 분석 대상의 데이터의 규모(volume)로서 그간 관계형 데이터베이스에서 다룬 정형화된 데이터뿐만 아니라 페이스북, 트위터 등 사회 네트워크 시스템에서 생성되는 대량의 비정형 데이터까지도 포함한다. 또한, 최근 4차 산업혁명의 근간인 공장의 기계, 항공기, 차량 등의 물리적 기기로부터 센서가 포착하는 데이터도 데이터의 규모를 확대시키고 있다. 두 번째는 다양성(variety)으로 다양한 IT 정보기기에서 발생하는 데이터와 텍스트, 음성, 이미지 등도 빅데이터의 다양성을 높이고 있다. 마지막으로 속도(velocity)는 모바일 기기나 사물인터넷으로부터 실시간으로 전달되는 데이터의 공급과 가치를 제공하기 위한 입력 데이터의 신속한 처리 및 분석 기능이 요구된다.

3 빅데이터의 유형

데이터의 구조성은 대상인 개체를 얼마나 객관화하여 측정할 수 있느냐의 차이로 정형 데이터와 비정형 데이터 그리고 그 중간에 위치한 반정형 데이터의 세 가지로 구분할 수 있다.

정형 데이터는 개체의 주요 특성은 사용자 관점에서 파악될 수 있다는 가정하에 개체의 특성을 사전에 정의하고, 그에 따라 값을 측정하여 각각의 그 결과를 기록하는 형태이다. 이에 반하여, 비정형 데이터는 해당 개체에 대한 특성을 사전에 정의하지 않고 개체를 대하는 사용자가 자기의 판단에 따라 임의로 주요 속성을 정의하고 그 결과를 기록한다. 책이라는 개체를 예로 들어 보자. 책은 저자, 출판연도, 출판사, ISBN, 장르 등과 같이 정형화된 속성이 있는 반면에, 책의 내용이라는 속성은 매우 정의하기가 힘들다. 따라서 책이라는 개체는 정형화 속성과 비정형 속성이 같이 공존하는 반정형 개체로 정의할 수 있다. 책 내용이라는 비정형 속성도 책이라는 개체의 이해가 높아질수록 객관화시킬 수 있는 속성으로 변환될 수 있게 된다.

비정형 데이터는 데이터에 대한 구조화가 어려운 형식의 데이터를 의미하고 다음과 같이 구분이 된다. 사진이나 이미지 등과 같은 정적인 프레임, 텍스트 형태로서 웹사이트 콘텐츠, 신문기사, 이메일이나 블로그 데이터, 고객의 후기, SMS나 트윗을 이용한 실시간 대화 등이 있고, 스트림 형태의 음성, 영상, 비디오, 그리고 사물인터넷과 센서로부터 포착되는 데이터와 웹 서핑, 로그 데이터 등 컴퓨터 장치에서 수집되는 데이터 등이 있다. 비정형 데이터는 정형 데이터와 같은 객관적이고 구조화된 의미를 전달하는 것이 아니고, 보는 관점에 따라 다양하고 풍부한 정보를 제공할 수 있게 된다.

최근 기업의 혁신이나 문제 해결 역량의 제고를 통한 경쟁력 우위 방안은 다음과 같은 정형 데이터와 비정형 데이터의 통합적 활용과 새로운 데이터 분석 접근법이 필요하다. 이는 과거의 데이터 활용이 주로 관계형 데이터베이스를 중심으로 운영 지원과 다차원 데이터베이스와 OLAP를 기반으로 단순한 데이터 조작, 조회, 시각화에 국한되었다면, 다양한 원천으로부터 발생하는 데이터의 통합, 비정형 데이터의 고려 등 비즈니스에서의 데이터 분석 역량을 요구하게 되었다.

① 기업 내부 및 외부 데이터를 통합하여 분석에 활용
② 다양한 내부 시스템으로부터 제공되는 운영 데이터의 통합적 활용
③ 데이터 분석가 주도의 주관적 분석이 아닌 데이터 간의 관계를 객관적 관점에서 분석의 필요성
④ 관계형 데이터베이스에서 추구하는 데이터의 정확성을 희생하고 데이터의 양과 범위를 고려하여 분석
⑤ 표본에 의한 데이터 분석이 아닌, 데이터 전체를 대상으로 분석

관계형 데이터베이스로부터 추출된 데이터웨어하우스와 데이터 마트를 기반으로 하는 OLAP 기술은 비정형 데이터 분석에는 적합하지 않다. 다양한 데이터 유형의 지원과 OLAP에서의 낮은 데이터 분석 기술의 문제점을 고려하여 빅데이터 분석을 위해서는 [그림 5-5]와 같은 비즈니스 애널리틱스 환경이 제공되어야 한다. 비즈니스 애널리틱스(analytics)는 수시로 발생하는 비즈니스 문제의 해결을 위해서, ① 요구되는 데이터를 신속하게 접근하여, ② 적절한 분석기술과 기법을 이용하여, ③ 문제의 원인을 규명함은 물론 추정이나 예측 모델을 이용하여 해결 방안을 제시할 수 있어야 한다. OLAP 환경과 비교하여, 추가로 필요한 기반은 빅데이터와 비정형 데이터 처리를 위해 필요한 기술인 하둡(Hadoop)과 NoSQL이다. 하둡은 대용량 데이터의 분산 저장과 처리를 위해 사용되는 오픈소스 기반 기술로 확장이 용이하여 빅데이터 처리를 위한 표준 플랫폼으로 사용되고 있다. 또한, NoSQL은 비정형 데이터가 수집되고 데이터 분석에서도 그 중요도가 인식됨에 따라 다양한 비정형 데이터의 저장과 처리 기술로 구조적 데이터 처리 언어인 SQL에 대비되는 Non-SQL 또는 Not-only-SQL의 의미로 사용되고 있다. NoSQL은 데이터의 구조인 데이터베이스 스키마를 사전에 정의할 필요 없이, 필요한 속성을 필요할 때 유연하게 추가하여 사용할 수 있는 장점이 있다.

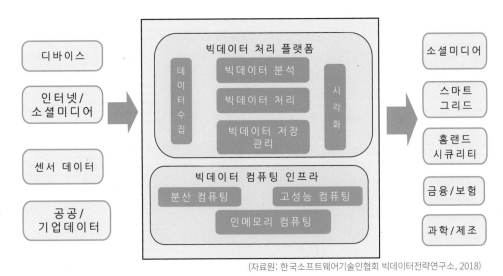

(자료원: 한국소프트웨어기술인협회 빅데이터전략연구소, 2018)

【그림 5-5】 빅데이터의 통합 환경

[그림 5-5] 빅데이터와 [그림 5-4] 데이터웨어하우스 환경과의 차이점은 ① 다양한 데이터 유형의 수집 및 처리, ② 중앙집중적인 데이터웨어하우스에 의존하였던 OLAP 환경과 비교하여 하둡 클러스터를 이용하여 대량의 비정형 데이터를 신속하게 처리할 수 있는 분산 환경과 고성능 컴퓨팅, ③ 기계학습, 인공지능, 데이터마이닝 기법 등을 활용한 데이터 분석과 시각화 기술 제공 등이다. 이런 환경은 일반 사용자의 데이터 탐색 지원뿐만 아니라 빅데이터 분석가에게 다양한 데이터 분석을 통하여 의사결정 역량을 높일 수 있게 해준다.

4 데이터의 융합

우리는 이미 데이터의 진화과정을, 온라인 거래 처리(OLTP, OnLine Transaction Processing)를 지원하기 위한 구조적인 데이터베이스와 여러 운영 데이터베이스의 통합 환경으로 OLAP을 지원하는 데이터웨어하우스를 이용한 데이터 활용을 살펴보았다. 빅데이터 환경에서는 이와 같은 범주를 넘어 다음과 같은 데이터의 융합이 이루어졌을 때, 창의적이고 혁신적인 문제 해결을 할 수 있다.

① 정형 데이터와 비정형 데이터의 융합: 일반적으로 정형 데이터는 객관적인 값으로 표현이 가능하다. 그러나 비정형데이터는 관점에 따라 매우 상이한 값을 갖을 수 있다. 이는 마치 OLAP 환경에서 사용자에게 다차원 데이터베이스를 이용하여 다양한 관점으로부터 데이터를 조망하게 함으로써 문제 해결의 효과성을 높이고자 하는 것과 유사하다.

② 데이터 분석에 직접, 간접으로 영향을 주는 포괄적인 데이터 집합을 대상으로 분석을 실시하여 데이터의 관련성으로부터 새로운 통찰력을 얻도록 한다. 예를 들면 매출에 영향을 줄 것이라는 데이터에 위치, 날씨, 교통 체증 정도 등 상황 데이터도 융합하여 분석할 수 있다.

5　빅데이터 활용

기업의 경쟁력은 비즈니스 프로세스 효율성의 제고, 혁신, 문제 해결 역량의 향상 등 다양한 요인으로부터 기인할 수 있다. 경쟁력 제고 방안은 과거의 경험과 직관에 의한 것이 아니라 데이터 기반의 정보와 인사이트를 통해 도출된 차별화된 전략에 따라야 한다. 조직에서 빅데이터 분석 결과를 활용할 수 있는 영역은 다음과 같다.

① 내부업무 처리의 개선
② 기존 제품과 서비스의 개선

③ 새로운 제품과 서비스의 개발

④ 개별화된 고객관계관리

위와 같은 기존 업무 환경에서 빅데이터 분석 결과의 활용과 더불어 다음과 같은 신규 환경에서도 빅데이터 분석 결과를 활용할 수 있다.

① 스마트공장: 제품기획, 설계, 공정, 제조, 유통, 판매 과정을 IT로 통합하고, 발생한 데이터 분석을 이용하여 비용의 최소화 및 고객 요구에 부응하는 제품의 생산에 도움을 줄 수 있다.

② 스마트팜: 사물인터넷으로 수집한 빅데이터를 기반으로 최적의 농작물의 생육 환경을 조성하여 농업 경영의 최적화를 도모할 수 있다.

③ 스마트그리드: 전력 소비 패턴을 분석하여 비효율적 요소의 제거와 라이프 스타일의 변화를 유도하여 비용 절감을 가져올 수 있다.

④ 스마트홈: 가정의 가전기기를 네트워크로 연결하고 상황 데이터를 분석하여 지능적으로 보안 유지, 에너지 비용 절감과 쾌적한 삶의 공간을 유지한다.

6 빅데이터 분석의 접근 방법

빅데이터 분석은 다음과 같은 두 가지 관점에서 접근할 수 있다. 첫째, 비즈니스 차원의 이슈나 문제에 대한 정의를 토대로 적정한 데이터 분석을 통해 해법을 찾아가는 수요 기반 또는 하향식 접근 방식이다. 둘째는, 대규모의 다양한 속성을 가진 데이터 자체가 보유하고 있는 가치에 대한 분석을 통하여 이를 역으로 업무수행 활동에 접목하도록 하는 데이터 분석 기반 또는 상향식 접근 방식이다.

1) 수요 기반 접근 방법

조직은 문제 해결, 업무 프로세스 효율화를 비롯하여 비용 절감, 생산성 향상, 의사결정 최적화 등 다양한 비즈니스상의 이슈나 문제들에 직면해 있다. 이런 비즈니스상의 이슈에 대한 해결을 위하여 근본 원인을 파악하고, 이에 대한 가설적 해결 방안을 도출하게 된다. 특히 문제해결을 위한 근본적 원인을 찾고, 도출된 해결 방안들에 대한 실현 가능성과 우선순위 결정을 위해서 수집, 가공, 분석된 내부 및 외부 데이터를 이용하여 분석하는 일련의 접근 방법을 하향식 혹은 수요 기반 분석 과제 도출이라고 한다.

이 접근법은 데이터 종류나 분석 기법에 문제 상황을 억지로 끼워맞추는 것이 아니라 해결해야 할 이슈나 문제를 먼저 정의하고, 이에 대한 원인 진단-연관된 해결 방안 도출이라는 일련의 시나리오를 수립하는 것이 선행되어야 한다. 즉 선행적으로 문제 해결 시나리오를 먼저 정의하고, 이에 적합한 데이터 및 분석 기법을 찾아서 활용하게 된다. 이때 활용되는 데이터 및 분석 기법은 다양한 비즈니스상의 이슈나 문제에 대한 해결이 가능하게 하는 하나의 실행동인(enabler)으로서의 역할을 담당한다.

다음은 수요 기반 빅데이터 분석의 예로서, 테스트 마케팅을 위한 고객 선정을 위한 과제 분석이다.

문제 배경: 주) ABC는 신상품을 개발하여 시제품에 대한 고객의 반응을 테스트하고자 한다. 신뢰성 있는 분석을 위해서는 500명의 고객으로부터 테스트 결과가 있어야 한다. 효과적이고 효율적으로 어떻게 고객에 접근하여 500명의 사용 가능한 시제품 테스트 결과를 얻겠느냐가 비즈니스 요구이다. 과거 경험에 의하면, 마케팅 담당자가 시제품에 대한 테스트를 위해 고객에게 접근하면 관심이 없다는 이유로 응하지 않는 경우가 많았다. 또한, 임의로 대상 고객을 선정할 경우, 접촉해야 하는 고객 수가 증가하기 때문에 마케팅 비용이 올라갈 수 있어 효율적

인 방안이 되지 못한다. 참고로 과거 데이터에 의하면, 단지 2%의 고객만이 조사에 응한 것으로 나타났다.

문제 정의: 만약 500명의 응답이 필요할 경우, 임으로 고객을 선택할 경우, 약 10,000명의 고객과 접촉을 시도해야 하고, 10,000명과의 접촉에 소요되는 비용을 지출해야 한다. 따라서 빅데이터 관점에서의 문제 정의는 "어떻게 하면 고객 접촉 수를 최소화하면서 500명의 실질적인 응답을 얻을 수 있는가?"라고 할 수 있다.

2) 데이터 분석 기반 접근법:데이터가 말하게 하는 접근 방법

전통적 문제 해결 방식인 수요 기반의 하향식과 비교하여 기업에서 보유하고 있는 다양한 원천, 다양한 형태로 존재하는 데이터의 생태계로부터 데이터가 말을 하게 함으로써 그로부터의 비즈니스 통찰력과 지식을 얻고자 하는 데이터 분석 접근 또는 상향식 접근법을 기술한다.

먼저, 데이터기반 빅데이터 분석의 이해를 위해서 두 개의 사례를 제시한다.

- 사례 1: 신약 개발

  1950년대의 정신병 치료약과 1980년대의 항생제를 결합하여 21세기의 항암제를 만들 수 있을까? 항응고제는 스테로이드가 관절염을 완화시킬 수 있도록 도움을 줄 수 있는가? 콜레스테롤 치료제와 진통제가 결합된 새로운 의약품은 당뇨병을 억제하는 데 도움을 줄 수 있을까?

위의 기사는 특허기간이 만료된 의약품 약 2,000종류를 상호 결합하여 새로운 의약품으로 만들고자 하는 한 의약 제조사와 관련된 내용이다. 만약 이와 같은 의약품 집합으로부터 두 개의 조합을 선택할 수 있는 방법은 100만 개 이상이고, 그 회사는 새로운 결합의 효과성을 검정하기 위하여 정보기술과 로봇기술을 이용하고 있다. 이 사례는 하향식 문제 해결 혹은 지식 창출이 아닌, 경험적인 과거 데이터를 주먹구구식으로 결합하여 상향식으로 새로운 정보 혹은 지식을 얻고자 하는 새로운 비즈니스 모델의 시도라 할 수 있다.

- 사례 2: A제약회사의 신약 마케팅 타겟 선정

  A제약회사의 사례를 이용하여 데이터 분석 기반 접근법에 의한 문제 해결 과정을 예로 설명한다. A회사는 타박상, 부기 완화, 벌레에 물리거나 멍든 데 바르는 신약을 개발하였고, 마케팅 전략을 고민하게 되었다. 기존의 마케팅 전략 도출은 마케팅 부서에서 가장 구매 가능성이 높다고 판단되는 타겟 고객층을 선정하여 광고와 판촉활동으로 매출을 높이고자 했던 것이라면 A회사는 다른 방안을 고려하게 되었다.

A제약회사는 텍스트 마이닝 전문업체와 약 30억 건에 달하는 SNS 데이터를 신약의 효능과 다른 키워드와의 연관관계를 분석하였다. 분석 결과는 신약이 갖고 있는 여러 효능 중 '멍'과 결합되는 약이나 연고가 없다는 것을 발견했다. 또한, '멍'과 소비자 그룹 간의 결합, 예를 들면 '멍-아이', '멍-여성' 등의 키워드 조합 등을 비교했을 때, '멍-여성'의 결합이 월등이 높은 사실을 알아냈다.

A회사는 데이터 분석, 특히 키워드 연관 분석을 통하여 개발한 신약의 효능 중 어느 것을 부각시킬 것인가를 알아냈고, 그 효능의 타겟 고객층을 식별해 내게 되었다. 이는 기존의 하향식 접근법에 의해 도출되던 마케팅 전략과는 현저한 차이가 있다. 즉 데이터 자체가 갖고 있던 사실들을 데이터 분석으로 우연히 알아내게 되었고, 예상하지 못한 문제 해결(Serendipitous problem solving)을 하게 되어 결과적으로 데이터 분석이 조직에게 가치를 부여하게 되었다. 이 사례의 시사점은 사회 네트워크 데이터를 활용한 여러 데이터의 결합 관계를 살펴봄으로써 타겟 고객의 선정 및 광고 문안 선택 등을 가능하게 하였다. 사전에 정의된 경험 또는 규칙을 따르

는 것이 아니고, 상황에 따라 분석할 데이터의 종류가 결정되기 때문에, 다양한 데이터의 집합이 필요하다.

데이터기반 접근 방법의 주요 이슈는 다음과 같다.

① 데이터 분석 절차: 데이터 기반 접근 방법은 수요 기반 접근법과 달리 명확한 문제 해결 절차를 수용하지 않는다. 대신 이미 보유하고 있는 데이터웨어하우스나 데이터 마트 등에 존재하는 데이터를 변환, 정제 과정을 거친 데이터를 기반으로 분석가는 기본적인 기술적 통계분석, 군집분석, 시각화 기법, 상관분석, 인과분석 등을 통하여 데이터에 내재되어 있는 유의미한 패턴과 관계의 집합을 도출한다. 도출된 패턴과 관계를 비즈니스 관점에서 해석을 하고, 그 결과 의미가 있다고 판단되면 면밀한 검토를 거쳐 그 자체가 비즈니스 규칙으로 활용될 수 있다. 이 규칙들은 운영 시스템에 직접 적용되고, 운영 프로세스에 반복적으로 활용되게 된다. 규칙이나 솔루션으로 즉시 문제 해결에 기여하지 못해도 그 결과는 문제나 기회 발견에 통찰력을 제공할 수 있다.

② 인과 분석 대 상관 분석: 기존의 통계적 분석에서 우리는 인과관계 분석을 위해 가설을 설정하고 이를 검정하기 위해 모집단으로부터 표본을 추출하고 그 표본을 이용한 가설 검정을 실시하였다. 그러나 빅데이터 환경에서는 이와 같은 논리적인 인과관계 분석을 거치지 않더라도 상관관계 분석 또는 연관 분석을 통하여 다양한 문제 해결에 도움을 받을 수 있다. 즉 인과관계(Know-why)로부터 상관관계(Know-affinity) 분석으로의 이동이 빅데이터 분석에서의 주요 변화라고 할 수 있다.

7 데이터 시각화

데이터에 내재되어 있는 특성을 시각화 기법으로 표현하는 기술을 의미한다. 대량의 데이터를 적은 양의 시각적 표현 방법으로 사용자에게 전달하여 직관적이고 효율적인 의사소통을 돕는다. 따라서 데이터의 시각화는 과학이면서 예술이라고 말할 수 있다. 효과적인 시각화는 데이터의 분석과 추론을 유도하는 데 도움을 준다. 데이터의 다른 표현 방법인 테이블은 사용자에게 많은 값 중 일부를 제시하는 데 유용하지만, 그래프나 차트 형식을 이용하여 두 개 이상의 값들 사이의 관련성을 보여준다면 보다 풍부한 정보를 전달할 수 있다. 시각화는 다음과 같은 정보 전달 특성을 갖고 있다.

① 인간의 정보처리 능력을 확장시켜 정보를 직관적으로 이해할 수 있게 한다.
② 많은 데이터를 동시에 차별적으로 보여 줄 수 있다.
③ 시각화는 다른 방식으로는 어려운 지각적 추론을 가능하게 한다.
④ 보는 사람에게 흥미를 유발하여 주목성을 높여 주고 데이터에 대한 경험을 풍부하게 한다.
⑤ 데이터 간의 관계화 차이를 명확하게 들어내어 문자나 수치에서 발견하기 힘든 스토리를 끌어내어 데이터 이면의 의미를 전달한다.

시각화의 예는 다음과 같다. 먼저 [그림 5-6-1]은 상품 간 연관 분석의 결과로서, "맥주를 구매하면, 기저귀도 구매할 것이다"와 같은 규칙과 관련한 지지도나 신뢰성 등 정보를 화살표 방향, 화살표의 크기, 색상 등 시각적 요소를 이용하여 보여 주고 있다. [그림 5-6-2]는 워드 클라우드의 예로서, 텍스트 문서의 단어를 명사 중심으로 그 빈도 수를 글자 크기로 보여줌으로써 문서가 포함하고 있는 의미를 직관적으로 전달하고 있다.

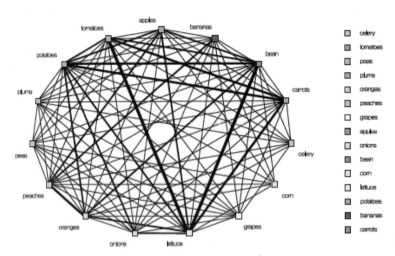

【그림 5-6-1】 그래프로 보여 주는 채소와 과일 간의 연관관계

【그림 5-6-2】 문화체육시설 SNS 단어 분석

[토론 문제] 다음 질문들을 바탕으로 토론해 보자

(1) 데이터베이스 전문 웹사이트를 검색하여 관련 직업군은 무엇이 있으며, 갖춰야 할 역량은 무엇인지 조사해 보자.

(2) 수강 신청은 학생, 교과목, 담당 교수, 교수와 같은 개체의 관계에 의해 이루어진다. 먼저 수강 신청 업무에 필요한 규칙을 가정하고, 이를 바탕으로 개체에 대한 속성을 정의하고 개체 관계도를 제시해 보자.

(3) amazon.com에서 도서를 검색하고, 알고리즘이 추천하는 도서의 타당성에 대한 토론해 보자.

(4) 도서 "대량살상 수학무기"를 읽고 미래 빅데이터 기반 알고리즘의 위험성에 대한 토론해 보자.

【참고문헌】

노규성, 김진화, 박성택, 김병성. "R 활용 빅데이터 분석". 와우패스. 2018.

빅토르 마이어 신버거, 케네스 쿠키어. "Big Data". 21세기 북스. 2013.

서길수. "데이터베이스 관리". 박영사. 2007.

한국디지털정책학회 빅데이터전략연구회. "빅데이터분석 기획". 와우패스, 2018

한국소프트웨어기술인협회 빅데이터전략연구소. "빅데이터 개론". 광문각. 2018.

Berry, M and Linoff, G., Data Mining Techniques, 2nd Edition, Wiley, 2004.

Hayassi, A., Thriving in a Big Dta World, MIT Sloan Management Review, 50(2), 35-39, 2014.

Laudon, K. and Laudon, J., Essentials of MIS, 12ed, Pearson, 2015.

New York Times, Old drugs in, new drugs out, 2007. 6. 30.

06

경영을 바꾸는 신기술

기업 경영에서 ICT 기술의 도입과 활용은 보편화되었고, 지금은 고도화 작업에 몰두하고 있다. 최근에는 기업의 혁신과 국제 경쟁력을 확보하고자 4차 산업혁명 기반의 새로운 디지털 기술을 채택하고 있다.

본장에서는 4차 산업혁명의 핵심 기술인 유무선 네트워크, 사물인터넷, 인공지능, 체험을 위한 기술(가상현실, 증강현실, 홀로그램, 4D) 그리고 행위를 위한 기술(3D 프린터, 로보틱스)에 대해 학습하고자 한다. 또한, 새로운 기술의 활용을 통해 기업이 추구하고자 하는 가치를 창출하고, 비전을 구현하기 위한 방법론에 대해 토론하고자 한다.

■ 유무선 네트워크의 속도가 빨라지면 어떤 산업들이 발전하는가에 대해 학습한다.
■ 사물인터넷은 어떠한 비즈니스 모델을 창출할 수 있는지 학습한다.
■ 체험을 위한 기술(가상현실, 증강현실, 홀로그램, 4D)들이 우리 경영 활동에 미치는 영향에 대해 학습한다.
■ 3D 프린팅 기술이 제조업에 미치는 영향에 대해 학습한다.
■ 인공지능이 발전하면서 사라질 직업들에 대해 토론한다.

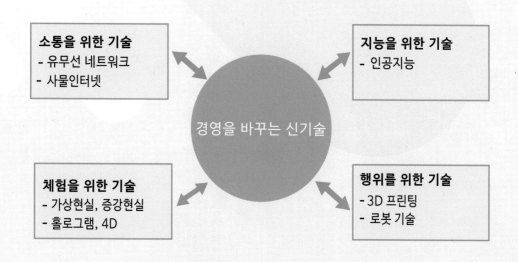

제1절 소통을 위한 기술

유선 네트워크는 오래전부터 전화선과 전력선을 사용하였고, 오늘날에도 다양한 형태의 데이터(텍스트, 사진, 음성, 동영상)를 전송하는데 핵심적인 역할을 담당하고 있다. 무선 네트워크의 활용이 늘어나지만 대용량 데이터 전송, 저가격, 빠른 전송 속도 등에 많은 장점을 가지고 있어 활용도가 확대되고 있다. 무선 네트워크(Wireless Network)는 각 노드 사이 케이블 대신 무선으로 연결하여 통신하는 네트워크이다. 무선 네트워크는 이동성, 접속성, 휴대성에 있어서 편리하나 전송 속도가 느려 대용량 데이터 전송에 한계가 있다.

유선과 무선 네트워크의 단점들을 해결하고 새로운 서비스를 제공하기 위해 유무선 통합망을 구축하여 다양한 서비스를 제공하는 인프라를 구축하고 있는데, 이러한 환경을 사물인터넷(IoT, Internet of Things)이라 부른다. 사물인터넷은 모든 기기에 센서(sensor)를 장착하여 텍스트 데이터나 상황정보 등을 획득하고, 이기종 기기들 간의 상호 소통을 자율적으로 할 수 있는 기능을 가진 시스템 환경을 말한다. 사물인터넷은 실시간 물류 시스템, 국방, 환경, 농업 분야, 그리고 자율자동차 등 다양한 분야에 적용될 것이다.

※ 대표 저자 : 김의창

1 유·무선 네트워크

1) 유무선 통신기술의 발전

1980년대에는 유선 전화망을 통해 PC 통신을 이용하여 텍스트 형태의 정보를 주고받았다. 1990년대 초 웹 방식의 유선 인터넷이 보급되면서 고속 통신망을 이용한 서비스가 가능하게 되었고, 개인용 PC의 보급률도 높아졌다. 2000년대에는 무선 인터넷이 보급되면서, 모바일 기기를 이용하여 멀티미디어 콘텐츠를 주고받을 수 있는 환경이 되었다. 무선 인터넷이란 휴대전화, PDA, 태블릿PC, 노트북 등 다양한 무선 단말기를 이용하여 Wi-Fi, WiBro, LTE 등 이동통신망을 통해 데이터 서비스를 주고받는 환경을 말한다. 최근에는 무선 네트워크 환경이 고도화되고 다양한 스마트 기기가 보급되면서 사물인터넷의 보급이 확산되고 있다. 사물인터넷 시대는 사람과 사람뿐만 아니라 사람과 사물, 사물과 사물을 연결하고 실시간으로 소통할 수 있는 환경이 조성될 것이다.

이동통신 기술은 아날로그 이동통신으로 음성 통화 서비스를 제공한 1세대 통신을 시작으로 지속적인 발전을 거쳐 최근 5세대 통신 기술까지 개발되었다. 최근까지 사용했던 4세대 이동통신은 2010년 LTE-Advanced 기술이 개발되면서 정지 시 1Gbps, 고속 이동 시 500Mbps 데이터 전송 속도를 지원하게 되어 고속·고품질의 데이터 전송이 가능해지면서 실시간으로 고품질 영상도 사용자에게 제공할 수 있었다.

5세대 이동통신은 5G라고 부르며, LTE 기술보다 20배 이상 빠른 전송 속도로 정보를 전달할 수 있으며 2019년부터 적용되고 있다. 4세대 이동통신까지는 주로 사람을 대상으로 서비스가 이루어졌지만 5세대 이동통신은 사람뿐만 아니라 사람과 사물, 사물과 사물 사이에서 자율적으로 정보를 주고받을 수 있다. 5G 서비스가 이루어지면 증강현실(AR)과 가상현실(VR) 서비스를 비롯한 초고화질 멀티미디어 등 대용량 데이터들의 전송과 상황정보를 실시간으로 주고받는 기술이 핵심인 자율자동차 운행도 상용화될 것이다.

2) 차세대 인터넷 주소 체계인 IPv6

인터넷 보급이 확대됨에 따라 사용하는 도메인 수가 급증하였고, 방송·통신의 융합, 유무선 통신의 통합, 사물인터넷 서비스 증가에 따라 인터넷 주소(IP, Internet Protocol)의 수요가 폭발적으로 증가하게 되었다. IPv6(Internet Protocol version 6)은 현재 사용되고 있는 인터넷 주소 체계인 IPv4를 개선하기 위해 만든 주소 체계이다. IPv4의 주소 체계는 약 40억(2^{32}) 개의 도메인만 사용할 수 있도록 설계되어 있어, 현 상황에서 인터넷 주소 고갈에 직면해 있다. 이런 단점을 해결하고자 새로 만든 주소 체계가 IPv6이다. IPv6는 2^{126}개의 도매인을 사용할 수 있다. 2^{126}은 지구상의 모래알 숫자보다 많은 수이기 때문에 IPv6는 지구상에 존재하는 모든 사물에 도메인을 할당할 수 있다. 모든 사물에 주소를 할당해야 하는 사물인터넷에 있어서 IPv6의 도입은 필수적이다.

【표6-1】 사물인터넷 활성화 요인

활성화 요인	주요내용
소형화	• 반도체 기술의 발전으로 전자제품에 사용되는 소자의 크기를 작게 만들 수 있기 때문에 기기(Device)도 작아지고 있음 • 소형화는 저전력화, 대량생산에 따른 저가격화를 달성할 수 있음
저전력화	• 사물인터넷 기기들은 전력소모를 최소화하기 위해 저전력 블루투스(Bluetooth Low Energy, BLE) 기술을 채택하고 있음 • BLE는 Wi-Fi 대비 수백 분의 1 정도의 전력만 소모함
저가격화	• RFID 태그 가격은 지난 5년간 90%가량 하락하였으며, 반도체 가격도 지난 5년간 80~90% 정도 하락함 • RFID 태그 가격이 떨어짐에 따라 바코드를 사용하는 물류 시스템이 RFID 태그로 대체될 것임 • 1Gbps단위의 인터넷 비용은 10년 전보다 1/40 수준으로 떨어졌음
표준화	• 표준화된 무선통신 방식과 개방형 표준 인터페이스를 이용해 다양한 디바이스들과 데이터를 주고받을 수 있음 • 새로운 디바이스를 손쉽게 제작할 수 있고, 사물인터넷 플랫폼이 제공하는 표준 API를 통해 다른 디바이스들과 연결됨

2 사물인터넷

1) 사물인터넷의 이해

사물인터넷이란 세상에 존재하는 사람들뿐만 아니라 사물과 사물의 객체들이 다양한 방식으로 서로 연결되어 서비스를 제공하는 것을 말한다. 즉 유무선 네트워크로 연결된 사물들이 데이터를 주고받아 스스로 분석하고, 학습한 정보를 사용자들에게 제공하거나 사용자가 이를 원격 조정할 수 있는 기술이다.

사물인터넷에 연결되는 사물들은 자신을 구별할 수 있는 유일한 아이피(IP, Internet Protocol)를 가지고 인터넷으로 연결되며, 외부 환경으로부터 데이터 획득을 위한 센서를 가지고 있다. 사물인터넷은 [표 6-1]과 같이 소형화, 저전력화, 저가격화, 표준화를 거치면서 지속적으로 발전하고 있다.

2) 사물인터넷의 활용

사물인터넷은 안경, 시계, 의복에 칩을 부착하여 활용할 수 있는데 사용자 신체의 가장 가까운 위치에서 사용자와 소통할 수 있는 환경을 만들어 준다. 사물인터넷은 주변 환경에 대한 상황 정보나 개인의 신체 변화 정보를 실시간으로 수집할 수 있다. 예를 들어 스마트 안경은 눈에 보이는 주변의 모든 정보들을 기록할 수 있으며, 스마트 속옷은 체온, 심장박동과 같은 생체정보를 꾸준히 수집하여 인간의 건강을 체크할 수 있고 편한 옷을 만드는 데 활용할 수 있다. 웨어러블 디바이스를 통해 측정된 사람의 체온에 따라 실내의 온·습도 등 환경을 제어할 수 있고, 갑작스런 쇼크로 인한 사고도 방지할 수 있다.

2020년까지 500억 개 이상의 기기가 인터넷에 연결될 것으로 예상되며, 사물인터넷을 기반으로 한 다양한 응용 서비스가 출시될 것이다. 사물인터넷이 발전함에 따라 노동시장이 변할 뿐만 아니라 노동시장에서 요구하는 능력도 다양하게 표출될 것이며, 많은 비즈니스가 창출될 것이다. 사물인터넷의 응용 범위는 자율자동차 운행, 원격진료, 방범·방재, 도시 시설관리 등 광범위하게 사용될 것이다.

제2절 지능을 위한 기술

인공지능이란 사람과 유사한 지능을 가질 수 있도록 인간의 학습 능력, 추론 능력, 지각 능력, 자연어 이해 능력 등을 컴퓨터 프로그램으로 실현하는 기술을 말한다. 몇 년 전 구글이 선보인 바둑 프로그램 '알파고'가 세계 최고 수준의 이세돌 9단을 꺾으면서 딥 러닝(Deep Learning)이라는 용어와 인공지능이 일반 대중들에게도 크게 알려졌다. 2016년 도쿄대 의과학 연구소는 왓슨을 이용해 급성 골수 백혈병으로 진단받은 60대 환자의 유전자 데이터를 분석해 2차성 백혈병에 가깝다고 진단하면서 기존에 투여하던 항암제를 변경할 것을 제안했다. 의료 진단 분야에서도 인공지능이 의사들을 대체할 수 있다는 가능성을 보여 준 사례이다.

1 인공지능의 이해

1) 인공지능의 분류

인공지능은 역할에 따라 약한 인공지능(weak AI, narrow AI)과 강한 인공지능(strong AI)으로 구분할 수 있다. 음성 인식 수준의 인공지능이 약한 인공지능에 해당된다. 기계가 인간과 유사한 수준의 글을 읽고 쓰거나 말하는 것을 통해서 정보를 이해하고 처리할 정도의 기능을 수행한다. 따라서 약한 인공지능은 스스로 판단하지 못하며 자율성이 없다.

강한 인공지능은 약한 인공지능의 기능과 자율성을 갖는 컴퓨팅 기능을 포함하고 있다. 즉 축적된 정보를 기반으로 스스로 진단하고 판단할 수 있으며, 계획을 세우고, 의사소통과 결정할 수 있는 능력을 갖추고 있다. 그리고 감정(sentiment), 자아의식(self-awareness), 지혜(sapience), 양심(conscience) 같은 능력도 갖고 있다. 오늘날 인공지능은 대부분 강한 인공지능을 지향하고 있지만 약하고 강한 인공지능의 분류는 기술 발달에 따라 변할 것이다.

2) 인공지능 관련 기술

인공지능과 관련된 연구는 1950년대부터 진행되어 왔으나 관련 기술의 미비로 부침을 거듭해 왔다. 초기의 인공지능은 논리와 규칙에 기반 한 전문가 시스템 형태로 연구되었으나 명확한 정의를 내리기 어려워 실무에 적용하기에 한계가 있었다.

1980년대에는 인공 신경망 구조를 적용한 인공지능으로 발전했으나 복잡한 계산을 지원하기에는 컴퓨터 능력(Computing Power)과 학습 데이터가 부족했다. 2010년대에 들어서면서 통계 기반의 기계학습(Machine Learning)과 심층학습을 이용한 딥러닝(Deep Learning) 알고리즘이 개발되면서 컴퓨터가 스스로 학습해서 최적화된 방식으로 문제를 해결할 수 있는 수준으로 발전했다.

기계학습이란 인공지능(AI)의 한 분야로 컴퓨터가 여러 데이터를 이용하여 학습한 내용을 기반으로 새로운 데이터에 대한 적절한 작업을 수행할 수 있도록 하는 알고리즘과 기술을 개발하는 분야이다. 즉 컴퓨터를 사람처럼 학습시켜 스스로 규칙을 형성하도록 하는 기술이다. 통계적인 접근 방법을 기반으로 규칙성을 찾도록 한다. 최근에는 인공지능, 검색, 맞춤형 광고, 음성인식, 기계 조종, 의사결정 등 거의 모든 영역에서 빠르고 유의미한 결과를 얻고 있다.

딥러닝은 앞에서 언급한 바와 같이 심층학습이라고 부르는데 2016년 구글이 개발한 '알파고'와 이세돌 9단의 바둑 대국을 통해 대중적으로 알려지기 시작했다. 딥러닝은 사물 정보나 데이터를 수집 또는 분류하는 데 사용하는 기술이다. 예를 들어 컴퓨터는 사진만으로 개와 고양이를 구분하지 못하나 사람은 아주 쉽게 구분할 수 있다. 컴퓨터가 사람처럼 구별하기 위해 기계학습이라는 방법을 고안했는데 이 기술은 많은 데이터를 컴퓨터에 입력하고 비슷한 것끼리 분류하도록 하는 기능을 가지고 있다. 저장된 개 사진과 비슷한 사진을 입력하면 이를 개 사진이라고 컴퓨터가 분류하도록 한다. 딥러닝의 핵심은 분류를 통한 예측이다. 수많은 데이터 속에서 패턴을 발견해 인간이 사물을 구분하듯 컴퓨터가 데이터를 분류한다. 구글은 음성 인식과 번역, 그리고 로봇의 인공지능 시스템 개발에도 딥러닝 기술을 이용하고 있다. 대표적인 SNS 업체 페이스북은 딥러닝을 뉴스피드(News Feed)와 이미지 인식 분야에 적용하고 있다. 최근에 ICT 기업들이 딥러닝을 이용하여 사진과 동영상, 음성정보를 분류하는데 데이터의 양이 풍부하고, 정확성을 쉽게 판단할 수 있기 때문이다.

기계학습과 딥러닝은 모두 학습 모델을 제공해 데이터를 분류한다. 사람은 해당 이미지를 지식과 경험에 따라 뇌에서 분석하고 구분할 수 있지만, 컴퓨터는 할 수 없기 때문에 이미지를 구분하기 위해서는 기계학습과 딥러닝 등의 기술이 필요하다. 기계학습의 경우, 주어진 데이터를 사람이 먼저 분류하고 컴퓨터가 인식할 수 있도록 한 다음 컴퓨터가 데이터에 포함된 특징을 분석하고 이를 축적한다. 즉 각 이미지의 특징을 컴퓨터에 인식시킨 후 학습시킴으로써 문제를 해결하는 방식이다. 딥러닝은 기계학습에서 사람이 개입하던 분류 작업을 딥러닝 알고리즘을 이용하여 컴퓨터가 스스로 분석해서 문제를 해결하는 방식이다. 딥러닝은 기계학습에 비해 방대한 양의 데이터 연산과 처리 능력을 요구하기 때문에 높은 사양의 CPU 등 하드웨어가 필요하다.

2 인공지능의 활용

현재 인공지능은 과학적 연구 외에도 다양한 분야에서 활용되고 있다. 직원을 채용할 때, 온라인 면접을 인공지능을 활용하고 있다. 인공지능의 도입으로 자기소개서를 베껴 쓸 경우 거의 100% 잡아낼 수 있다. 또한, 인공지능 분석을 통해 지원자의 장단점, 특징, 적합한 직군 등을 파악해 대면 면접에 활용하고 있다. 감정적인 부분을 완전히 배제한 상태에서 지원자의 객관적인 정보만으로 분석할 수 있다.

쇼핑몰은 제조업이 아니기 때문에 매출은 크지만 이익은 적다. 쇼핑몰 운영에 필요한 대부분의 비용은 물류비용이다. 아마존은 물류의 혁신을 통해 이익 강화 정책을 추진하고 있는데 기존의 ICT 기술에 인공지능, 사물인터넷, 로봇, 드론 등의 기술과 장비를 도입하여 비용 절감 뿐 아니라 새로운 고객 경험까지도 제공함으로써 가치를 높이고 있다.

인공지능은 고도의 경영 활동에도 활용하고 있다. 다양한 정보를 이용하여 의사결정을 정확히 할 수 있고, 최고경영자의 의사결정에도 도움을 주고 있다. 미국에서는 주식투자의 70%를 인공지능 기술을 도입한 투자 시스템이 담당하고 있으며, 투자 전문가보다 우수한 실적을 내고 있다. 인공지능은 실시간 처리가 가능하여 언론사보다 빠르게 기사를 송고할 수 있다. 미국에서는 인공지능이 지진 관련 기사를 가장 먼저 발표한 사례가 있으며, 거의 실시간으로 운동경기 기사를 전달하고 있다. 미국 프로농구(NBA)에서는 기록정보를 활용하여 경기력을 극대화하고자 하는 노력도 인공지능 기술을 이용하고 있다. 전술적으로 어떤 선수가 어느 시간에 어떤 포지션에서 어떤 역할을 하는 것이 가장 합리적인가를 판단하는 것을 과거에는 감독의 판단에 의해 이루어졌다. 이 방법은 편견이 작용할 여지가 많은 인간의 판단이라 결정을 잘못할 수 있다. 그래서 오랜 시간 축적된 정보를 인공지능이 데이터를 처리하여 얻은 신뢰성 있는 정보로 대체하는 노력들을 스포츠 관계자들이 받아들이고 있다. 또한, 전략적으로 어떤 선수를 스카우트하고, 누구를 내보낼 것인가 하는 문제와 선수를 부상에서 보호하기 위해 선수 개개인의 신체 정보를 획득하여 분석하는 부분까지도 인공지능의 힘을 이용하고 있다.

2016년 미국에서 인공지능 변호사 ROSS가 등장했고, 2018년에는 국내에서도 첫 인공지능 변호사 유렉스가 등장했다. 유렉스는 그동안 변호사 여러 명이 수일에서 몇 달씩 작업하던 관련 법 조항 검토 및 판례 분석 등의 업무를 20~30초 만에 수행하고 있다. 2016년에는 인공지능이 쓴 『컴퓨터가 소설 쓰는 날』이라는 소설이 문학상 1차 심사에 통과했는데 인공지능 기술은 예술의 영역까지도 활용되고 있다. 소설이나 시뿐만 아니라 그림을 그리고, 작곡을 하는 등에도 인공지능을 적용하고 있다.

인공지능은 대표적인 융합기술로 사회, 경제, 문화 등 다양한 분야에 적용이 가능하기 때문에 제4차 산업혁명을 위한 기반기술로 주목받고 있다. 현재 빅데이터와 연동되어 업무수행에 활용되고 있으며, 자율주행 자동차와 드론 그리고 지능 로봇 등에도 인공지능 기술이 적용될 것이다.

제3절 체험을 위한 기술

정보기술의 발달로 사람들에게 콘텐츠를 전달하는 방식도 변하고 있다. 과거에는 문자와 사진, 간단한 동영상 위주의 콘텐츠를 사용자들에게 제공하였다. 현재는 실감미디어와 멀티미디어 형태로 콘텐츠를 개발·제공하려는 노력이 가속화되고 있다.

멀티미디어란 텍스트, 이미지, 그래픽, 사운드, 애니메이션, 비디오 등의 형태로 사용자 간의 정보·지식뿐만 아니라 감정 등을 전달하는 매체이다. 따라서 정보의 가공과 편집이 용이하고 효율적인 정보검색이 가능하다. 최근에는 사용자들에게 가상현실(VR, Virtual Reality), 증강현실(AR, Augmented Reality), 홀로그램, 4D 기술을 적용하여 실재감과 몰입도를 높여 정보전달 효과를 극대화해서 사용자가 직접 체험할 수 있는 형태의 실감미디어(Realistic Media)로 제공하고 있다. 한편 가상현실과 증강현실을 융합한 기술인 혼합현실(MR, Mixed Reality)을 이용해 체험용 콘텐츠를 개발하고 있다. 가상현실, 증강현실, 혼합현실의 공통점은 실제로 존재하지 않은 현실을 구현해 사람이 인지할 수 있도록 하는 기술이라는 점이다. 다만 증강현실은 실제 현실에 가상의 정보를 더해 보여 주는 방식이고, 가상현실은 모두 허구의 상황이 제시된다는 점에서 차이가 있다. 혼합현실은 증강현실과 가상현실을 혼합해 현실과 가상의 정보를 혼합시켜 제공하는데, 대용량의 데이터를 실시간으로 처리할 수 있는 기술이 필요하다. 5G기술이 채택되면서 실감미디어 콘텐츠의 보급이 확대될 것이다.

1 가상현실

1) 가상현실의 이해

가상현실(VR, Virtual Reality)은 1980년대에 SF소설을 통해 대중에게 알려졌고, 2010년대에 접어들면서 일반인들에게 많이 상용화되었다. 가상현실이란 어떤 특정한 환경이나 상황을 컴퓨터로 만들어서, 그것을 사용하는 사람이 마치 실제 주변 상황·환경과 상호작용하고 있는 것처럼 만들어 주는 인간-컴퓨터 사이의 인터페이스를 말한다. 즉 인공적으로 만들어진 가상의 환경이나 상황 등이 사용자의 오감을 자극하며 실제와 유사한 공간적·시간적 체험을 할수 있다. 사용자는 가상현실에 단순히 몰입할 뿐만 아니라 디바이스를 이용해 조작이나 명령을 내려서 가상현실 속에 구현된 것들과 상호작용을 할 수 있다.

2) 가상현실의 활용

가상현실은 오락, 게임 등 엔터테인먼트 중심의 서비스에서 교육, 안전, 공공 서비스 분야로 활동 범위가 넓어지고 있다. 예를 들어 소방훈련, 훈련 비용이 비싼 탱크·항공기의 조종훈련, 가구의 배치 설계, 수술 실습, 게임 등 다양하다. 가상현실 시스템에서는 가상적인 환경에서 일어나는 일을 참여자가 시각으로 느끼도록 하며, 청각·촉각 등도 느낄 수 있도록 기능을 확대하고 있다.

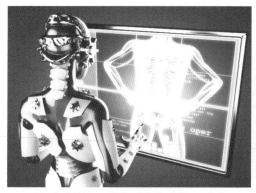

(a) 가상현실로 환자 해부학적 구조 파악   (b) 가상현실을 이용한 소방훈련

【그림 6-1】 가상현실을 이용해 만든 훈련 콘텐츠

스탠퍼드대학병원은 최첨단 비행 시뮬레이션 기술과 첨단 이미지 기술을 융합해 환자 신체 구조를 상세하게 표현했다. 의사는 환자의 몸을 절개하기 전에 가상현실에서 수술에 관한 복잡한 작업을 시연해 볼 수 있다. 이 기술은 환자와 가족들에게 치료에 관련된 설명을 하는 데도 도움을 준다. VR 고글을 착용한 환자는 수술에 대한 안전성과 신뢰를 위해 외과 의사가 설명한 경로에 따라 수술 과정을 사전에 파악할 수 있다. VR 기술을 이용한 뇌동맥류, 심장병 수술 등 수술 분야도 다양하다([그림 6-1] 참조).

2014년 서울 동대문에 홀로그램 전용관인 K-라이브가 오픈되었다. 이 공연장에서는 홀로그램 콘서트와 코믹 뮤지컬「메이플 스토리」를 통하여 30만 명이 관람하는 성과를 거두기도 했다. U-20 월드컵이 열렸던 전주, 수원 월드컵경기장에 5G 시범망을 구축해 가상현실 생중계를 바탕으로 360도 VR 영상을 지원해서 관중들을 놀라게 했다. 최근에는 서울을 비롯한 각 지역마다 VR 체험관들이 들어서면서 VR 콘텐츠 시장을 확대하고 있다.

2 증강현실

1) 증강현실의 이해

증강현실(AR, Augmented Reality)이란 사용자가 직접 눈으로 볼 수 있는 현실 세계에 그래픽 기반의 가상의 객체를 더해서 보여 주는 기술로 현실 세계를 가상현실 기술로 보완해 주는 개념이다.

가상현실이 이미지, 주변 배경, 객체들을 가상의 이미지로 만들어 보여 주는 반면, 증강현실은 추가되는 정보만 가상으로 만들어 보여 준다. 즉 증강현실은 현실 세계의 실제 모습을 주로 표현한다는 점에서 가상현실과 다르다. 예를 들어 내비게이션 시스템에서 실제 도로 장면에 주행정보를 추가하여 보여주면 증강현실이 되고, 가상의 지도에 주행정보를 보여 주면 가상현실이 된다.

증강현실을 이용한 개발품으로 애플사는 아이폰을 통해 스마트폰 디바이스를 기반으로 다양한 증강현실 애플리케이션을 개발했다. 특히 '포켓몬GO'가 출시되면서 증강현실이 대중들에게 주목을 받았다.

2) 증강현실의 활용

증강현실은 문화 콘텐츠를 제공하는 방식으로 많이 사용되고 있다. 교육 분야에서는 가상 교실에서 수업을 듣고 토론을 하는 등 공간의 한계를 뛰어넘는 교육이 가능하며, 시공간을 초월한 역사 문화 탐방을 할 수 있도록 체험학습을 제공해 주고 있다. 또한, 관광지 체험 기술과 박물관이나 관광지의 정보를 얻을 수 있는 모바일 증강현실 안내 서비스도 운영 중이다.

[그림 6-2]와 같이 세계적인 가구점인 '이케아'는 증강현실 기술을 이용하여 가구를 배치하는 방법을 제공하고 있고, 자동차의 부품을 교환하거나 수리하는데 수리비가 비싸다는 점을 인식한 BMW사는 증강현실을 이용하여 자동차의 소모품을 사용자가 직접 교환하거나 수리할 수 있도록 서비스를 제공하고 있다. 의료 분야에서도 증강현실 기술을 활용하여 복강경 수술과 환자의 환부를 정합하여 진단하는 수술에 사용히고 있으며, 가상 프로토타이핑(Virtual prototyping), 가상 공정(Virtual Manufacturing) 등 제조업 분야에서도 활용하고 있다.

 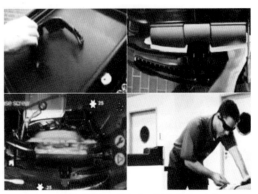

(a) 증강현실을 이용한 이케아의 가구 배치   (b) 증강현실을 이용한 자동차의 정비

【그림 6-2】 증강현실의 활용

3 홀로그램

1) 홀로그램의 이해

홀로그램(Hologram)이란 3차원 영상으로 된 입체 사진으로, 홀로그래피(holography)의 원리를 이용하여 만들어진다. 홀로그래피란 두 개의 레이저광이 서로 만나 일으키는 빛의 간섭

현상을 이용하여 입체정보를 기록하고 재생하는 기술이며, 홀로그램은 그 기술로 촬영된 사진을 의미한다. 즉 홀로그래피는 기술 자체이며 홀로그램은 홀로그래피를 이용해 만든 콘텐츠를 의미한다.

홀로그램은 3차원으로 된 영상이나 사진으로, 실제 사물의 모습과 똑같이 입체적으로 보인다. 물체의 앞뒤 좌우 모습을 따로따로 촬영하고 영상의 아랫부분이 중심을 향하도록 맞춘 후, 동시에 한 화면에 띄우면 홀로그램이 만들어진다. 영상에서 나오는 빛이나 그림에서 반사된 빛이 반 투과 거울을 만나면 반사되지만 인간은 빛이 직진하는 것처럼 느끼므로 반 투과 거울 안쪽에 입체 영상이 있는 것처럼 보인다.

2) 홀로그램의 활용

홀로그램이 상용화되면서 주로 엔터테인먼트 산업에 활용되고 있으며, 점차 시장 규모가 확대되고 있다. 미국의 유명한 뮤지션 마이클 잭슨은 죽어서도 인기가 높다. 고인이 되어 직접 그의 공연을 볼 수 없는데도 인기를 유지하고 있다. 세상에 없는 가수의 공연을 홀로그램으로 복원해 공연을 실제와 같이 생생하게 즐길 수 있다. 미국에서는 마이클잭슨 콘서트를 홀로그램으로 제작하여 공연을 시도했다. 홀로그램 기술로 이미 사망한 마이클 잭슨의 공연을 다시 볼 수 있게 되었으며 전 세계적으로 크게 주목받았다. [그림 6-3]에서 제시한 바와 같이 국내에서는 싸이의 공연을 홀로그램으로 제작하여 큰 인기를 끌었다. 빅뱅, BTS 등 국내를 대표하는 K-POP 가수들의 콘서트가 홀로그래피 기술을 이용한 홀로그램 공연 제작이 많아지면서 공연 분야가 빠르게 성장하고 있다.

스페인에서는 세계 최초로 홀로그램 집회가 열렸다. 공공건물 주변에서 시위를 금지하는 법이 통과되자 시민들은 이에 반발하여 홀로그램으로 시위를 개최한 것이다. 우리나라에서도 서울 광화문에서 홀로그램 시위가 열려 집회·시위의 자유를 보장하라고 촉구하기도 했다.

(A) 싸이의 홀로그램 공연

(B) 스페인에서 발생한 홀로그램 시위

【그림 6-3】 홀로그램 콘서트와 홀로그램 시위

4 4D 기술

1) 4D 기술의 이해

실감 미디어란 기존의 입체 영상 효과에 다채널 오디오, 바람, 물, 진동, 섬광 등 다양한 재현효과를 미디어 콘텐츠 속에 투영시킴으로써 사용자에게 실재감과 몰입감을 높여 주는 차세대 미디어이다. 실감 미디어 중 실재감과 몰입감을 높여 주는 대표적인 기술이 4D 기술이다.

디지털 미디어에서 2D는 평면 스크린에 입체감 없는 영상을 제공하는 방식인 2차원 평면 영상을 의미한다. 컴퓨터, 텔레비전, 모바일 등의 디스플레이를 통해 전달하던 일반적인 디지털미디어 형태이다.

3D는 3차원 입체 공간을 표현하는 영상으로 컴퓨터 게임 등의 콘텐츠에 많이 적용되고 있다. 즉 3D는 3차원 그래픽으로 구현된 가상의 배경, 캐릭터 등의 객체가 입체적으로 표현된

영상을 말한다. 3차원 스테레오 영상은 주로 안경 형태의 HMD(Head mounted Display)를 착용하여 평면상의 객체가 화면 밖으로 돌출되는 것 같은 입체 효과를 체험할 수 있다. 3차원 컴퓨터 그래픽과 구분하기 위해 S3D라고도 부른다.

앞에서 제시한 바와 같이 4D는 현실 세계를 가장 실감나게 표현하고자 하는 차세대 미디어로 기존의 미디어보다 훨씬 뛰어난 표현력과 현실감, 그리고 몰입도를 제공할 수 있다. 이때 4D는 4차원을 의미하는 것은 아니며, 기존의 2D 또는 3D 영상에 움직임, 진동, 섬광, 냄새 등 재현 효과를 추가한 콘텐츠를 말한다. 4D 기술을 적용한 실감 콘텐츠들이 상용화되고, 사용자들의 체험 빈도가 높아지면서 실감 미디어의 재현 효과가 모든 사용자들에게 항상 긍정적인 효과만을 주는 것이 아니라는 것을 알았다. 바람이나 물 효과 등이 머리나 피부에 닿아 불쾌감을 호소하는 사용자도 있고, 과격한 움직임 효과로 구토를 일으키기도 한다. 만족도를 조사해 본 결과 지역이나 성별, 연령에 따라 선호하는 재현 효과의 강도와 종류가 다르다는 결론을 얻었다. 즉 과도한 실감 재현 효과로 인해 오히려 콘텐츠에 대한 몰입감과 실감을 떨어뜨리는 일이 발생했다. 따라서 개인화된 재현 효과를 설정할 수 있어야 하며, 이를 토대로 콘텐츠의 질을 높일 수 있어야 한다.

2) 4D 기반 실감 미디어의 활용

4D 기반의 실감 미디어 산업은 교육, 의료, 안전, 여행, 공공서비스 등 다양한 분야에 상용화를 통해 사업 영역을 확대하고 있으며, 시장성이 높아 차세대 전략 산업으로 주목받고 있다.

【그림 6-4】 4D 기술을 활용한 실감 미디어

　[그림 6-4]와 같이 경주 화백국제컨벤션센터에서는 '4D 기반의 실크로드 실감 콘텐츠 체험관'을 운영하고 있다. 실크로드 전 과정을 4D 콘텐츠로 개발했는데 낙타를 타고 사막을 건널 때 뜨거운 열기가 몰려들고, 말을 탈 때 몸이 흔들리는 체험을 할 수 있다.

　테마파크에서 즐길 수 있는 다양한 어트랙션을 4D 기술로 만들어 실내 상영관에서 체험할 수 있다. 지상보다 높은 곳에 설치된 레일 위를 달리도록 만든 놀이기구 롤러코스터를 비롯한 어트랙션 놀이기구도 실내에서 실감 콘텐츠를 통해 체험할 수 있다. 야외 테마파크는 비가오거나, 춥고 눈이 내리는 등 날씨에 따라 놀이기구를 이용하는데 제한이 있다. 그러나 4D 기반의 실감 콘텐츠는 날씨와 관계없이 언제나 즐길 수 있다. 몇 년 전 우리나라도 4D 기반의 실감 콘텐츠를 체험할 수 있는 상영관이 생기면서 관객들의 큰 호응을 받고 있다. 장편영화에 적용하기 힘들 것으로 여겨졌던 4D 영화가 관객들의 호응으로 사업 가능성이 높아지고 있다.

제**4**절 행위를 위한 기술

3D 프린터는 3차원 도면을 가지고 3차원 물체를 만들어 내는 기계이다. 세계경제포럼의 보고서에 따르면 인간의 일자리를 위협하는 존재로 3D 프린터를 거론했다. 3D 프린터의 등장은 인류가 증기기관과 전기를 발명하고, 로봇 팔을 도입해 공장 자동화로 한 것과 비교될 정도로 큰 혁신으로 평가되고 있다.

로봇 기술이란 사람과 유사한 모습을 가지고 있으며, 스스로 작업할 수 있는 능력을 가진 기계 또는 로봇공학과 로봇 활용을 의미한다. 최근 인공지능이 탑재된 다양한 형태의 로봇이 출현함으로써 사람이 해오던 영역을 침범하면서 로봇의 활용 범위가 넓어지고 있다. 본 절에서는 인류의 노동 생산 능력을 뛰어넘을 것으로 전망되고 있는 3D 프린팅과 로봇 기술에 대해 학습하고자 한다.

 1 ## 3D 프린팅 기술

1) 3D 프린팅의 이해

과거에는 가공의 용이성 때문에 재료의 대부분으로 플라스틱을 사용하였지만 점차 종이, 고무, 콘크리트, 금속에 이르기까지 재료의 범위가 다양해지고 있다. 3D 프린터의 활용 분야도 넓어지고 있는데, 초기에는 단순한 조형물을 만드는 데 사용했지만 최근에는 건축, 설계, 자동차 생산 등에도 사용되고 있다.

3D 프린터는 프린팅 방식에 따라 절삭형과 적층형으로 구분한다. 절삭형은 커다란 원재료 덩어리를 칼날을 이용해서 조각하는 방식이다. 완성품의 품질은 높은 편이지만, 채색 작업을 별도로 진행해야 하고, 덩어리에서 깎아내는 작동 원리상 재료를 많이 소비하며, 컵이나 파이프처럼 굴곡이 많은 물체는 제작하기 어렵다.

적층형은 석고나 나일론 또는 플라스틱 액체, 플라스틱 실 등을 이용하여 종이보다 얇은 0.01~0.08㎜의 층(레이어)으로 쌓아 올려 만드는 방식이다. 적층이 가능하므로 굉장히 정교한 구조를 구현할 수 있으며, 레이어가 얇게 정밀한 형상을 만들 수 있고, 채색도 동시에 진행할 수 있다.

【그림 6-5】 3D 프린터를 이용하여 제작한 에펠탑

2) 3D 프린팅의 활용

3D 프린팅 기술은 개인 맞춤형 소규모 제품을 소량 생산하는 기술로 출발했지만 최근에는 공산품 제조 영역까지 확대되고 있다. 어린이 장난감은 물론 건축 자재, 자동차 부품, 심지어 자동차와 3D프린터 그 자체를 만드는 일까지 가능하게 되었다. 3D 프린팅 기술은 누구나 생산자가 될 수 있도록 도와주는데 생산자와 소비자의 경계를 허무는 제조공장을 실현함으로써 제조업과 비즈니스 모델의 혁신을 가져오고 있다.

【그림 6-6】 3D 프린터로 만든 로컬 모터스의 RV 자동차

3D 프린터로 만든 자동차의 선두주자는 미국의 로컬 모터스(Local Motor Co.)사이다. 로컬 모터스사는 3D 프린터로 자동차를 만들었는데 자동차 제조업체에 비해 비용 절감과 효율 향상을 이루었고, 공장 면적도 줄일 수 있었다. 신차 개발에 있어서 더 많은 면적을 필요로 하는 전통적인 제조업체에 비해 3D 프린터를 이용한 생산은 비용 절감을 가져왔다. 차량 한 대를 만들어 내는데 약 24시간 정도가 걸린다고 하는데, 가장 큰 특징은 소비자가 원하는 디자인의 차량을 맞춤형으로 제작할 수 있다. 이 세상에 하나밖에 없는 자동차를 소유할 수도 있다.

[그림 6-6]은 미국의 로컬 모터스사가 3D 프린터로 만든 RV 자동차이다. 자동차는 일부 유리, 라이트, 섀시 등을 제외하고 모두 3D 프린터로 만들었다. 자동차 한 대를 만드는데 2만

여 개의 부품이 필요한데 3D 프린터로 만든 자동차는 부품을 57개로 줄여 제작 시간과 비용을 줄일 수 있었다.

항공기 제조업체 보잉은 지난 2012년부터 약 2만 개 이상의 비행기 부품을 3D 프린팅 기술을 이용해 제작하고 있다. 전문 인력이 필수적이었던 맞춤 제작 분야도 3D 프린터를 이용하여 제작하고 있다. 의료 분야에서도 3D 프린팅 기술을 이용하기 시작했는데, 특히 치과에서 활발히 활용하고 있다. 3D 프린터를 이용하여 제작하는 치료용 보철은 미국에서만 매년 수천만 개에 이른다. LLC(Not Impossible Labs)사는 남수단 내전으로 인해 팔이나 다리를 잃은 사람들에게 의수와 의족을 만들어 기부하며 인류에 공헌하고 있다. 기존의 방식과 달리 3D 프린터를 사용하면 단 몇 시간 만에 의수 제작이 가능하며, 기존의 의수에 비해 제작비용도 훨씬 저렴하다.

2 로봇 기술

1) 로봇 기술의 이해

로봇(Robot)은 자신이 보유한 능력을 활용하고 스스로 작동하여 주어진 일을 처리하는 기계를 말한다. 최근 로봇 기술은 단순 자동화를 넘어 인공지능을 탑재하여 스스로 문제를 찾고 해결하는 수준까지 발전했다. 음성 인식 기능을 탑재하여 사람과 의사소통을 하고, 사람의 요구를 수행하기도 한다. 대표적인 예로 애플의 '시리', 구글 '나우'와 같은 시스템이 출시되어 서비스를 제공하고 있다. 로봇 기술이 발전함에 따라 사람과 동물의 형태와 비슷한 로봇도 제작하고 있으며, 사람의 업무뿐만 아니라 정서적으로 소통할 수 있는 영역에 이르기까지 다양한 로봇들이 개발되고 있다.

2) 로봇의 활용

로봇은 [그림 6-7]과 같이 활용 분야에 따라 산업용 로봇과 서비스 로봇으로 구분할 수 있다. 산업용 로봇은 각 산업의 제조현장에서 제품의 생산에서 출하까지 공정 내 작업을 수행하는 로봇이다. 이 로봇은 다양한 작업을 수행할 수 있는 동작을 통해 물체, 부품, 도구 등을 목적에 맞게 이동시킬 수 있도록 재프로그램이 가능한 기계 장치이다.

서비스 로봇은 인간의 생활 범주에서 서비스를 제공하는 로봇으로 개인의 건강, 교육, 가사, 안전, 정보 제공과 관련이 있는 로봇이다. 또한, 청소 및 경비 분야, 인간과의 감성을 통해 취미생활을 보조하는 여가 지원 분야, 노인·재활복지 분야, 연구용을 포함한 교육용 기자재 및 가정교사용 로봇 등에 적용되고 있다.

산업용 로봇

서비스 로봇

【그림 6-7】 로봇의 종류

3) 미래의 스마트 운송수단

인공지능과 로보틱스 기술이 발전함에 따라 사용자의 개입 없이, 목적에 따라 스스로 움직이는 기기들이 출현하고 있다. 자율주행 기술이 발전하면서 자율자동차와 드론(Drone)이 출현하고 있다. 자율적으로 이동할 수 있는 능력을 겸비한 기기들을 스마트 운송수단(Smart Vehicle)이라 부른다.

자율주행 자동차는 운전자의 조작 없이 상황정보 인식에 따라 스스로 운행할 수 있는 스마트 운송수단이다. 현대자동차, 벤츠, 아우디, 포드 등 많은 자동차 업체들은 이미 자동차에 소프트웨어를 내장하여 반자동화시켰으며, 2020년에 완전 자율주행 자동차 출시를 목표로 하고 있다. 자율주행 자동차는 자동차 제조기업뿐만 아니라 구글, 애플과 같은 IT 기업들도 개발에 참여하고 있는데, 그중 가장 앞서 있는 회사가 구글 사이다. 구글의 자율주행 자동차 자회사인 웨이모는 미국 캘리포니아주에서 운전자 없이 자율주행차를 운행할 수 있는 허가를 받고 자율주행 테스트를 계속하고 있다. 웨이모는 속도 제한이 있는 도심과 외곽지역, 고속도로 등에서 주간과 야간 주행을 시험하고, 안개나 비가 내리는 상황에서의 시험도 하고 있다. 웨이모의 자율주행 자동차는 공공도로에서 평균 시속 100km로 운행하고 있는데 160만km 이상 테스트했으나 사고는 전혀 없었다.

2018년 말 구글의 자회사 웨이모는 미국 애리조나의 피닉스에서 세계 최초로 상용 자율자동차 서비스를 시작했다. '웨이모 원'이라는 이름의 이 서비스는 웨이모 자율자동차 앱을 가진 탑승자가 기존의 차량 호출 서비스인 우버 등과 마찬가지로 스마트폰을 통해 차량을 호출하면 자율자동차를 보내 주는 방식이다.

(a) 세계 최초로 상용 자율자동차 서비스   (b) 드론을 이용한 택배 수송

【그림 6-8】 미래의 스마트 운송수단

대표적인 스마트 운송수단인 드론은 비행기나 헬리콥터와 유사한 원리로 만들어진 무인 비행체인데 자율 또는 원격조종을 통해 무인으로 작동하기 때문에 기존의 비행체들과 큰 차이가 있다. 우정사업본부는 2018년 강원도 영월에서는 드론을 이용하여 산간 지역 우편물을 배송하는 시연을 했다. 드론 하단엔 택배 박스 중 가장 큰 사이즈의 실은 채, 70~80m가량 상공으로 이륙한 다음 봉래산 정상(해발 780m)에 있는 천문대까지 물품을 운반했다. 직선으로 2.3㎞ 되는 거리를 평균 속도 18㎞로 날아 7분 만에 배달을 완료한 것이다. 천문대는 한 달에 약 80건의 우편물이 배달되는 곳인데 그동안 집배원이 9㎞의 산악도로를 차로 30분 이상 달려 배달해 왔다.

사례

5G 시대! 사회는 어떻게 변할까?

5G의 최대 전송 속도는 20G bps로 LTE 속도보다 최소 20배 이상 빠르고, 응답 속도 역시 현재의 100배 수준이다. 한국의 KT를 비롯한 세계 통신업체들이 5G 상용화를 위한 치열한 경쟁을 벌이고 있다. 5G 네트워크를 구축하기 위해서 네트워크 장비 업체, 단말기 업체, 이동통신 사업자들의 상호 협력이 필요하고 국제표준 제정도 필수적이다.

5G 통신 환경에서 전송 속도가 빨라지는 것도 의미 있지만, 더욱 중요한 것은 반응 속도가 빨라져 지연 시간이 줄어든다는 점이다. 네트워크의 전송 속도와 반응 시간이 빨라지면 자율자동차, 사물인터넷, 인공지능 그리고 AR/VR, 4D 기술을 이용한 실감 콘텐츠 분야 등이 급속도로 성장할 것이다.

자율자동차의 안전운행을 위해서 차량이 주변 시설 등으로부터 대량의 데이터를 송수신해야 한다. 자율자동차 운행에서 중요한 것은 사고에 직면했을 때 빠른 판단과 방어 능력이다. 이를 위해서는 지연 시간이 0.001초 이하로 떨어져야 한다. 지연 시간이 0.001초 이하라면 자율자동차가 100km 속도로 달리다가 사람이 갑자기 튀어나왔을 때 멈추는 제동거리는 자동차 자체의 제동거리에 불과 2.7cm만 더해진다.

전송 속도 측면에서 LTE는 3G byte 크기의 영화 한 편을 내려받는 데 수 분이 걸리지만, 5G 환경에서는 수 초밖에 걸리지 않는다. 빠른 전송 속도와 지연 시간 감소는 디지털 콘텐츠 분야에도 큰 영향을 미칠 것이다. 현재 제공되는 콘텐츠 용량보다 훨씬 크고 다양한 형태의 초고용량 콘텐츠인 AR·VR, 홀로그램 등 몰입형 콘텐츠 서비스가 크게 성장할 것이다.

5G 환경에서 성장할 또 하나의 분야는 사물인터넷(IoT) 분야이다. 대규모 사물이 네트워크로 연결된 상태에서 사물의 상태나 환경 정보를 수집하는 원격 모니터링, 설비나 기기를 원격에서 통제하는 원격제어, 이동하는 사물의 위치 정보와 연계한 원격 추적, 무선 네트워크를 통한 정보교환 등의 기능이 구현될 것이다. 또한, 사물인터넷을 활용한 농업(u-Farm), 헬스(u-Healthcare), 국방(u-Defence) 등 모든 분야에서 상용화가 가속화될 것이다.

김의창, 경상일보(2018. 07. 24)

[토론 문제] 다음 질문들을 바탕으로 토론해 보자

(1) 유무선 네트워크의 속도가 빨라지면 어떤 산업들이 발전하는가?
(2) 사물인터넷은 어떠한 비즈니스 모델을 창출하는가?
(3) 가상현실, 증강현실, 홀로그램, 4D 기술들이 어떤 산업을 발전시키는지 각각에 대하여 기술하라.
(4) 3D 프린터가 제조업에 미치는 영향은 무엇인가? 한편 어떠한 산업들이 사라져갈 것인가?
(5) 인공지능이 발전하면서 사라질 직업들을 제시하고 그 이유를 논리적으로 기술하라.

【참고문헌】

김의창. "유비쿼터스 비즈니스의 이해". 대영사. 2011.

김지혜. "가상현실(VR), 의료와 만났을 때". 테크플러스. 2018.

조남재. "기술기획과 로드매핑". 시그마프레스. 2014.

한국소프트웨어기술인협회 빅데이터전략연구소. "빅데이터 개론". 광문각, 2018.

한국정보통신기술협회, 한국정보통신기술협회. "IT용어사전". http://www.tta.or.kr.

Aske Mottelson, Kasper Hornbæk, "Virtual reality studies outside the laboratory", VRST '17 Proceedings of the 23rd ACM Symposium on Virtual Reality Software and Technology, Vol,23, No,9, 2017

Brancheau, James C, Brian D. Janz, and James C. Wetherbe, Key Issues In System Management 1994-1995, MIS Quarterly, 1996, Vol,20, No,2

Day, G.S. and Robin, Wensley, "Assessing advantage: A Framework For Diagnosing Competitive Superiority," Journal of Marketing, April, 1988, p. 2

Peter Nickel, Eugen Pröger, Andy Lungfiel, Rolf Kergel, "Flexible, dynamic VR simulation of a future river lock facilitates prevention through design in occupational safety and health", 2015 IEEE VIrtual Reality(VR), DOI: 10.1109/VR.2015.7223457, 2015.

Seo, A., Kim, Y.C., "A Study on the System for Processing of Varying Context from Multi Users and Sensors in IoT Environment", The e-Business Studies, Global e-Business Association, Vol. 18, No. 6, pp.381-389, December, 2017.

Seo, A., Kim, Y.C., Jeong J.H., "Cyber Physical Systems for User Reliability Measurements in a Sharing Economy Environment", MDPI(Molecular Diversity Preservation Int), Sensors2017, Volume 17, Issue 8, pp.1-16, 2017.

Simon Gunkel, Martin Prins, Hans Stokking, Omar Niamut, "WebVR Meets WebRTC: Towards 360-Degree Social VR Experiences", 2017 IEEE Virtual Reality(VR), DOI: 10.1109/VR.2017.7892377, 2017.

07

정보시스템 관리와 정보보호

기업의 운영에 있어 정보시스템의 역할은 중요하다. 이러한 정보시스템은 기업의 운영을 효율성을 제고하는데 있어 필수적인 요소이기 때문에 기업은 정보시스템을 도입하고 체계적으로 운영 및 관리를 하는 것이 중요하다고 할 수 있다. 또한, 최근 들어 정보보안 사고가 많이 일어나고 있다. 정보시스템을 잘 구축했다고 하더라도 보안을 소홀히 하면 이로 인해 발생하는 문제 및 피해가 상당하다. 최근에는 개인정보 유출과 새로운 유형의 보안 위협(랜섬웨어, 트로이목마 등)이 등장을 하게 되면서 정보보호가 화두로 떠오르고 있다.

본 장에서는 정보시스템 도입, 정보시스템 운영, 정보보호에 대해 학습을 하고자 한다.

- 정보시스템 관리에 대해 학습한다.
- 정보시스템 도입에 대해 학습한다.
- 정보시스템 운영에 대해 학습한다.
- 정보보호에 대해 학습한다.

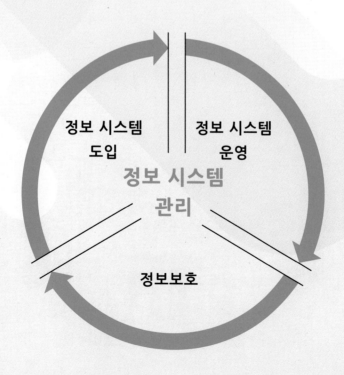

제1절 정보시스템 관리

1 정보시스템 관리의 중요성

우리가 은행의 자동화 기기를 통해 입출금을 하고, 운전을 하거나 혹은 횡단보도를 건너기 위해서 신호등을 기다리는 등의 행동을 원활하게 해주는 것이 있다. 즉 세상을 원활하게 돌아가게 하기 위해서는 우리의 눈에는 보이지 않지만, 중요한 역할을 수행하는 것이 있는데, 바로 정보시스템이다.

이러한 정보시스템은 우리가 일상생활을 할 수 있도록 해주며, 기업이나 학교에서 특정한 목적을 위해 정보를 수집하고 처리하고 저장하는 역할을 수행하고 있다. 정보시스템은 다른 컴퓨터 시스템들과 마찬가지로 입력과 출력을 포함하며 컴퓨터 기반으로 구성이 되어 있다.

정보시스템이라는 용어는 생소할 것이다. 그러나 다음과 같이 교보문고의 사례를 통해서 본다면 이해하기가 쉬울 것이다.

인터넷이 등장하기 전에는 필요한 책을 구매하기 위해서는 오프라인 서점으로 가서 구매를 해야 했다. 만약 재고가 없다면 다른 서점으로 가거나, 예약 주문을 해서 기다려야 하는 불편함이 있었다. 그러나 인터넷의 등장으로 인해 전자상거래가 활성화되면서 많은 변화가

※ 대표 저자 : 박성택

일어났다. 이제는 굳이 오프라인 매장을 방문하지 않더라도 온라인상에서 손쉽게 필요한 책을 검색하고 주문하여 원하는 장소(집, 직장 등)에서 편하게 받아볼 수 있게 되었다.

고객들은 교보문고, 11번가에서 주문을 하면 집에서 편리하게 물건을 받아보게 된다. 그러면 '교보문고나 11번가 같은 기업들은 어떻게 나의 주문을 처리하고 관리하는가?' 하는 의문점이 생기게 될 것이다.

기업들은 고객의 주문을 잘 처리하기 위해서 많은 노력을 기울인다. 즉 관련 상품의 품질, 재고, 배송, 결제뿐만 아니라 회원관리에도 신경을 써야 한다.

그러나 회원의 수가 얼마 안 된다면 과거와 같이 수작업으로 작성을 해도 되겠지만, 교보문고나 11번가 같은 경우는 회원 수가 많기 때문에 이를 수작업으로 처리하기보다는 컴퓨터와 같은 정보시스템을 활용하여 처리를 하는 것이 일반적이다.

만약 주문을 잘못 처리하게 되면 회사는 큰 손실을 입게 된다. 예를 들어 경영정보시스템 교재 한 권을 주문을 했는데, 다른 책이 배송이 되었다고 가정을 해보자. 그러면 고객의 입장에서는 불만이 생길 것이다. 물론 회사에 바로 악영향을 주지는 않겠지만, 고객에게는 안 좋은 이미지를 심어주게 되며, 궁극적으로는 우리 회사가 아닌 경쟁 회사를 이용하게 될 것이다. 이보다 더 큰 문제는 이미 배송이 된 물건을 다시 회수하는데, 추가적인 비용이 발생한다는 것이다. 왕복 배송비, 잘못된 주문의 재처리 작업 등 많은 비용(시간, 금전)이 소요가 된다.

고객의 주문이 제대로 처리가 되지 않아 배송조차 되지 않았거나, 사이트에 게시된 가격이 잘못 기재가 되어 있거나 사이트가 다운이 되는 경우이다.

고객의 입장에서는 내가 이용하는 사이트가 제대로 운영이 되어 사용하는데 문제가 없기를 바란다. 앞서 기술한 내용들이 잘 이루어지기 위해서는 정보시스템 개발 및 협력이 매우 중요하다고 할 수 있다.

앞의 교보문고 사례에서 보듯이 회사가 주문을 잘못 처리하게 될 경우 큰 손실을 입게 되며, 이러한 사례는 다양한 산업 분야에서 많이 발생하고 있다.

2 정보시스템 도입

과거에는 정보시스템을 기업이 직접(자체적으로) 개발을 하는 것이 일반적이었다(노규성·조남재, 2010). 그러나 최근에는 다양한 플랫폼들이 등장하게 되면서, 직접 개발을 하기보다는 정보시스템을 활용하고 관리를 하는 데 초점을 맞추고 있는 실정이다. 이로 인해 과거와는 다르게 어떠한 정보시스템을 도입하고 관리하느냐가 중요한 이슈로 등장하게 되었다.

예를 들어 기업에서 사용하고 있는 고객관리시스템이 노후화되고 사용하기가 어려워지면, 개발부서에서 직접 정보시스템을 재구축을 하거나 외부 업체에 의뢰(아웃소싱)하여 정보시스템을 구축하였다. 그러나 최근에는 정보시스템을 구축하는 방법 이외에도 플랫폼을 구입해서 사용하거나 임대를 해서 사용하는 등 다양한 방법이 존재하고 있다.

이러한 상황의 변화로 인해서 기업들은 정보시스템 도입과 관리를 하는데 있어서 기업에 주어진 환경에 따라서 내부에서 개발할 것인지 혹은 플랫폼을 구매 혹은 임대해서 사용할 것인지 등을 결정해야만 한다.

앞서 살펴본 바와 같이 학교 또는 기업이 정보시스템을 도입하는 방법은 [그림 7-1]에서 보는 바와 같이 5가지로 분류할 수가 있다.

【그림 7-1】 정보시스템 도입 방법

정보시스템을 개발하고자 할 때에는 다양한 개발 방법들 중에서 어떠한 방법을 선택할 것인가는 작업의 범용성, 개발 및 역량 비용, 구조 수준 등과 같은 요소에 의해 결정된다.

어떠한 방법을 적용할 것인가를 결정하는 과정은 [그림 7-1]에서 보는 바와 같다. 가장 먼저 생각할 점은 작업의 범용성이다. 작업의 범용성이 높은지 낮은지에 따라 사용하는 방법이 다르다.

먼저 작업의 범용성이 낮으면, 개발 역량 및 비용을 파악해야 한다. 만약 기업이 충분한 개발 역량을 보유하고 있으나, 개발 비용이 낮은 경우에는 자체 개발을 하는 것이 좋다.

또한, 자체 개발을 하기로 결정했다고 하더라도, 구조적인 수준을 파악해야 한다. 구조적인 수준이 높으면 SDLC(System Development Life Cycle: 시스템개발수명주기)를 사용하고, 구조 수준이 낮은 경우에는 프로토타이핑(prototyping: 원형개발법) 방법을 사용한다.

구조적인 문제들은 애매한 문제들에 비해 관리하기가 훨씬 용이하다. 즉 쉽게 이해가 되는 문제들은 해결 방안이 잘 적용되고 있는지를 교과서 사례에 비춰서 검토할 수 있으나 이해되기 어려운 문제들은 교과서에 해결책이 나와 있지 않아 좋은 해결책을 찾기가 어렵다. 고도로 구조적인 문제들은 어떤 부분이 잘못될 가능성이 높은지 예견할 수 있기 때문에 SDLC를 사용함으로써 위험을 줄일 수 있다. 하지만 비구조적인 문제들의 경우에는 사용자와 분석가, 설계자들 사이에 어떤 이해에 도달하기 위한 많은 의사소통을 필요로 하므로 프로토타이핑 이 사용된다(Laudon & Laudon, 2018).

개발 역량을 보유했으나 개발 비용이 높은 경우에는 외주 개발, 즉 아웃소싱을 하는 것이 좋다. 또한, 개발 비용이 낮아도 개발 역량을 보유하지 못한 경우에도 외주 개발을 하는 것이 좋다.

작업의 범용성이 높으면 소프트웨어 구매를 하는 것이 일반적이다. 소프트웨어를 구매할 경우에도 구매 유형에 따라 소유권 구매와 사용권 구매로 나눌 수 있다. 과거에는 소유권 구매(SW 구매시 CD 등을 통해서 배송이 오면, 평생 SW의 소유권을 개인이 보유)가 일반적이었으나, 최근에는 사용권 구매(필요한 사용 기간 만큼 구매)를 하는 것으로 그 추세가 바뀌고 있다.

1) 자체 개발

정보시스템을 자체적으로 개발하는 경우, 시스템 분석, 설계, 개발, 유지 및 보수라는 단계 적인 추진 과정을 통해 시스템을 개발하기 때문에 개발 내용의 완전성과 프로젝트 관리의 체 계적인 통제가 가능하다. 또한 전략적 응용시스템이 조직 외부로 유출되지 않으며, 프로세스 가 친숙하고 친근감이 있다. 또한, 기업이 강한 정보시스템 경쟁력을 갖게 된다는 장점을 가 지고 있다. 그러나 시간이 많이 소요되고 비용이나 인력 면에서도 위험 부담이 크다. 급변하 는 환경에 신속한 대응이 어렵다는 단점을 가지고 있다. 물론 기업이 충분한 자금을 보유하 고 있고 인력을 가지고 있다면 자체 개발을 하는 것이 기업에는 더 유리할 것이다.

정보시스템을 자체적으로 개발하고자 할 때 가장 먼저 생각해야 하는 것이 어떠한 방법으 로 시스템을 개발할 것인지를 결정하는 것이다. 전통적으로 가장 많이 이용되는 일반적인 방 법으로 시스템개발수명주기가 있으나, 앞에서 살펴본 바와 같이 단점이 존재하기 때문에 이 를 보완하기 위해서 나온 방법인 프로토타이핑 방법이 있다.

(1) SDLC

SDLC로 개발을 할 때에는 요구 분석, 시스템 분석, 시스템 설계, 코딩과 설치, 유지 및 보수의 5가지 과정을 거치게 된다.

요구 분석 → 시스템 분석 → 시스템 설계 → 코딩과 설치/실행 및 교육 → 유지 및 보수

【그림 7-2】 SDLC 프로세스

① 요구 분석(requirement analysis)

요구 분석 단계에서는 사용자가 필요로 하는 것이 무엇인지 분석해야 한다. 앞으로 구현할 시스템의 방향을 결정하는 단계이기 때문에 사용자의 요구 사항에 대한 분석을 정확하게 하는 것이 정보시스템의 성공을 좌우한다 해도 과언이 아니다. 요구 사항을 분석하고 문제가 야기된 상황, 정보시스템이 갖추어야 할 기본 기능과 성능 요건을 파악해야 한다.

② 시스템 분석(systems analysis)

요구 분석을 통해 파악한 사용자의 필요를 구체적으로 이해하는 단계이다. 사용자의 기능, 성능, 신뢰도 등에 대한 요구는 요구 사양서(필요하거나 요구되는 사항들을 모아 놓은 문서들을 정리한 것)로 문서화되는데, 일단 요구 사항에 대한 사양서가 작성되면 그 요구 사항을 정리해 높은 사양서가 적절한지, 모순되는 점은 없는지를 판단해야 한다.

③ 시스템 설계(systems design)

시스템 분석을 바탕으로 소프트웨어의 구조와 그 구조에 필요한 부분들을 명확하게 정의하고 구현을 준비하는 단계이다. 외부 시스템 및 사용자와의 인터페이스를 중시하는 외부 설계와 시스템 내부를 설계하는 내부 설계로 분류된다. 설계 단계에서의 결과는 설계 사양서로 산출되어야 한다. 이 산출물과 요구 사양서를 토대로 사용자 지침서와 테스트(test) 계획서가 작성된다.

④ 코딩과 설치(coding & installation)/실행 및 교육(implementation & education)

프로그래밍이 이루어지는 단계로서 정보시스템을 구성하는 작은 독립적 단위인 모듈(module)을 적절한 언어로 프로그래밍한다. 그리고 정보시스템을 실제로 운영하기 전에 개발된 프로그램의 오류를 발견 및 수정하고, 그 결과를 검증하는 단위 테스트 혹은 모듈 테스트(module test)를 실시한다.

최종적인 실행과 새로운 시스템으로의 전환(conversion)이 이루어지기 전에 개발된 모듈들을 통합시켜 테스트하는 통합 테스트, 완성된 시스템으로서 요구 사항을 완벽하게 반영을 시켰는가를 알아보는 시스템 테스트, 그리고 사용자가 직접 자신의 사용 현장에서 검증해 보는 인수 테스트 등을 수행한다.

⑤ 유지 및 보수(Maintenance)

소프트웨어를 직접 이용하고 이용 중에 나타나는 문제점을 수정하거나 새로운 기능을 추가하여 보다 유용한 소프트웨어로 발전시키는 단계이다. 유지보수 활동에는 먼저 새로운 정보시스템이 개발 목적에 부응하는지를 검토하는 과정이 포함된다.

정보시스템이 제대로 잘 운영되고 개발 목적에 부응하는지를 지속적으로 검토하고 보증해 주는 기능을 하는 것을 정보시스템 감사(audit)라 한다. 시스템 감사는 시스템에 내재된 문제나 필요한 변화를 위해 지속적으로 이루어져야 한다.

(2) 프로토타이핑(prototyping: 원형개발법)

SDLC 방식은 변화가 적은 비교적 정형화된 업무에 적용하기에는 효율적인 방법이다. 그러나 SDLC는 사용자의 요구 내용을 수정, 시스템의 문제점을 수정하기 위해서는 개발 단계까지 수행된 많은 노력을 반복적으로 해야 한다.

그렇기 때문에 개발 기간이 오래 걸리고 개발 비용이 증가하는 단점을 가지고 있다. 이러한 문제를 해결하기 위한 정보시스템 개발 방법으로 프로토타이핑이 있다.

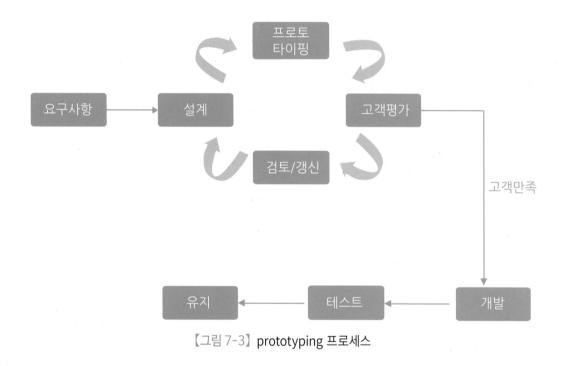

【그림 7-3】 prototyping 프로세스

프로토타이핑은 사용자가 요구 사항을 정확히 규정하기 어렵고, 문서화하기 어렵다는 가정하에 일단 임시로 가동이 가능한 시스템을 만들고 이를 사용하고 개선해 나간다.

프로토타이핑 개발 방법에 의해 시스템 개발을 시도하면 일단 초기의 시스템인 프로토타입이 개발된다. 프로토타입(prototype)이란 차후에 수정한다는 전제하에 사용자의 기본적인 요구만을 반영하여 최대한 짧은 시간 내에 만들어낸 모형 시스템이다. 프로토타입이 구축되면 사용자들은 그것을 사용해 보고 그 프로토타입이 적절한지, 유용한지, 사용하는데 있어서 불편한 점은 없는지를 확인한다.

2) 외주(아웃소싱)

아웃소싱이란 한마디로 주문이나 계약에 의해 자사의 정보시스템 기능을 전문 기업 (Vendor)에게 의뢰하는 것을 말한다. 기업은 이러한 아웃소싱을 통해 충분한 기술력을 얻고 동시에 경영 자원의 여유분을 기업 본업에 집중하므로써 경영의 효율성을 얻고자 한다.

이는 1989년 미국의 Eastman Kodak사가 자사의 정보처리 업무를 IBM, DEC 등에 부분별로 위탁하면서 시작되었으며, 아웃소싱은 크게 정보시스템의 전부를 위탁하는 형태와 일부분만을 위탁하는 형태로 구분된다.

정보시스템 아웃소싱은 초기에는 기업의 전산 부문에서 단순한 시스템 개발 또는 설비관리에서 사용되는 정도로 한정되다가 정보시스템 기획, 개발, 운영 및 유지, 보수에 이르기까지 일괄 위탁하는 시스템 통합(SI : System Integration) 형태로 범위가 확대되어 왔다. 이러한 정보시스템의 활용은 기업의 고유 영역으로 확대되어 가고 있는 추세이다.

아웃소싱으로 인한 문제점은 주로 비용 절감을 위한 아웃소싱이 오히려 비용을 증가시킨다거나 아웃소싱으로 인해 기업의 생산성이 하락하고 품질이 저하되는 현상들을 들 수 있다.

이러한 문제점은 주로 정보시스템 관리자의 역할이 제대로 이루어지지 않았거나, 조직의 특성을 잘 모르는 외부 공급자가 시스템에 지나치게 개입하는 경우에 발생할 수 있다. 또한, 공급자 선정 과정에서 부적절한 공급자를 선택하거나 저가의 시스템만을 고수하는 경우, 공급 계약 자체에 문제가 있는 경우, 그리고 공급자를 전환하고자 할 때 공급자와의 협상에 문제가 나타나는 경우에 발생할 수 있다. 보다 더 큰 문제는 기업의 전략적인 목표를 고려하지 않고, 단기적 이익이나 목표를 위한 대안으로 아웃소싱을 선택하는 것이라 할 수 있다.

3) SW 구매

SW 구매는 소유권 구매와 사용권 구매가 있다.

(1) 소유권 구매

SW를 구매할 경우에 과거에도 사용이 되었던 방법이 바로 소유권 구매이다. 소유권 구매는 SW를 구매해서 소유하고 사용을 하는 것을 말한다.

기업의 입장에서는 필요한 소프트웨어를 직접 개발하거나 아웃소싱을 하는 것보다는 시장에서 인정을 받은 상용 소프트웨어를 구매하는 것이 효율적이다. 예를 들면 SAP의 ERP, 세일즈포스 닷컴의 CRM, 더존의 회계 프로그램, MS Office, 한컴오피스, Adobe, SPSS 등이 대표적인 상용 패키지들이다.

이러한 패키지들의 대부분은 시장에서 검증을 받은 소프트웨어로 범용성이 좋다고 할 수 있다. 시중에는 다양한 상용 소프트웨어가 존재한다. 이러한 상용 소프트웨어를 선택하기 위해 먼저 기존에 나와 있는 소프트웨어들을 탐색하고 조직이 원하는 내용과 활용 목적을 파악해야 한다. 이러한 두 가지 관점에서 조사가 끝나면 사용자가 원하는 형태의 상용 소프트웨어가 있는지 탐색 및 평가하고, 우리 조직에 가장 적합한 소프트웨어를 선택하게 된다.

이러한 ERP 소프트웨어를 자체 개발한다는 것은 매우 어렵다. 이에 대부분의 글로벌 기업들은 ERP 소프트웨어를 구매하고 있다.

(2) 사용권 구매(클라우드 서비스)

최근에는 사용권을 구매하는 경우가 점점 더 증가를 하고 있다. 사용권 구매란 소유권 구매와는 다르게 자신에게 필요한 기간만큼 사용을 하고 비용을 지급하는 경우이다. 일반적으로 클라우드를 통해 서비스가 제공이 된다.

클라우드 서비스란, 영화, 사진, 음악 등 미디어 파일 문서 주소록 등 사용자의 콘텐츠를 서버에 저장해 두고 스마트폰이나 스마트 TV를 포함한 어느 기기에서든 다운로드 후 사용할 수 있는 서비스이다. 네이버의 클라우드(N 드라이브)가 바로 우리가 쉽게 접할 수 있는 클라우드 서비스이다.

최근에는 대부분의 SW 기업들이 클라우드를 활용하여 서비스를 하고 있다. 예를 들어 Adobe사의 경우 클라우드를 통해 프로그램을 다운받고 온라인을 통해 인증을 받는다. 이외에도 대부분은 빅데이터와 관련된 SW 프로그램들이 1달, 6개월, 1년 등으로 구분을 하고 필요한 기간과 수량만큼 선택을 하여 구매를 유도하고 있다.

클라우드 컴퓨팅의 3가지 전달 유형으로 SaaS(Software as a Service), PaaS(Platform as a Service), IaaS(Infrastructure as a Service) 등이 있다. SaaS는 사용자가 인터넷을 통해 서비스 제공자에게 접속하여 어플리케이션을 사용하고 사용한 만큼 비용을 지급한다. 서비스가 운용되고 있는 서버에 대해 운영 체제, 하드웨어, 네트워크는 제어할 수 없고 오직 소프트웨어만 사용할 수 있다. PaaS는 사용자가 서비스 제공자로부터 개발할 수 있는 환경을 제공받고, 개발이 완료된 애플리케이션을 제3의 사용자에게 제공할 수 있는 서비스이다.

IaaS는 사용자는 제공받은 컴퓨팅 자원을 통해 운영 체제, 스토리지, 애플리케이션 등 자유롭게 활용하여 제3의 사용자에게 제공할 수 있는 서비스이다(한국디지털정책학회, 2018).

최근에는 Daas(Data as a Service)도 있다. Daas는 데이터 파일(텍스트, 이미지, 사운드 및 비디오 포함)이 네트워크(일반적으로 인터넷)를 통해 고객에게 제공되는 정보 제공 및 배포하는 서비스이다. 소프트웨어 비용 또는 플랫폼 비용 및 사용량에서 데이터 비용 및 사용량을 분리할 수 있다는 장점이 있다(techtarget.com).

클라우드 컴퓨팅 환경은 서비스를 제공하는 방식에 따라 공공(public) 클라우드 컴퓨팅, 사설(private) 클라우드 컴퓨팅, 하이브리드(hybrid) 클라우드 컴퓨팅 등으로 분류가 된다.

3 정보시스템의 운영: 인력과 유지보수

정보시스템을 도입한 후 운영을 잘해야만 한다. 많은 기업이 정보시스템을 도입하고 운영을 잘못하여 실패한 경우가 많다. 도입을 하는 것도 중요하지만, 도입 시 자사의 상황에 맞는 의사결정이 필요하다.

예를 들면 ERP의 경우는 성공 사례도 많지만 실패 사례도 많이 있다. 우리 조직의 상황(인력, 규모 등)에 맞게 도입을 하고 운영을 해야 하는데, 그렇지 못한 경우에는 실패를 하게 된다. 이에 기업에서 정보시스템을 잘 운영하고 보수하기 위해서는 정보시스템 인력과 소프트웨어 유지보수가 중요하다.

1) 정보시스템 인력

정보시스템의 구축 및 운영을 위해서는 개발 인력, 운영 인력, 유지보수 인력이 반드시 필요하다.

개발 인력은 정보시스템을 개발하는 사람으로 프로그래머, 시스템 분석가(언어, 프로그램 설계) 자바 개발자, C++ 개발자, DB 개발자, R 분석가, 소프트웨어 개발자 등이 여기에 포함된다.

운영 인력은 정보시스템이 개발되고 난 후 실제로 운영을 하는 사람으로, DBA(database administrator, 데이터베이스관리자), 정보시스템 관리자, 네트워크 관리자 등이 여기에 포함된다. 운영 인력은 정보시스템의 성능 개선, 기술 지원, 고객 응대 등 상시적인 기술 지원 체계를 수립하고 지원하는 전문 역량을 가진 인력이다.

유지보수 인력은 정보시스템을 유지보수 하는 인력이다. 유지보수 대상에 대하여 24시간×365일 지원하여야 하며, 장애 발생에 대한 복구 대책을 마련하여야 한다. 수시 및 정기적인 예방 점검으로 시스템 안정성을 확보하고 장애 발생에 대한 사전 대비 체계를 24시간 365일 비상 대응 체계를 담당한다. 유지보수 인력은 유지보수 대상별로 전문적인 역량을 가진 사람들로 구성이 된다. 유비보수 대상으로는 서버, 네트워크 장비, 보안 장비, 스토리지 장비, 소프트웨어, 정보보호 시스템 등이 있다.

시스템 분석가는 정보시스템의 개발을 책임지는 사람이다. 시스템 분석가는 사용자들의 요구 사항을 명세서로 만들어 놓고 시스템을 설계하거나 변경을 한다. 또한, 데이터베이스를 설계하거나, 데이터 관리자가 있는 경우 설계하는 것을 돕는 역할을 수행한다. 시스템의 매뉴얼과 절차서, 각 데이터 입력, 수정, 조회 및 보고서 프로그램을 위한 자세한 처리 지침 등을 개발하는 역할을 수행한다.

시스템 분석가는 정보시스템 개발 프로젝트의 리더일 뿐 아니라 설계자이며, 인간의 행동에 대한 충분한 이해 외에도 기술과 지식의 적절한 균형과 분배, 의사소통, 분석적인 능력 등이 필요하다.

또한, 앞으로의 미래 사회에서는 빅데이터 관련 인력이 중요하다. 즉 빅데이터 시스템을 개발하는 인력, 운영하는 인력, 분석하는 인력, 관리하는 인력 등이 매우 필요할 것으로 보인다. 최근에는 최고 디지털 책임자, 최고 데이터 책임자 등으로 커리를 쌓는 경우도 많이 있다.

CDO가 되기 위해서는 IT와 관련한 배경지식이 반드시 필요하며, 데이터를 분석 및 핸들링하기 위해서 R과 파이썬 등의 스킬을 익혀야 한다. 즉 데이터와 프로그래밍, 데이터 분석 등 CDO가 되기 위해서는 빅데이터와 관련된 배경지식을 쌓는 것이 매우 중요하다고 할 수 있다.

CDO의 인기가 점점 높아지면서 CDO에 대한 관심이 증가를 하고 있고, 이를 도입하고자 하는 기업들도 늘어나고 있다. CDO의 대표적인 유형으로는 최고 디지털 책임자(Chief Digital Officer)와 최고 데이터 책임자(Chief Data Officer)가 있다.

【표 7-1】 CDO의 유형

	최고 디지털 책임자 (Chief Digital Officer)	최고 데이터 책임자 (Chief Data Officer)
미국 내 평균 연봉	$205,000	$200,000
연봉 구간	$144,408~$302,012	$80,850~$493,163
인기 있는 기술력	빅데이터 분석, 데이터 관리	빅데이터 분석, 데이터 관리

(자료원: http://www.ciokorea.com)

외국에서는 이미 초등학교 때부터 프로그래밍을 학습하고 있다. 우리나라에서도 2019년부터 초등학교에서 프로그래밍 수업을 시작하였다. 또한 관련 자격증인 SW 코딩 자격도 KPC(한국생산성본부)에서 개발되어 시행되고 있다.

이러한 배경에는 SW의 중요성이 그 어느 때보다도 높기 때문이다. 특히 인공지능, 사물인터넷 등 다양한 4차 산업혁명 기술들이 대부분 SW에 기반을 하고 있는 산업이기 때문이다.

최근에는 경영정보, 데이터, SW 등 다양한 IT 기반의 전공자들이 과거와는 다르게 최고경영진에 진출이 활발해 지고 있다.

예를 들면 데이터 전문 인력인 DBMS, 빅데이터, SW 전문 인력인 시스템 관리자, 라이선스 관리자, 네트워크와 HW 전문 인력들이 초기에는 기술을 습득하여 경험과 노하우가 쌓이게 되면, 최종적으로 이러한 경험을 토대로 CISO(Chief Information Security Officer), CIO(Chief Information Officer), CDO까지 올라갈 수 있다.

2) 정보시스템 유지보수(software maintenance)

정보시스템을 정상적으로 운영하기 위해서는 사용자의 요구 사항, 소프트웨어의 오류, 환경 변화에 따른 소프트웨어 변경 등의 요구 사항에 대해 이를 수정 및 개선하고 반영해야 하는데, 이를 정보시스템 유지보수라고 한다. 일반적으로 정보시스템 유지보수는 오류 수정형 유지보수(Corrective Maintenance), 변화 수용형 유지보수(Adaptive Maintenance), 기능 개선형 유지보수(Performance Maintenance)의 3가지 유형이 있다.

이외에도 대규모 유지보수 및 재개발과 하드웨어 유지보수는 정보시스템 감리 지침에 따라 유지보수를 진행하게 된다.

(1) 오류 수정형 유지보수(Corrective Maintenance)

정보시스템에 오류가 발생했을 때 수정을 하는 것으로, 정보시스템에 문제가 발생하면 수정을 하는 방법이다. 예를 들면 프로그램이 비정상적으로 종료하거나 적당하지(올바르지) 않는 정보를 출력하는 처리상의 오류를 수정하는 것이다. 또한, 평균 응답 시간을 개선하거나 트랜잭션에 에러가 발생하는 등의 프로그램 오류, 정보시스템 표준 기준에 부적합 사항에 대한 보완, 기능적 사양과 설계의 내용이 일치되지 않을 경우의 소프트웨어 오류 수정 등이 이에 해당한다.

(2) 변화 수용형 유지보수(Adaptive Maintenance)

새로운 하드웨어나 차기 운영 체제와 같은 환경 변화를 소프트웨어에 반영하는 것으로 시스템의 기능 변화와는 관련이 없다.

예를 들면 환경 변화에 대응한 소프트웨어를 변경하거나 분류 코드, DB 변경 등의 데이터 처리 환경을 변경하거나 하드웨어나 OS(운영체세)의 처리 환경의 변경에 대응하는 것 등이 이에 해당한다.

(3) 기능 개선형 유지보수(Performance Maintenance)

버전 업 되는 과정(패치)을 의미한다. 즉 잠자는 동안에 스마트폰의 SW가 업데이트 되듯이 정보시스템도 업데이트되는 과정, 즉 고도화를 위한 방법이라고 할 수 있다.

예를 들면 현재보다 더 좋은 알고리즘으로 수정을 하거나, 보다 효율적인 사용을 목적으로 출력 방식을 개선하거나, 보다 사용을 편리하게 할 목적으로 출력 방식을 개선하는 것이 있다.

또한, 새로운 출력 정보를 추가하는 등의 기능상 보완, 소스(Source) 코드의 설명을 충실하게 하여 읽기 쉽게 보완하는 것 등이 이에 해당한다.

정보시스템이 개발 및 도입된 이후 문제가 생기지 않게 잘 돌아가기 위해서는 사용자들의 요구에 따른 개선이 필요하며, 정보시스템에 대한 유지보수도 필요하다. 개발이나 도입 시에는 고려하지 못했던 문제점들이 발생을 하게 된다. 이러한 경우가 발생을 하였다면, 사용자들을 대상으로 개선이 필요한 부분을 파악하고 정보시스템의 기능을 변경하거나 추가하는 등의 개선을 해야 한다.

정보시스템의 유지보수는 매우 중요하다. 현재 운영 중인 정보시스템의 기능을 새로운 환경 변화에 적응되도록 변경시키거나, 현재 시스템의 고장 등을 수리하여 정상적으로 가동될 수 있도록 하는 일련의 작업을 정보시스템 유지보수라고 한다.

대부분의 기업들은 정보시스템을 개발하거나 도입을 하는 것에만 관심을 가지고 있을 뿐, 도입 이후의 과정에 대해서는 관심을 가지지 않는다. 그러나 유지보수는 정보시스템 수명 주기 중에서 시간이나 비용적인 측면에서 본다면 가장 비중이 높다고 할 수 있다.

[그림 7-4]에서 보는 바와 같이 우리가 잘 알고 있는 빙산의 일각 그림에서 처럼 정보시스템 전체 비용중에서 개발 비용보다 유지보수 비용이 확실하게 더 크다는 것을 알 수가 있다. 그만큼 유지보수가 정보시스템에서 차지하는 비중이 매우 높다고 할 수 있다.

【그림 7-4】 개발비용과 유지보수 비용

(자료원: https://www.agedcareinsite.com.au)

이외에도 정보시스템의 유지보수 유형에는 하드웨어(HW), 소프트웨어(SW), 네트워크(Network), 데이터베이스(Database)가 있다.

일반적으로 하드웨어 유지보수보다는 소프트웨어 유지보수가 더 어려운 편이다. 하드웨어는 제품의 속성을 가지고 있지만, 소프트웨어는 과정의 속성을 가지고 있기 때문이다.

하드웨어 유지보수는 고장 수리, 기능 변경이나 확장의 유형으로 나누어진다. 고장 수리는 정보시스템의 하드웨어가 고장이 나서 수리를 하는 것을 의미한다.

예를 들면 정보시스템이 다운되거나 데미지(손상)를 입어 하드웨어를 읽지 못하는 경우 원상태로 회복시켜 주는 것이다. 기능 변경이나 확장은 하드웨어의 기능상의 변경이나 추가적인 확장이 필요한 경우 변화시키는 것이다.

스마트폰을 예로 들면 스마트폰, micro SD(Secure Digital), 액정, 배터리 등이 하드웨어이며, 운영 체제(OS: Operating System)가 소프트웨어이다. 데스크톱 컴퓨터를 예로 들면 본체, CPU(Central Processing Unit), RAM(Random Access Memory), HDD(Hard Disk Drive), SSD(Solid State Drive) 등이 하드웨어이며, Windows, MS Office(워드, 파워포인트, 엑셀 등), 한글 등은 소프트웨어이다.

만약 고성능의 게임을 하기 위해서 RAM이 너 필요하다면 RAM을 추가적으로 구입을 하여 장착을 하면 되며, HDD가 오류가 나면 수리를 의뢰하게 되는데 이는 바로 하드웨어의 유지보수에 해당한다.

소프트웨어 유지보수는 소프트웨어 자체의 오류나 기능의 업그레이드 등이 있다. 소프트웨어 자체가 가지고 있는 오류(자체 개발 시)의 경우는 소프트웨어의 오류를 수정하여 반영을 하면 된다. 그러나 소프트웨어의 기능 향상 등의 업그레이드의 경우에는 펌웨어를 다운받아 업데이트하거나 새로운 버전으로 업그레이들 하는 방식이 있다.

예를들면 Windows의 경우 현재는 10이 보편적이지만, 아직까지 7, 8 등도 사용이 되고 있다. 만약 우리 기업이 Windows 7을 사용하고 있다면, 현재까지는 MS사에서 보안 업데이트를 해줘서 문제가 없지만, 만약 보안 업데이트가 제공이 안 된다면 보안을 위해서라도 Windows의 상위 버전으로 업그레이드를 해야 한다.

네트워크 유지보수는 유선과 무선 네트워크 장비, 방화벽, IPS(Internet Protocol Suite), DNS(Domain Name Service) 장비 등과 같은 네트워크 장비 및 장애에 대한 유지보수이다. 대부분의 네트워크 장비는 정보시스템에서 중요하기 때문에 항상 주의를 기울여야만 한다. 만약 은행 시스템의 네트워크에 문제가 생긴다며 치명적일 것이다. 국민은행의 경우 매일 자정(0시)을 기준으로 5분 정도 온라인 서비스를 중단하며, 대부분의 은행들은 통상적으로 이용자들이 적은 새벽 시간대에 시스템 점검을 하고 있다.

정기적인 DB에 대한 관리는 정보시스템 운영을 위해서는 필수적이다. DB의 운영 이력, 변경 이력, 수정 이력 등의 내역을 항상 기록 하고 관리하여야 한다. 또한, 지속적인 DB의 튜닝을 통해 응용 프로그램들에 대한 응답 속도로 향상을 시켜야만 한다.

제2절 정보보호

1 정보보호

1) 정보보호의 중요성

영국의 데이터 분석 회사 케임브리지 애널리티카(CA)가 페이스북을 사용하는 8,700만명의 고객 정보를 무단으로 사용한 사실이 2018년 3월에 밝혀졌다(이투데이, 2019). 그러나 페이스북의 허술한 사용자의 정보에 대한 관리 문제는 이에 그치지 않고 지속적으로 발생을 하고 있다. 국내에서도 해킹 피해를 당해 페이스북 계정이 강제로 로그아웃되는 사례가 나오는 것으로 알려졌다. 9월 28일(현지 시각) 페이스북은 공식 성명을 통해 "2017년 7월부터 약 5,000만 명의 사용자 계정에 대한 해킹이 발생한 사실을 최근(2018년 10월) 파악했다.

기업의 입장에서는 고객들의 정보를 보호하기 위한 다양한 장치와 방법을 강구해야 한다. 고객들은 기업을 믿고 그 사이트 등을 이용하기 때문에 전적으로 정보를 보호하는 것은 기업의 책임이다. 물론 고객들도 주기적으로 비밀번호를 바꾼다든지 하는 노력을 기울일 필요도 있다.

예전에는 개인정보 유출이 주를 이루었으나, 최근에는 가상화폐에 대한 유출의 빈도가 점점 더 높아지고 있다. 정보보호는 국내뿐만 아니라 전 세계적으로도 매우 중요하다고 할 수 있다. 한번 정보가 유출되면 기업뿐만이 아니라 이를 이용하는 사용자(소비자)들도 막대한 피해를 입기 때문에, 평소에도 정보보안과 정보보호 관리에 노력을 해야만 한다.

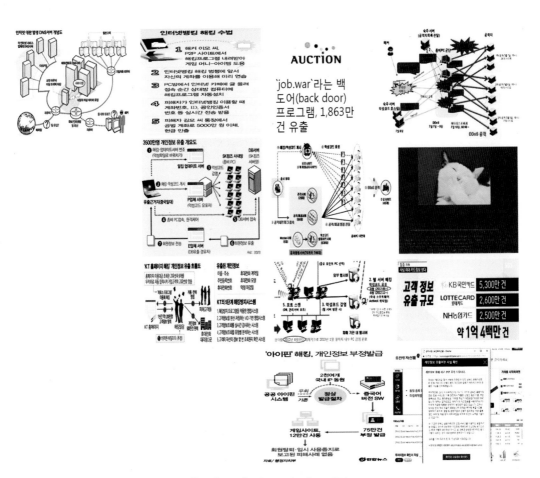

【그림 7-5】 정보보호 사고 관련

(이미지 자료원: 각 언론사 기사 등을 참조하여 작성)

2) 정보보호 인력

정보보호에서 가장 중요한 부분은 결국 누군가가 지키고자 하는 '정보', 즉 '내용(contents)'이다. 기업 차원에서는 '영업비밀'과 '고객정보'이고, 국가 차원에서는 '국가기밀'과 '국민정보'라고 할 수 있다. 전자는 정보보호(정보보안), 후자는 개인정보보호라고 일컫는다.

그동안 이를 보호하기 위해서 시스템 보안 투자를 꾸준히 늘려 왔다. 하지만 열심히 정보보호 관련 투자를 하는 기업에서도 보안 사고가 반드시 터지게 마련이다. 왜냐하면, 기술 투자를 하면서도 이 시스템에 접근하는 '사람'에 주목하지 않았기 때문이다. 최근 정보보호에서 '인적 보안'을 다시 주목하고 있는 이유가 바로 여기에 있다. 이제는 '어디'가 정보보호에 취약한가를 살피는 것과 동시에 '누가' 잠금장치를 파괴할지 살피는 경영이 더욱 요구된다(권헌영, 2016).

현재 정보시스템뿐만 아니라 기업에서 가장 중요한 분야로 대두되고 있는 분야가 바로 정보보호 인력에 대한 수요이다. 정보보호 인력에 대한 수요는 전 세계적으로 빠르게 증가를 하고 있다. 물론 회사에서 운영하는 정보시스템의 종류도 다양하고, 조직의 규모가 크기 때문에 자체적인 인력으로 정보보호를 하는 것은 무리가 있을 것이다. 그러나 정보보호를 위해서는 내외부 직원의 정보보호 관련 교육이 선행이 된다면 문제가 없을 것이다.

정보보호의 학문적 특성을 고려한 필수 요구 지식으로 컴퓨터공학에서는 DB, Network, Server 등 IT 인프라 및 응용 전반 기술에 대한 지식, 경영·경제학에서는 정보보호 위험관리, 정보보호 투자, 기획 및 평가 등 사회과학적 지식, 법·윤리학에서는 법적 준수성, 포렌식, 인터넷 윤리 등 법·윤리적 지식 등이 필요하다(김정덕, 2013)

3) 정보보호 정책

기업에서 정보보호 정책을 수립하기 위해서는 다음과 같은 사항들을 고려하여 정책을 수립해야 한다.

첫째, 정보보호 정책을 위해서는 정보보호 관리 체계 인증 의무 대상자를 지정한다 (https://isms.kisa.or.kr). 기존의 안전 진단 대상자를 ISMS(Information Security Management System, 정보보호 관리체계) 인증 의무 대상자로 지정하여 ISMS를 자율 및 의무 인증으로 확대 추진한다.

둘째, 정보보호 조치에 관한 시심의 개정이다. 기업의 정보보호 투자 권고, 정보보호 활동 공개, 관리용 단말 보안 강화 등을 추가하여 기업의 정보보호 수준 향상을 유도한다.

셋째, 정보통신 서비스 제공자가 CISO(정보보호 최고책임자)를 임원급으로 지정 및 운영하여 체계적인 정보보호 활동을 수행하게 한다.

넷째, ISMS 인증을 받은 기업은 관리 등급을 부여하고 상위 수준의 정보보호 활동을 유도하고 기업의 이미지를 재고할 수 있게 된다. 또한, ISMS 인증을 취득할 시에 정부의 프로젝트를 수주할 시에 가점 등을 부여하고 있다.

4) 정보보호 기술

정보보호를 위해서는 암호화 기술에 대한 배경 지식을 가지고 있는 것이 좋다. 암호화는 메시지를 변조(암호화) 및 복조(복호화)하도록 하는 기술을 말하며, 코드, 암호, 비밀 메시지의 수리과학(數理科學)이다.

컴퓨터, 통신망 등이 나오기 전인 머나먼 과거에도 사람들은 자신의 메시지를 받는 사람외에는 다른 사람이 읽을 수 없도록 하기 위해 다양한 암호를 사용했다. 오늘날 디지털 정보의 암호화를 위한 기술은 3가지 유형이 있다.

(1) 개인 키(Private Key)와 공개 키(Public Key)
암호화를 이해하는 가장 중요한 개념 중 하나가 '키'이다.

일반적인 형태의 암호화는 개인 키(private key)를 갖고 있는데, 이것은 자신의 컴퓨터에 비밀리에 저장되고, 자신에게만 보내진 메시지를 읽는 데 사용된다. 또한, 개인 키는 자신이 다른 사람에게 보낸 메시지에 위조 불가능한 디지털 서명을 할 수 있도록 한다.

공개 키(public key)는 다른 사람에게 주거나 공개하여 사람들이 자신과 비밀리에 통신할 수 있도록 하거나, 자신의 서명을 확인할 수 있는 파일이다. 개인 키와 공개 키는 쌍으로 만들어지지만, 같은 것은 아니다(미디어투데이, 2015).

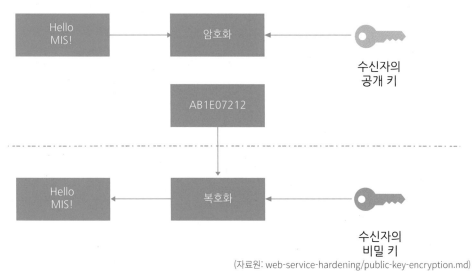

(자료원: web-service-hardening/public-key-encryption.md)

【그림 7-6】 공개 키와 비밀 키

[그림 7-6]에서 보는 바와 같이 먼저 평문을 전송하기 위해 송신자는 수신자의 공개 키를 구한다. 이를 통해 송신자는 수신자의 공개 키로 평문을 암호화한다. 암호화된 메시지를 송신자가 상대방인 수신자에게 전달한다. 메시지는 암호화되어 있기 때문에, 전달하는 도중에 유출이 되거나 도청이 되거나 설령 가지고 있다고 하더라도 평문(원문)을 해독하기는 거의 불가능하다고 할 수 있다. 메시지를 수신받은 수신자는 자신의 비밀 키로 암호화된 메시지를 해독하여 평문을 얻는다.

(2) 보안 인증서

보안 인증서(security certificate)는 매우 중요하다. 일반적으로 웹 브라우저는 https를 사용하여 특정한 사이트와 암호화를 통해 연결을 할 수 있다.

웹 브라우저는 도메인 네임의 공개 키를 확인하기 위해 인증서를 검토 및 확인을 한다. 즉 인증서는 올바른 웹사이트의 공개 키를 알고 있는지를 확인하고 문제가 없다면 안전하게 통신을 할 수 있도록 지원을 한다.

예를들면 스마트폰에서 은행의 앱을 통해 송금(이체)을 하고자 할때에는 공인인증서를 통해 로그인을 한다. 로그인을 한 다음 이체할 은행, 계좌번호 등을 입력하고 나면, 비밀번호 4자리를 누르고, 인터넷(모바일) 뱅킹을 위한 보안카드 또는 OTP(One Time Password)를 입력하고, 최종적으로 공인인증서의 비밀번호(지문)를 입력하여 이체를 진행하게 된다.

만약 보안카드 번호가 잘못되었거나, 공인인증서 비밀번호가 잘못된 경우에는 에러가 발생을 하게 된다. 중요한 것은 민감한 정보를 읽고 있을 때 나타나는 인증서 등의 경고를 무시하면 안된다는 것이다.

(3) 키 지문

지문(Fingerprint)은 손가락의 무늬로, 최근에는 디지털 도어록, 스마트폰 등 IT 분야에서 많이 활용이 되고 있다. 이중에서 많이 활용이 되고 있는 것이 바로 키 지문(key fingerprint)이며, 문자열로 구성이 되어져 있다.

키 지문은 공개 키의 해시값을 의미하고 키의 식별자로 사용이 된다. 중요한 것은 키가 가지고 있는 이진값을 그대로 사용을 하게 되면 육안으로 진위 여부를 판별하기 어렵다. 이에 해시값의 특성을 이용하여 키의 지문(fingerprint)을 만들어 낸다. 해시값은 16진수(160비트)로 표시되고 공개 키의 길이(1024비트~2048비트)보다 짧기 때문에 육안으로도 키의 진위 여부를 확인 및 식별하기가 쉬운편이다. 일반적으로 공개 키 기반의 인증서 내에는 통상 키의 지문이 포함되어 있다.

2 보호 방법

정보보호를 하기 위한 방법으로는 아이디와 패스워드 관리, 데이터 암호화 하는 방법 등이 있다. 정보보호를 위한 가장 기본적인 방법이 아이디와 패스워드 관리이다. 정보시스템에 로그인할 때 사용하는 것이 아이디와 패스워드이다. 아이디는 한 번 설정하면 변경이 안 되기 때문에 아이디를 만들 때 잘 만들어야 한다. 그러나 패스워드는 변경이 가능하기 때문에 주기적으로 변경을 하는 것이 좋다.

암호화된 데이터는 복호화 키가 없으면 해독할 방법이 없기 때문에 만약, 데이터가 유출된다 하더라도 데이터를 안전하게 보호할 수 있다는 장점이 있다.

데이터 암호화에는 저장 중인 데이터 암호화, 이동 중인 데이터 암호화, 애플리케이션 암호화, 데이터베이스 암호화, 파일 암호화, 토큰화, 가상 컴퓨터 암호화, 네트워크 암호화 등이 방법이 있다.

정보시스템 관리자는 정보보호를 위해 정보시스템 사용자들의 권한을 설정할 수 있다. 데이터 읽기, 쓰기, 삭제, 수정 등의 세부적인 권한을 설정할 수 있으며, 특정한 DB나 계정, 앱 등에 대한 액세스 권한을 설정할 수도 있다.

외부냐 내부냐… 의문의 빗썸 해킹

가상화폐 거래소 빗썸 해킹 사고가 발생한 20일 한 시민이 서울의 한 빗썸 사무실 앞에서 가상화폐 시세 전광판을 보고 있다.

'해킹에 털렸다'는 건 진실일까. 가상화폐거래소의 '해킹 피해' 사건이 터질 때마다 제기되는 의문이다. 정황상 외부 해킹이 아니라 내부자 소행일 가능성을 배제할 수 없기 때문이다. "350억 원어치를 털렸다"는 빗썸 해킹도 예외가 아니다. 과거 사례보다도 오히려 의구심이 더 짙다. 업계 1위로 보안에 각별히 신경 썼고, 그만큼 자신만만했기 때문이다.

금융 당국 내부에서도 "정말 외부 해킹일까, 의심의 여지는 있다"는 얘기가 나온다. 한 관계자는 22일 "빗썸은 그동안 다섯 명이 각각 보안번호를 연속으로 입력해야 지갑이 열릴 정도라며 보안에 자신만만했다"면서 "그런 보안 시스템이 외부 해킹에 뚫렸다니 의아스럽지 않을 수 없다"고 말했다. 내부자 소행이거나 적어도 내부자가 연루됐을 가능성을 의심하는 것이다. 이 관계자는 "과거 국내외 사례들을 보더라도 해킹이라고 했지만 내부자 소행 정황이 드러나는 경우가 적잖았다"고 말했다.

대표적으로 2014년 일본 가상화폐거래소 마운트곡스 해킹 사건의 경우도 그렇다. 이 사건으로 마운트곡스는 파산했는데, 지금껏 자작극 논란이 지속되고 있다. 당시 마운트곡스는 세계 최대 가상화폐거래소로, 전 세계 비트코인 거래량의 70%를 차지하고 있었는데, 비트코인 가격이 급등한 시점에서 해킹 사건이 발생했고 마운트곡스는 파산했다. CEO(최고경영자)였던 마크 카펠레스는 이듬해 4월 마운트곡스 거래 시스템을 조작해 미국 달러화 계좌와 비트코인 계좌 잔액을 부풀린 혐의로 일본 경찰에 체포됐다. 약 1년 뒤 보석으로 풀려났지만 재판은 여전히 진행 중이다.

해킹 피해에 대한 의심은 시장 저변에 깔린 상태다. 빗썸 해킹 사건이 터지자 당장 관련 인터넷 커뮤니티 등에 "내부자가 시세 떨어뜨리려고 벌인 일"이라는 근거 없는 소문이 돌았다. 빗썸 관계자는 "말도 안 되는 악소문"이라고 일축했다. 빗썸은 현재 경찰청, 과학기술정보통신부, 한국인터넷진흥원(KISA) 세 곳의 조사를 동시에 받고 있다. 빗썸 관계자는 "외부 해킹이든 내부자 소행이든 조사를 통해 밝혀지지 않겠나"라고 말했다.

(자료원: 세계일보 2018-06-22기사)

[토론 문제] 다음 질문들을 바탕으로 토론해 보자.

(1) 정보시스템의 관리가 기업에게 있어 중요한 이유는 무엇인가?

(2) 정보시스템을 도입하여 성공하기 위한 조건은 무엇인가?

(3) 정보시스템을 운영하고자 할 때, 운영 인력이 갖추어야 할 요건은 무엇인가?

(4) 정보보호가 기업의 경영에 있어 중요한 이유는 무엇이며, 기업에서 정보보호를 위해 필요한 보호 방안이 무엇인지에 대하여 생각해 보시오.

【참고문헌】

권헌영. "기업윤리". 브리프스. 2016,11.

김정덕. 보안뉴스. 2013.

노규성, 조남재. "경영정보시스템". 사이텍미디어. 2010.

미디어투데이, "보안인증경고, 그냥 OK만 누르십니까". 2015.08.19 기사.

이투데이. "페이스북은 디지털 깡패". 2019.02.19 기사.

한국디지털정책학회. "NCS 기반 경영 빅데이터 분석". 와우패스. 2018.

Laudon, K. C., & Laudon, J. P. Management information systems: managing the digital firm. Pearson. 2018.

IT용어사전, 한국정보통신기술협회

http://datanet.co.kr/news/articleView.html?idxno=113332

http://news.donga.com/3/all/20030126/7906081/1

http://news.donga.com/List/3/10/20050604/8196482/1

http://news.donga.com/List/Economy/3/01/20110812/39481777/1?

http://web-service-hardening/public-key-encryption.md

http://www.ciokorea.com/t/544/b/36566

http://www.etnews.com/201209110625

http://www.etoday.co.kr/news/section/newsview.php?idxno=880786

http://www.zdnet.co.kr/view/?no=20120611104227

https://guide.jinbo.net/digital-security

https://searchcloudapplications.techtarget.com/definition/data-as-a-service

https://ssd.eff.org/en/module/what-should-i-know-about-encryption

https://www.boannews.com/media/view.asp?idx=21860

https://www.boannews.com/media/view.asp?idx=25581

https://www.boannews.com/media/view.asp?idx=35649&page=14&kind=3

https://www.yna.co.kr/view/AKR20150305081700004

08

경쟁 전략과 디지털 기술의
전략적 활용

　디지털 기술이 기업의 전략적 경쟁 무기로 활용됨에 따라 경쟁 자체의 성격을 본질적으로 변화시키는 방향으로까지 진전을 보이게 되었다.

　이 장에서는 이런 디지털 기술의 전략적 배경을 토대로 조직이 추구하는 전략적 비전을 실현하고 경쟁우위를 창출하기 위해 디지털 기술을 어떤 방식으로 활용해야 하는지에 대해 설명한다. 포터의 경쟁 세력(competitive force) 모형과 본원적 경쟁 전략 및 가치사슬(value chain) 모형을 토대로 디지털 기술의 전략적 유용성을 설명한다.

■ 포터의 경쟁 세력 모형을 토대로 특정 산업 내 경쟁 구조의 파악 및 디지털 기술의 활용 방법에 대해 이해한다.
■ 경쟁 전략에 의한 경쟁우위의 창출과 이를 위한 디지털 기술의 활용 방안에 대해 이해한다.
■ 포터의 가치사슬 모형에 입각하여 기업 경쟁력의 원천에 대해 파악하고 가치사슬상의 디지털 기술 활용에 관한 이해를 증진한다.

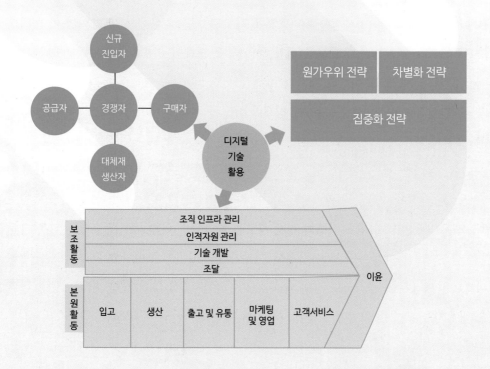

제1절 경쟁 구조와 디지털 기술의 활용

1 경쟁 세력 모형과 디지털 기술의 역할

경쟁이란 단어는 모든 일상생활에서 흔하게 사용하고 듣는 단어다. 우리는 조기 영어교육, 명문고등학교 입학, 치열한 대학입시, 취업 준비 등을 통해서 경쟁과 함께 지내 왔다. 경쟁은 제한된 자원 환경에서 둘 이상의 개체가 자원을 서로 차지하려고 겨루는 것을 말한다. 이제 우리가 직간접적으로 관여하는 기업의 경쟁력 향상을 위해 디지털 기술을 활용하는 방안을 살펴보고자 한다.

산업이란 유사한 제품과 서비스를 제공하는 여러 기업을 총괄해서 말하는데, 기업의 수익성과 생존은 자신이 속한 산업의 경쟁 강도에 가장 민감하게 영향을 받는다. 경쟁의 강도가 강할수록 수익률은 낮아진다. 산업의 경쟁 강도를 분석하기 위해 마이클 포터는 같은 제품을 만들어 같은 고객층에게 제공하는 경쟁사뿐만 아니라 고객인 구매자와 우리 제품을 만드는 데 원재료를 납품하는 공급사도 경쟁 상대로 포함하는 '다섯 가지 경쟁 세력 모형'을 제시했다. [그림 8-1]과 같이 이 모형에 포함된 5대 경쟁 세력이란 산업 내 경쟁사, 공급자, 구매자, 대체재 생산자, 그리고 잠재 신규 진입자를 지칭한다. 구매자와 공급자들이 포함되는 이유는 그

들과 거래 시 유리한 조건으로 계약을 맺을 수 있는 교섭력이 떨어질 경우 유리한 가격을 제시하지 못함으로 인해 기업의 수익성이 떨어지기 때문이다.

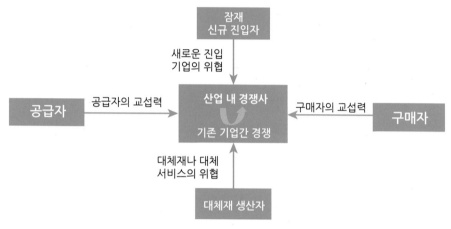

【그림 8-1】 포터의 다섯 가지 경쟁 세력 모형

1) 산업 내 기존 경쟁사

경쟁사들의 직접적 경쟁은 경쟁 강도와 산업 전체의 수익성을 결정하는 가장 중요한 요인이다. 한 기업의 경쟁력 제고 노력은 다른 경쟁자들에게 직접적으로 영향을 미치며, 때로는 보복 행위를 초래하기도 한다. 기존 기업 간의 경쟁 강도를 결정하는 요인에는 무엇보다 얼마나 많은 기업이 치열하게 경쟁하고 있는가, 즉 경쟁사의 수와 시장점유율의 분포가 영향을 미친다. 그 밖에도 시장 성장률, 투자된 고정비의 규모, 생산 능력이나 설비의 수준, 제품의 차별성, 브랜드에 대한 충성도 등이 경쟁사 간의 경쟁 강도에 영향을 미친다.

디지털 기술의 효과적 활용을 통하여 경쟁사의 동향 분석과 제품 및 서비스의 차별화와 원가 우위를 달성함으로써 경쟁사로부터의 위협을 극복할 수 있다.

2) 공급자

공급자들은 수익성을 높이기 위해 판매하는 원자재, 부품 등의 가격을 인상하거나 원가를 낮추어 품질을 저하시키려는 동기를 가진다. 즉 공급자들의 유리한 조건이 있어 그들의 교섭력이 강할 경우 가격을 인상하거나, 공급 제품 혹은 서비스의 질을 감소시킴으로써 공급받는 자의 수익에 영향을 미친다. 공급자의 교섭력을 결정하는 요인으로는 투입 재료의 차별성, 대체 원재료의 출현, 공급 물량의 규모, 구매가 차지하는 상대적 비중 등이 있다.

정보시스템은 공급자 시장의 범위와 시장의 특성을 효율적으로 분석하고, 좋은 거래 조건의 공급자를 확보하게 하며, 공급자의 제품을 효과적으로 대체할 수 있는 방안을 마련하여 협상력을 높여 주는 역할을 한다.

3) 구매자

구매자는 구매 제품에 대하여 보다 높은 품질, 보다 좋은 서비스, 보다 저렴한 가격을 요구하는 동기를 갖는다. 구매자의 교섭력이 높으면 이와 같은 압력을 통해 기업의 수익에 영향을 미친다. 구매자의 교섭력은 구매 규모, 타 제품으로 전환하는 교체 비용의 크기, 구매자의 정보력, 대체품의 존재 여부, 가격에 대한 민감도, 제품 차별성, 브랜드, 품질 대비 가격 수준 등에 의해 영향을 받는다.

구매자와 효과적으로 연계된 정보시스템의 구축을 통해 교체 비용을 발생시키거나 크게 하면 구매자에 대한 교섭력을 높일 수 있고 안정적인 수익성을 확보하는 것이 가능하게 된다. 전환 비용 혹은 교체 비용(switching cost)이란 어떤 제품을 사용하던 구매자가 다른 제품을 사용하기 위해 전환하고자 할 때 부담해야 하는 비용을 말한다. 교체 비용이 커서 기존에 사용하던 제품을 계속 사용하는 현상을 잠금 효과라 한다. 교체 비용을 활용한 고객 잠금 효과의 대표적인 예는 각종 마일리지 서비스이다. 정보시스템은 다양한 마일리지 서비스 정보를 즉시 효과적으로 제공하는 데 활용되고 있다.

4) 잠재 신규 진입자

한 산업에 진입할 것으로 보이는 잠재된 신규 진입자는 새로운 능력과 자원을 가지고 적극적으로 시장에 개입하여 기존 기업들에게 위협 세력으로 작용한다. 새로운 기술 능력을 갖춘 주요 신규 진입자의 조기 파악과 사전 대응은 기존 기업들에게는 매우 중요한 의미를 지닌다. 새로운 진입자의 등장은 시장점유율과 수익성을 낮출 것이기 때문이다. 기존의 기업들은 신규 사업자의 진입이 예상되면 홍보를 강화하거나 설비 투자 증대와 신제품 발표를 서두르는 등 여러 가지 방안을 동원하여 잠재 진입자의 진입 의도를 꺾기 위한 노력을 하게 된다. 잠재 진입자의 위협 수준은 진입장벽 및 기존 사업자들의 대응 수준에 영향을 받는다. 진입 장벽의 수준을 결정하는 요인은 규모의 경제 수준과 원가 수준, 제품 차별성, 브랜드, 교체 비용, 소요 자본, 유통 채널에 대한 접근성, 기술의 폐쇄성, 투입 원재료의 특성, 정부 정책, 예상되는 기존 기업의 보복 등이 있다. 신규 기업이 특정 산업에 진입하기 위해 극복해야 하는 유무형의 장애물인 진입 장벽(entry barrier)의 높이와 기존 기업들의 거부 반응 정도에 따라 경쟁 강도가 달라진다.

디지털 기술에 대한 투자는 교체 비용의 창출이나 소요 자본의 증대, 제품 차별성의 증대, 유통 경로의 온라인화 등으로 신규 진입 기업의 위협을 효과적으로 감소시킬 수 있다.

5) 대체재 생산자

대체재는 기존 제품과 동일하거나 유사한 욕구를 충족시킬 수 있는 제품이다. 특정 산업에서 활동하는 기업들은 넓은 의미에서 대체 상품을 생산하는 산업들과 경쟁을 하고 있다. 대체 상품은 관련 제품의 가격을 결정하는데 상한선을 설정하는 효과를 유발하여 그 산업의 잠재적인 이윤 폭을 제한한다. 전환 비용이 낮을 경우 대체품은 매우 큰 영향을 미쳐 잠재적 수익을 제한하게 된다. 쉽게 대체할 수 있는 대체 상품이 많을수록 기업들이 자신의 제품이나 서비스에 높은 가격을 받을 가능성은 줄어든다. 대체재 위협의 결정 요인에는 대체재의 상대적 가격, 교체 비용, 대체재에 대한 구매자의 성향, 대체품의 특성 등이 있다.

디지털 기술의 활용을 통해 대체 상품의 영향에 대한 분석을 효율적으로 수행할 수 있으며, 제품의 성능과 서비스, 가격 경쟁력을 높여 대체 상품의 위협을 완화 또는 제거할 수 있다.

2 디지털 기술의 전략적 효과

앞 절에서 살펴본 바와 같이 디지털 기술은 마이클 포터의 다섯 가지 경쟁 세력 사이의 힘을 조절하기 위하여 사용될 수 있다. 이때 디지털 기술이 기업에 궁극적으로 어떤 영향을 미칠 것인지를 평가하기 위해 다음의 몇 가지 질문을 검토하여, 그 대답이 긍정적인 경우 디지털 기술이 전략적 자원으로서 가치를 가진다고 할 수 있다.

1) 디지털 기술이 경쟁의 양상을 변화시킬 수 있는가?

디지털 기술은 산업 내 경쟁 양상을 변화시킬 잠재력을 가지고 있다. 즉 가격 경쟁이 격심한 산업에서 디지털 기술을 활용하여 제품에 독특한 기능을 추가하면 경쟁의 양상은 가격 경쟁에서 차별화 경쟁으로 바뀌는 것이다.

140년간 테니스 라켓과 관련 장비를 생산해온 바볼랏(babolat)은 센서와 통신 모듈이 장착된 바블랏 플레이 퓨어 드라이브 시스템을 선보였다. 이 회사는 테니스공의 속도, 회전 및 라켓에 맞는 위치를 추적하고 분석한 다음 그 결과를 스마트폰 앱에 전송함으로써 테니스 선수들의 경기력 향상을 돕는 서비스를 제공하고 있다. 차별화와 부가가치 서비스를 가능하게 함으로써 가격에 맞춰졌던 기존 경쟁 구도의 초점을 차별화 쪽으로 돌려 놓았다.

2) 디지털 기술이 구매자의 교체 비용을 높일 수 있는가?

구매자들에게 구매하는 제품과 서비스가 '특정 기업의 것이어야 한다'는 인식을 심어 주거나 경쟁사로 교체할 이유를 없애 공급 독점력을 높이는데 디지털 기술이 활용된다. 즉 기업의 제품과 서비스가 구매자의 가치 창출 활동에 깊숙이 침투될 수 있다. 교체로 인한 효익보다 교체에 드는 비용을 높여 경쟁사 제품이나 서비스로 전환하는 것을 어렵게 하는 것이다.

세계적인 중장비 선도 기업인 캐터필러(Caterpillar)는 컴퓨터 서비스로 부가가치를 높이고, 제품에 대한 지원을 향상하여 교체 비용을 높인 좋은 예를 보여 주고 있다. 캐터필러는 2000년대 초부터 중장비에 센서를 부착하고 데이터를 분석해 주는 비전링크 서비스(Vision Link)를 시작했다. 장비에 장착되는 프로덕트 링크(Product Link)는 연료 소비량, 장비 이상 유무, 가동 및 공회전 시간, 장비 위치 등의 장비 정보를 인공위성을 통해 웹사이트인 비전 링크로 실시간 전송한다. 현장의 고객은 PC, 스마트폰 등의 기기를 통해 비전 링크에 접속해 분석된 정보를 활용하여 장비의 운용 효율을 향상하고, 엔진이나 주요 구성품을 고장 전에 교체하여 문제 발생을 사전에 방지한다. 그 결과 고객인 건설업체는 수리비용 절감, 공기 단축 등을 통해 경제적 이득을 볼 수 있었다.

3) 디지털 기술이 공급자와의 교섭 능력에 변화를 주는가?

공급망 관리(SCM)와 같은 조직 간 시스템은 공급자를 효과적으로 관리하는 강력한 도구가 된다. 공급자와 구매자 사이의 시스템 연결은 재고 감소는 물론 신속한 피드백, 보다 좋은 서비스 제공을 가능하게 한다.

한 대규모 가구 소매상은 자신의 주문 시스템과 공급자들의 주문 입력 시스템을 인터넷으로 연결하였다. 특정 지역에서 소파가 필요하다면 소매상의 컴퓨터는 자동적으로 소파 공급자들의 주문 입력 시스템을 검색하고, 가장 낮은 가격을 제시하며, 신속하게 제품을 공급할 공급자에게 주문을 한다. 또한, 공급자들의 완제품 재고 현황, 생산 일정, 납기 준수 가능 여부 등을 지속적으로 관찰하여 공급자의 납품관리에 조언을 해 주었다. 특정 공급자가 이러한 시스템의 사용을 거부하면 그 공급자는 시장 대처 능력이 떨어져 매출 감소는 물론 생존까지 위협받게 될 것이다.

4) 디지털 기술이 신규 진입자에 대한 진입 장벽을 구축할 수 있는가?

산업에 새로운 기업들이 진입하면 기존의 시장에 경쟁자의 수가 증가해 경쟁을 가중시킨다. 즉 사업 비용을 높이고 기존 시장에서의 경쟁우위를 위협하는 결과를 초래하게 될 것이다. 따라서 기존의 기업들은 구매자들에 대해서는 더욱 매력적인 제품과 서비스를 공급해야 하고 공급자에 대해서는 공급 관계를 견고히 하여야 한다. 신규 사업자의 진입에 대비하여 진입 장벽을 높이기 위해 디지털 기술이 활용될 수 있다.

써모피셔(Thermo Fisher)라는 기업의 화학분석기는 기존 스마트 기능에 네트워크 연결성까지 추가시킨 제품이다. 네트워크 연결성을 추가하여 유해 환경에 대한 화학 분석 결과를 사용자에게 전송하고, 기기 자체나 관련 인력의 오염을 제거하고 완화시키는 절차를 즉시 작업을 시작할 수 있도록 했다. 이를 위해 써모피셔는 제품 정보를 안전하게 수집, 분석, 저장하고 내외부 고객에게 전송할 수 있는 시스템을 구축하여 새로운 기업의 진입 장벽을 구축하였다.

5) 디지털 기술이 신제품을 창출할 수 있을까?

디지털 기술은 더 빨리, 더 낮은 가격으로 향상된 품질의 제품을 고객에게 공급할 수 있도록 지원한다. 또한, 약간의 추가 비용만으로도 기존의 제품에 고객의 요구에 부응하는 기능을 쉽게 첨가할 수 있다. 경우에 따라서는 디지털 기술로 획득한 다양한 자료를 바탕으로 전혀 새로운 사업에 진출할 수도 있다.

차(tea) 전문 제조업체인 중소기업 ㈜티젠은 한국에서의 차 산업의 사업 경험을 바탕으로 국내를 넘어 글로벌 시장으로의 진출을 계획했다. 목표 시장인 북미 시장에 경험이 없는 ㈜ 티젠은 미국의 페이스북, 트위터 등의 SNS˙ 데이터를 수집하여 주 소비층의 구매 목적, 구매 요인 등에 대한 빅데이터 분석을 실시하여 소비자들이 선호하는 맛, 효능, 패키징 등을 파악 하였다. 이를 바탕으로 제품 개발 및 제품별 차별화된 콘셉트를 통해 바이어를 대상으로 효 율적인 마케팅을 수행했다. 그 결과 북미 시장에 맞추어 신규 브랜드를 출원하고, 수출도 하 였다.

한 산업에서 모든 경쟁 세력이 동등하게 중요한 것은 아니다. 예를 들어 석유 산업에서 OPEC가 절대적인 영향력을 행사하는 것처럼 어떤 산업에서는 공급자가 주도하는 반면, 은행 및 보험 산업에서는 신규 진입 기업이나 대체재의 위험이 중요한 경우도 있다. [표 8-1]은 이상 에서 논의된 바를 토대로 산업 경쟁 분석 모형의 각 경쟁 세력이 가지는 의미와 이들에 대한 디지털 기술의 잠재적 영향을 나타낸 것이다.

【표 8-1】 각 경쟁 세력에 대한 디지털 기술의 활용

경쟁 세력	경쟁 세력의 영향	디지털 기술의 활용 방안
산업 내 경쟁자	가격, 제품, 유통경로와 서비스 등에서 경쟁	비용 절감의 효율화 제품과 서비스, 회사의 차별화
구매자	가격 인하, 제품과 서비스의 품질 향상 경쟁력 고취	고객의 선택 폭 확대, 높은 전환 비용, 차별화
공급자	가격 상승, 제품과 서비스의 품질 저하	유통경로 강화, 다양한 공급자 발굴, 높은 전환 비용
신규 진입 기업	규모 확장, 많은 자원 필요, 가격 인하 및 높은 진입 비용	규모의 경제, 전환 비용, 제품 차별화, 유통경로의 진입 저지 등의 진입장벽 구축
대체재 생산기업	상한가격 설정, 잠재 수익 봉쇄	제품과 서비스의 재편, 저가격, 제품의 성능 향상

제2절 경쟁 전략과 디지털 기술의 활용

1 경쟁 전략

기업의 경쟁 지위는 기업의 수익성이 산업의 평균적인 수익성보다 높을지 낮을지를 결정한다. 따라서 경쟁 지위가 잘 설정된 기업은 높은 수익을 얻을 수 있다. 장기적으로 평균보다 높은 수익을 유지하느냐의 문제는 경쟁우위를 지속시킬 수 있느냐에 달려 있는 것이다. 기업은 경쟁자에 대해 수많은 강점과 약점을 갖지만, 기본적으로 원가우위와 차별화우위라는 두 가지 유형의 경쟁우위를 가진다. 이 두 가지 유형의 경쟁우위는 산업 내에서 평균 이상의 성과를 달성하기 위해 수행하는 전략의 경쟁 범위와 연계되어 있다. 즉 기업은 [그림 8-2]에서 볼 수 있듯이 경쟁우위의 원천과 경쟁 범위를 어떻게 정하느냐에 따라 원가우위 전략, 차별화 전략 및 집중화 전략의 세 가지 경쟁 전략을 취할 수 있다.

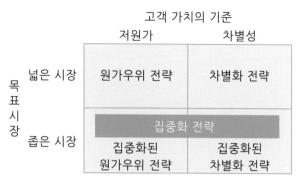

【그림 8-2】 세 가지 본원적 경쟁 전략

1) 원가우위 전략

원가우위(cost leadership) 전략은 특정 기업에서 원가를 낮추기 위한 일련의 노력을 통하여 원가 면에서 우세한 위치를 확립하는 것이다. 이를 위한 구체적인 방법으로는 설비 규모의 적정화, 인건비 및 원재료의 원가와 간접비의 절감, 공정기술 개선과 조직화된 관리 방식 등을 실현하는 것인데 이는 높은 수익을 실현해 줌은 물론 강력한 진입장벽을 구축하고 경쟁사와 대체 상품에 대해서도 우월한 위치를 차지하게 해 준다.

원가우위 전략을 추구하는 원가 선도 기업은 경쟁우위를 저원가에서 창출한다 해도 평균 이상의 성과를 얻기 위해서는 경쟁자와 유사한 수준의 품질을 유지하거나 대규모 저가 시장을 창출할 수 있어야 한다.

2) 차별화 전략

차별화(differentiation) 전략은 다른 기업과 구별되는 특장점이 있는 제품이나 서비스를 고가에 판매함으로써 가격 경쟁을 피하고 높은 수익을 올리고자 하는 전략이다. 차별화는 경쟁 상품과 구별될 수 있는 제품의 품질, 기업 이미지, 브랜드 명성에 초점을 맞춘다.

차별화 전략을 실행하기 위한 차별화의 원천은 매우 다양하다. 가격을 제외한 모든 측면이 차별화의 원천이 된다고 볼 수 있다. 제품 기능의 다양성, 견고성, 확장성, 호환성 등 제품과 서비스의 속성으로 차별화할 수 있다. 고객 맞춤형 생산, 기업과 제품의 위상 정립을 위한 마케팅과 광고, 고객에 대한 서비스 평판 등 기업과 구매자 간의 관계에서도 차별화할 수 있다. 또한, 내부 활동 간의 관계, 제품 믹스, 유통경로, 서비스 및 고객 지원, 협력사와의 우호적 관계 등 기업 활동 간의 조화로 차별화할 수 있다.

기업이 차별화 전략을 실행하고자 한다면 원자재의 선택에서 생산, 품질관리, 판매, 서비스, 연구개발 등 모든 경영 활동의 초점이 추구하는 차별화의 성공적 실행을 위해 일관성 있게 정비되어야 한다. 차별화에서도 성공적 차별화에 공헌하는 상대적 우위를 가지고 있는 부문이 있어야 한다. 또한, 고객의 신뢰를 얻고 그 제품의 독특성을 극복해야 하는 신규 진출 기업에게는 차별화가 진입 장벽이 될 수 있다. 차별화로 높은 수익을 얻게 되면 원자재를 공급하는 회사들의 영향력을 쉽게 배제할 수 있을 뿐만 아니라 구매자들의 압력도 극복할 수 있다.

3) 집중화 전략

집중화 전략은 특정 구매 집단이나 지역적으로 한정된 시장을 목표로 제품과 서비스를 판매하는 전략이다. 집중화 전략은 목표 시장에서 원가우위를 추구하는 '집중화된 원가우위 전략(cost focus)'과 목표 시장에서 차별화를 추구하는 '집중화된 차별화 전략(differentiation focus)'의 두 측면을 갖는다.

목표 시장의 크기는 정도의 문제이지만 집중화 전략의 핵심은 산업 평균에서 벗어난 작은 시장을 목표로 한다. 집중화 전략을 추구하는 기업은 산업 전반의 경쟁자들이 할 수 있는 것보다 좀 더 효과적으로 특정 세분 시장을 만족시키는 경향이 있다. 목표 시장을 설정하고 집중화 전략을 추구하는 기업은 비록 전체 산업 내에서는 경쟁우위를 획득하지 못한다 하더라도 세분 시장 내에서는 고객의 가치를 창출하고 경쟁우위를 얻을 수 있다.

2 경쟁우위 확보를 위한 디지털 기술의 활용

1) 원가우위 전략과 디지털 기술

디지털 기술에 의한 원가 절감은 주문에서 생산, 원자재 구매, 마케팅 및 사후 서비스 관리에 이르는 기업의 가치 활동의 거의 모든 부분에서 적용될 수 있다. 기업의 가치 활동에 디지털기술을 응용함으로써 가격 경쟁력을 높일 수 있다. 디지털 기술은 원가 발생 요인의 성격을 근본적으로 변경시켜 원가우위 전략에 변화를 가져오기도 한다.

독일의 남부 암베르크에 위치한 지멘스(Seimens)의 EWA(Electronics Works Amberg)는 매일 실시간으로 5,000만 건의 정보를 수집하고 이를 통해 제조 공정마다 자동으로 작업지시를 내린다. 1,000개 이상의 스캐너들은 모든 공정 단계를 실시간 점검하며 테스트 이상 여부 결과, 온도, 위치정보와 같은 제품 상세 정보를 기록한다. 동시에 공정에 대한 정보는 디지털 기술 제조 실행 시스템에 저장된다. 10만 개의 제품을 생산하는 경우 1개꼴로 불량률도 매우 낮은 수준이다. 생산은 대부분 자동화되어 있다. 기계와 컴퓨터는 전체 공정의 75%를 담당하며 나머지 25%만이 사람 손을 거친다. 디지털 기술 제조 실행 시스템을 구축하여 불량률을 획기적으로 낮춤으로 인해 이와 관련된 비용 절감뿐만 아니라 고객 만족을 실현할 수 있었다.

2) 차별화 전략과 디지털 기술

대부분의 제품은 물리적 구성 요소와 정보 구성 요소로 이루어져 있다. 정보 구성 요소란 구매자가 제품을 구매하고 사용할 때 활용되는 제품과 관련된 정보 등을 의미한다. 이 정보 구성 요소가 소비자에게 가시화될 때 제품이 주는 유익과 가치를 높여 준다. 예를 들어 구매자가 제품을 구매할 때 사용 과정상 반드시 필요한 사용 방법, 유지 및 서비스 절차, 제품 특성 등에 관한 정보를 잘 알고 있는 제품을 먼저 선택의 대상으로 두는 것이다.

디지털 기술은 제품의 정보 구성 요소를 가시화하는데 매우 효과적으로 활용된다. 디지털 기술은 정보 구성 요소가 되는 수많은 정보 제공을 용이하게 한다. GE는 생산 제품에 IoT 센서를 수십 개에서 수백 개를 장착하여 고객사에 출하하고, 그 제품에서 수집되는 모든 데이터를 축적하고 분석하는 '프레딕스 클라우드'라는 플랫폼을 고객사에게 제공한다. 고객은 프레딕스 클라우드 플랫폼을 통해 언제 어디서나 모바일 기기, PC 등으로 현장의 기계설비 및 장치들이 이상 없이 작동되고 있는지 실시간으로 모니터링 할 수 있다. 또한, 이상 징후가 발생하면 GE 엔지니어들이 먼저 감지한 후 원격으로 유지보수를 해준다. 많은 비용이 투입된 거대한 산업용 기계 장치나 장비가 예상치 못한 고장이 발생하면 고객사의 ROI에 악영향을 줄 수 있다. 따라서 프렉딕스 클라우드의 서비스는 고객사의 ROI에 긍정적인 영향을 줄 수 있으며, 고객사들을 계속 유지시킬 수 있다.

3) 집중화 전략과 디지털 기술

특정 시장에 대한 집중화 전략을 효과적으로 추진하기 위해서는 특정의 경쟁 전략에 대해 상이하게 반응하는 고객 집단을 발견하는 고객 세분화 후 목표 시장이 파악되어야 한다. 다음에 목표 시장의 고객이 갖는 구매 동기와 충족되지 않는 욕구를 찾아내 마케팅 전략과 제품 개발에 반영하여야 한다. 이와 같은 과정에는 시장 환경 분석과 고객에 대한 자료를 토대로 심도 깊은 분석이 필수적이다.

디지털 기술을 이용하여 세분화된 시장의 고객 욕구를 충족시키기 위한 기존 제품의 수정과 보완을 할 수 있다. 또한, 디지털 기술은 신제품 설계에 드는 시간과 비용을 낮추는데 도움을 준다. 독일의 주방 가구 브랜드 노빌리아(Nobilia)는 개개인의 취향이 미세하게 다른 가구 분야에서 맞춤형 생산으로 유명하다. 고객들은 85가지 색상, 215가지 크기 등을 조합한 2만 가지 이상의 제품 중 원하는 제품을 선택해 맞춤형 가구를 구성할 수 있다. 그 바탕은 생산 공정을 전공정과 후공정으로 구분하여 디지털 기술을 접목한 방법으로, 각 공정별로 고객이 원하는 요청 사항 등 다양한 정보를 제공해 조립 공정을 최적화한 스피드 팩토리 시스템에 있다. 고객의 다양한 요구 수준과 제품 제작의 복잡도는 더욱 높아지고 있지만, 스마트 팩토리 시스템 도입 이후 소비자들의 제품 만족도는 독일에서 가장 높은 수준을 보이고 있다.

USAA(United Services Automobile Association)사는 주로 군인을 대상으로 자동차보험을 제공하는 대표적인 집중화 전략 실천 업체이다. 이 회사는 틈새시장(niche market) 공략과 신상품 개발을 주요 경영 전략으로 정하고, 디지털 기술에 막대한 투자를 하였다. 그 결과 서류의 범람문제를 해결하고, 자동차보험 처리 자동화를 위한 정보시스템 개발로 80% 이상을 자동 처리하게 되어 원가우위에 의한 집중화를 이루었다. 또한, 이 회사는 첨단 디지털 기술과 정보시스템을 도입하여 계속적인 신상품 및 서비스를 개발함으로써 차별화를 통한 집중화도 추진할 수 있었다.

제3절 가치사슬과 디지털 기술의 역할

기업이 디지털 기술을 활용하여 경쟁우위를 창출하고자 하는 경우 원가우위, 차별화, 집중화 중 어떤 전략으로 경쟁우위를 확보할 것인지 결정하고 기업의 가치 활동 부문들 중 어느 부문을 설정한 전략에 맞게 재구성할 것인지, 정보시스템을 이용하여 실행할 것인지 파악하여야 한다. 만일 기업이 원가우위 전략을 취하겠다고 결정을 하면 좀 더 구체적으로, '기업의 가치 활동 중 어느 부분에서 원가를 절감할 수 있는 여지가 있는가?'를 먼저 찾아내야 한다. 이와 같은 분석에 가치사슬 모형이 활용된다.

1 가치사슬 모형

기업이 공급하는 제품이 보유하는 '가치'란 그 제품이 구매자의 욕구를 만족시켜 준 데 대해 구매자가 기꺼이 지급하고자 하는 대가이다. 기업이 가치 창출을 위해 수행하는 활동들의 전략적 중요성과 연계성을 파악하기 위한 분석틀 중 하나가 마이클 포터가 제안한 가치사슬(value chain) 모형이다.

가치사슬 모형은 기업을 제품의 디자인, 생산, 판매, 운송, 지원 등을 포함하는 제반 활동을 수행하는 집합체로 가정하고 이들 활동의 연결관계를 나타낸 것으로 기업의 가치 활동을 크게 본원 활동(primary activities)과 보조 활동(support activities)으로 구분하였다. 본원 활동은 외부로부터 원자재 등을 투입하여 제품이나 서비스를 창출하고 구매자가 있는 시장에 내보내는 흐름에 직접적으로 관여하는 경영 활동이다. 보조 활동은 본원 활동이 원활하게 수행되도록 지원하는 활동이다. [그림 8-3]과 같이 본원 활동은 입고, 생산, 출고, 마케팅 및 영업, 고객 서비스 등으로 구성되어 있다. 보조 활동은 인프라 관리, 인적 자원관리, 기술개발, 조달 활동 등으로 구성되어 있다. 가치사슬 활동은 간단히 설명하면 [표 8-2]와 같다.

본원 활동이 창출하는 부가가치의 총합은 기업이 창출하는 부가가치가 된다. 이 부가가치의 크기와 지속 가능성에 의해 기업의 생존과 성장이 이루어진다. 기업은 이들 본원 활동을 모두 원활하게 수행해야 한다. 가치사슬상의 각각의 활동들은 서로 밀접하게 연관되어 기업의 경쟁력을 만들어 낸다. 특히 다른 기업보다 특별히 더 잘 수행하는 활동이 있을 때 이를 기반으로 경쟁우위 창출과 유지가 가능해진다. 이런 경쟁우위는 다른 기업보다 더 저렴한 가격을 실현하는 원가우위 전략 또는 차별화된 제품이나 서비스를 기반으로 고부가가치를 실현하는 차별화 전략의 기반이 된다.

기업이 본원 활동을 통해 효율적, 효과적으로 부가가치를 창출하기 위해서는 자금과 인력, 기술, 제도 등의 보조 활동이 잘 지원되어야 한다.

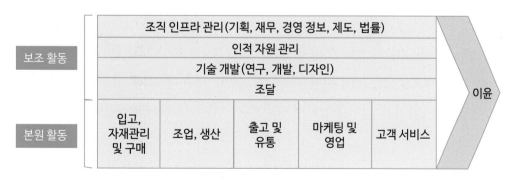

【그림 8-3】 가치사슬 모형

【표 8-2】 가치사슬 활동

활 동	정 의
입고	원자재/부품 등의 구매, 원재료관리, 자재보관, 적시배송 등
생산	기계 유지보수, 가공, 조립, 조업, 제품생산 등
출고	완제품의 창고보관, 출고, 배송, 유통 등
마케팅 및 영업	시장에의 접근, 홍보, 영업, 판매, 고객유치/유지 등
고객 서비스	판매 후 관리, 수리, 불만해소, 고객지원 등
인프라 관리	기획, 재무, MIS, 조직문화, 제도, 법률, 물리적 인프라 등
인적자원 관리	인력선발, 교육, 평가, 배치, 경력관리 등
기술개발	제품의 품질, 생산공정 향상, 관리기술연구, 신제품 개발 등
조달	원자재, 소모품, 인력, 자금, 정보 등을 전사 차원에서 확보

2 가치사슬상에서의 디지털 기술 활용

가치사슬 모형은 기업이 추진하는 전략 및 경쟁우위 확보와 내부 역량을 연계시키는 관점을 가지고 기업 자원을 분석하는 데 활용된다. 가치사슬에 포함된 다양한 활동들은 기업이 추구하는 원가우위 전략 혹은 차별화 전략의 성공적 실행에 초점을 맞추고 부가가치를 창출해야 한다. 디지털 기술의 이용은 경쟁 원천으로 인식되는 핵심 가치 활동의 경쟁력을 보다 향상시켜 궁극적으로 조직 전체의 경쟁력을 향상시키는데 이바지하게 된다. 여기에서는 가치사슬 모형에 근거하여 각 가치 활동별 디지털 기술의 활용 사례들을 살펴본다.

1) 입고

디지털 기술은 기업과 공급자 사이에 자원의 획득 활동을 용이하게 한다. 한 예로 생산라인에 할당된 작업 시간 내에 조립을 마치도록 부품이 공급되도록 하는 JIT(Just In Time) 시스템은 원자재 투입 활동에서 공급자가 구매자에게 필요로 하는 제품과 서비스를 적시에 배달할 수 있게 한다. 그 결과 두 기업이 보유하는 재고의 양을 줄여 주며 최종 소비자의 요구에 민감하게 대처할 수 있게 하여 양자 모두의 경쟁력을 높여 준다.

기존 자동차 업계는 JIT 시스템이 일반적이다. 그런데 현대자동차 인도 공장은 고객의 주문과 동시에 통합 정보시스템에서 관리되는 순서에 따라 협력사를 포함한 부품 및 모듈 공장에서 부품을 생산한 후, 작업 순서에 맞춰 공급하는 JIS(Just-in-sequence) 시스템을 구축하였다. JIS 시스템은 계열사 및 협력사의 공정, 물류 및 재고까지 관리하여 타 공장보다 자동차 조립 속도가 빨라지게 했다.

2) 생산

디지털 기술은 제조업체의 제품 생산과 제품 품질 향상에도 영향을 미친다. 주요 생산라인에 새로운 공장자동화 설비를 설치함으로써 주문 처리 시간을 단축시키고 제품의 품질을 향상시키는 것을 가능하게 한다. LS산전 청주 1사업장은 스마트 생산 라인이 구축되어 있다. 부품 공급부터 조립, 시험, 포장 등 전 라인에 걸쳐 자동화 시스템이 구축된 '스마트 공장'이다. 스마트 공장에는 수요예측 시스템이 적용된 유연 생산 시스템으로 운영된다. 수요예측 시스템은 주문부터 생산 계획, 자재 발주까지 자동 생산관리가 가능한 유연생산방식으로, 생산라인에 적용되어 조립-검사-포장 등 전 공정의 자동화를 구현하고 있다. 스마트 공장 구축을 통해 설비 대기 시간이 줄었고 생산성은 향상됐다. 필요한 작업자 수도 줄어 신규 사업 부문으로 재배치하는 등 경영 효율화에도 기여하고 있다. CPS(사이버 물리 시스템) 및 IoT, IoS(Internet of Service)를 지속적으로 도입하고 시뮬레이션 분석에 의한 생산 시스템을 최적화해 공장 스마트화 고도화 단계까지 구현하겠다는 계획이다.

3) 출고

디지털 기술은 소비자에게 제품이나 서비스를 전달하는 방식에도 영향을 미친다. 자동 창고 관리, POS나 IoT, RFID, 빅데이터 분석 등의 디지털 기술을 활용한 물류관리는 제조업과 유통업의 혁신을 초래하였다. 월마트와 같이 재고 및 물류관리의 혁신에 성공한 기업들은 원가관리와 서비스에 있어서 초유의 경쟁력을 확보하였으며 기업 역량의 새로운 기준을 형성하였다.

세계 최대의 온라인 쇼핑 중개사인 아마존(Amazon)은 주문, 결제, 운반, 배송 등 전 과정에서 로봇을 이용한 자동화 시스템을 활용하고 있다. 고객이 제품 주문 후 결제를 하면 데이터센터로 결제 정보가 전송된다. 다음에 아마존은 고객에게 제품을 배송하기 위한 최적의 경로를 선정하여 배송팀에게 지시를 내린다. 로봇에 의해 제품이 입고 및 운반이 된 후 직원이 물품의 하자 여부를 체크하면 로봇이 그 제품을 운반하여 교통수단에 싣게 된다. 물품이 물류센터로 이송되면 자동화 시스템에 의해 배송이 시작된다. 이 과정을 가능하게 만든 것은 '키바(KIVA)'라는 인공지능을 활용한 로봇이다. 키바 로봇은 무선통신과 바코드 인식으로 제어되는 로봇으로 물류처리의 생산성과 정확성을 증가시키고 주문 당일 혹은 익일 배송이 가능하도록 한다. 또한, 소비자가 말하면 자동으로 주문이 완료되는 대시(Dash)는 드론을 이용하여 운송하는 프라임 에어 서비스와 연동되어 온라인 쇼핑을 진화시켰다.

4) 마케팅 및 영업

경영관리 분야 중 전통적으로 디지털 기술의 활용이 부진했던 마케팅과 영업 활동이 현재는 가장 강조되는 분야가 되었다. 많은 기업에서 디지털 기술을 활용하여 소비자 및 시장 정보를 효과적으로 이용함으로써 마케팅과 영업 활동에서 고객 중심의 혁신을 시도하고 있다.

스타벅스(Starbucks)는 다양한 정보를 실시간으로 분석하는 플랫폼에 투자했다. 구매 행태 등 고객 데이터, 날씨·고객의 위치 같은 상황 데이터, 제3자로부터 습득한 데이터 등 다양한 데이터를 수집하고 AI 알고리즘으로 분석하는 플랫폼을 단계적으로 도입했다. 기술 활용 전 대 고객 이메일은 30종류뿐이었다. 하지만 열 달 후, AI 엔진을 활용해 수천만 명의 고객에게 1대 1, 즉 수천만 가지 서로 다른 실시간 메일을 보낼 수 있게 됐다. 어떤 고객은 커피 할인 쿠폰을, 다른 사람은 아침 메뉴 추천 메시지를 받게 된 것이다. 해당 기간 매출도 늘었고, 고 객 몰입도가 2배 증가한 것으로 측정됐다.

5) 고객 서비스

디지털 기술은 서비스 제공에 있어서도 혁신을 가능하게 한다. 2013년 미국 라스베이거스에 서 처음 공개된 포드사의 이보스(Evos)자동차의 모든 부품은 인터넷으로 연결되었다. 사물인터 넷 기능이 적용된 이 자동차에 문제가 발생할 경우 신속히 대처할 수 있다. 교통사고가 발생해 에어백이 터지면 주변의 센서들이 이를 감지해 포드사의 중앙관제센터와 연결한 후 적절한 대 응법을 찾아낸다. 또 범퍼가 파손되면 각 센서들이 날씨, 도로 상황, 주변 환경 등에 대한 정보 를 수집해 상황이 심각하다고 판단될 경우 병원과 보험사에 자동으로 출동을 요청할 수 있다. 이 개념의 서비스는 당장 모두 실현될 수 없지만 지속적으로 발전되고 제공될 것이다.

SSG 닷컴은 인공지능 기반의 챗봇 서비스를 활용해 24시간 고객 응대 시스템을 구축했다. SSG 닷컴의 챗봇은 제품 배송, 취소, 환불, 이벤트 공지, 교환 및 반품, 회원정보 관리, 쇼핑통 장(고객 포인트 및 적립금), 영수증 관리 등의 서비스를 제공한다. SSG닷컴의 챗봇은 "내 상품이 어디까지 왔어?", "주문을 취소할래"와 같은 고객의 다양한 명령을 이해하고 처리해 준다. 고 객 상담 챗봇이 업무처리를 하여 상담원의 부담을 줄여주어, 상담원들은 보다 심도 있는 고 객문의에 집중할 수 있게 되었다.

6) 인프라 관리

디지털 기술의 활용은 기업의 주요 활동들이 원활하게 진행될 수 있도록 감시하고 통제하고 조정하는 기능을 수행할 수 있다. 자동차를 생산하는 독일 기업인 다임러(Daimler) AG는 클라우드 컴퓨팅 기반의 ERP/가상 디지털 기술 플랫폼과 지멘스의 제품수명주기관리(PLM) 프로그램을 함께 사용해 모듈 및 부품 공급 업체들과 보다 긴밀히 협력하고 있다. 수백 개 공급 업체가 동일한 플랫폼을 사용해 모듈 및 부품 공급이 원활이 이루어지며, 납기도 줄이고 있다.

7) 인적자원 관리

디지털 기술을 이용하면 인적 자원 관리를 합리화할 수 있다. 기업들은 구성원들의 빅데이터를 분석하기 위해 인적자원 관련 정보들을 종합적으로 데이터베이스화하는 작업들을 하고 있다. 모바일을 통해 구성원들에게 관련 정보나 인적자원 서비스를 제공하기도 하고, 구성원 의견들도 수렴하며 데이터를 지속적으로 업데이트 한다. 또한, 직무순환, 교육, 성과 평가, 경력 개발 시스템 등 구성원들이 연결된 조직 내 다양한 플랫폼과 연계/통합하기 위한 작업들도 진행한다.

유니레버(Unilever)는 페이스북과 같은 SNS에 채용 공고를 낸다. 지원자는 채용 사이트에 모든 이력을 채울 필요가 없다. 지원자의 동의하에 유니레버가 SNS인 링크트인에서 이력서를 추출해 오기 때문이다. 이렇게 채워진 정보는 AI가 검토해 직무에 적합한 후보를 추려 낸다. 그다음 평가 능력 시험 단계에서 지원자는 온라인으로 단순한 게임을 한다. 이때 AI는 집중력, 상황 파악 능력과 같은 직무 기초 능력을 평가한다. 이후 지원자는 주어진 질문에 대한 답을 영상으로 기록해 제출한다. AI는 영상을 분석해 적합한 인재를 선택한다. 최종 면접에서는 사람이 관여해 지원자를 평가하고 선발한다. 유니레버는 이러한 디지털 프로세스를 통해 사람의 개입 없이 정확하게 지원자의 역량을 평가할 수 있게 된 것이다.

8) 기술 개발

디지털 기술은 공정 개선이나 신제품 개발을 위한 기술관리와 연구개발 등을 지원할 수 있다. 일부 기업들은 디지털 기술을 이용하여 연구개발 기능을 아웃소싱하는 경우도 있으며, 외부 전문가들과 협력해서 기술 개발을 하기도 한다. 필립스(Philips)는 유아용 이유식 제조기의 판매 급락 원인을 파악하기 위하여 고객 경험 데이터인 육아 블로그 1억 개와 트위터 40만 건에서 소비자들의 사용 후기 및 관련 내용을 파악하여 분석하였으며, 이를 통해 제품 디자인과 마케팅 전략을 수정했다.

모 공장에서는 생산 과정에 빅데이터를 도입하여 생산 최적화, 정지 시간 감축, 고장 시기 예측 등을 통해서 비용을 절감하고 생산의 효율성을 제고했다.

9) 조달

디지털 기술은 전사 조직의 운영에 필요한 원자재 및 소모품 등을 구할 수 있다. 국가종합전자조달시스템(나라장터, G2B)은 2017년 기준 5만여 공공기관과 37만여 조달 업체가 사용하고 있다. 공공기관의 발주 내용을 국가종합전자조달시스템에 공개하여 공정한 입찰경쟁을 유도하였다. 조달 업체는 단 한 번의 G2B 시스템 업체 등록으로 모든 공공기관의 입찰에 참가할 수 있게 되었다. 대면 접촉으로 이루어지던 조달업무를 온라인화하여 공무원과 기업인의 대면 기회를 감소시켜 조달행정의 투명성·공정성을 제고하였다. 입찰서, 계약서, 검사·검수요청서, 대금청구서 등 조달 관련 문서를 인터넷을 통해 제출할 수 있도록 개선함으로써 모든 조달업무를 온라인으로 처리할 수 있게 하였다. 이는 조달 업체의 불필요한 공공기관 방문 횟수를 줄이고, 온라인 처리 과정의 공개로 투명성이 보장되었다.

3 디지털 기술이 기업의 내부와 외부에 미치는 영향

디지털 기술은 제품 개발에서부터 창고관리에 이르기까지 기업의 모든 가치 활동에 영향을 미친다. 또한, 디지털 기술은 개별적인 가치 활동들의 수행 방법에 영향을 미칠 뿐 아니라 가치사슬상의 각 활동 사이의 연계능력을 증진시켜 통합적인 경영 기능을 수행하는 데까지 활용된다. 디지털 기술은 각 활동 간의 새로운 관계를 창출하며, 구매자, 공급자와 보다 밀접한 협력 관계를 유지할 수 있도록 지원한다. 기업의 가치 활동을 지리적으로 광범위하게 퍼져 있는 관련장소와 연결하고 사업 간의 새로운 상호관계를 창출함으로써 기업의 경쟁 범위에 영향을 미치며 각 활동의 물리적 구성 요소에 변화를 유발시키기도 한다.

이와 같은 디지털 기술의 영향을 산업, 기업, 전략의 세 수준으로 나눌 수 있다. 디지털 기술은 산업 수준에서는 제품, 시장 및 생산 방식을 바꾸고, 기업 수준에서는 경쟁 세력 간의 관계에 변화를 일으키며, 전략 수준에서는 원가우위, 차별화 및 집중화의 기본 전략의 구축과 실행에 영향을 미친다. 이러한 세 가지 수준의 영향을 기초로, 디지털 기술이 다음과 같은 세 가지 방법을 통하여 경쟁규칙을 변화시킬 수 있다.

첫째, 디지털 기술은 산업 수익성을 총체적으로 결정하는 다섯 가지 경쟁 세력에 변화를 가져옴으로써 산업의 구조를 변경시킴은 물론 그 산업의 매력을 증대시키거나 감소시킨다. 둘째, 디지털 기술은 가치사슬상의 가치 창출 비용을 절감시키고, 고객 지향적인 차별화 전략을 실행할 수 있으며, 가치 활동을 지역적, 전국적, 세계적으로 연결이 가능하도록 지원함으로써 경쟁우위에 중대한 영향을 미침은 물론 경쟁의 성격을 변화시킨다. 셋째, 디지털 기술은 새로운 사업 분야로의 진출을 기술적으로 가능케 하고, 새로운 제품에 대한 수요를 창출하며, 기존 사업 영역 내에서 신규사업을 창출케 하여 새로운 산업을 탄생시키기도 한다.

결론적으로 디지털 기술은 기업 외부적으로 산업의 경쟁 구조를 근본적으로 변화시킴으로써 내부적인 가치 활동의 수행 방식에 영향을 미치고, 나아가 신규 사업 및 다른 산업에 진출하게 하는 기회를 제공하여 기업이 지속적인 경쟁우위를 확보하도록 하는 전략 무기로 활용될 수 있다.

사례

영국의 명품 패션 기업 버버리(Burberry)는 2008년 글로벌 금융위기 이후 매출이 급락하고 사업 다각화 과정에서 브랜드 이미지가 추락하게 된다. 최악의 경영 악화를 타개하기 위해 밀레니엄 세대를 타겟팅하여 이들에게 유효한 커뮤니케이션전략을 강구했다. 밀레니엄 세대인 20대 고객은 기존 세대와는 달리 모바일 및 소셜미디어를 적극적으로 활용하여 커뮤니케이션과 구매를 진행한다는 특징을 파악하고 모바일, 소셜미디어와 디지털 기술을 활용했다.

디지털과 고객 경험을 접목해 생산 조직, 프로세스, 마케팅, 커뮤니케이션 등 경영 전반에 걸쳐 변혁을 일으키는 디지털 전략을 추진하면서 전 세계 흩어져 있던 IT 조직 및 인프라를 통합하고 소셜미디어, 모바일, 데이터 분석 조직을 신설하여 디지털 추진 조직을 강화하였다.

페이스북, 유튜브, 트위터, 인스타그램뿐만 아니라 중국의 위챗, 유쿠 등에 채널을 개설하여 적극적으로 고객과 커뮤니케이션하고 고객들이 브랜드를 공감하고 경험할 수 있는 캠페인 및 이벤트를 진행하였다. 한국 카카오, 일본 라인 등과 제휴를 맺고 각국의 소비자들이 가장 선호하는 플랫폼과 방식으로 온라인 콘텐츠를 공급하였다. 또한, 언제 어디서나 고객이 버버리 브랜드를 경험하고 편리하게 쇼핑하고 커뮤니케이션을 지원할 수 있도록 웹사이트를 구축하였으며, 고객이 전화와 채팅을 활용해 24시간 제품을 문의하고 주문할 수 있는 서비스를 추가하였다.

온라인에서 고객이 직접 원하는 스타일의 트렌치코트를 디자인하고 주문할 수 있는 서비스는 실루엣, 섬유, 컬러, 디자인 등을 고객이 직접 선택할 수 있으며 개인 맞춤형 서비스로 120만 개의 조합이 가능하다.

매장 직원은 태블릿을 활용하여 고객 프로필을 파악해서 관심 제품을 추천하고 고객이 원하는 상품을 검색하여 재고 현황을 파악하고 고객이 원하는 경우 온라인으로 주문하여 구매할 수 있도록 하였다. 또한, 옷마다 RFID 태그를 부착하여 고객이 매장 내 제품을 선택하면 옆에 부착된 거울에서 관련된 동영상이 재생되게 하였다.

2010년에는 패션쇼를 온라인, 소셜미디어, 대형 쇼핑센터에서 실시간으로 중계하고 패션쇼에 출품된 신상품을 바로 누구나 온라인으로 구매할 수 있게 웹사이트를 전면 개편하여 주문 및 결제가 가능하도록 하였다. 일반적으로 패션쇼에 선보인 제품을 고객이 구매하기까지는 약 6개월 정도의 기간이 소요되지만, 버버리는 생산 체계를 재구축하여 7주 만에 상품을 배송할 수 있도록 생산 라인을 혁신하였다. 출시된 제품을 더욱 빠르게 구매할 수 있도록 구현한 것이다.

버버리는 디지털 트랜스포메이션 전략 추진을 위하여 시스템 및 프로세스를 통합하고 고객 데이터를 통합 분석하여 고객 마케팅에 활용하고 있다. 또한, 온·오프라인 판매 채널을 통합하고, 공급망과 물류를 개선하여 재고를 줄이고, 정확하게 파악하고 운영비용을 절감하기 위해 SAP ERP를 도입하여 효과를 얻었다. 또한, SAP의 실시간 애널리틱스 소프트웨어를 이용하여 고객 구매 기록, 소셜미디어 사용, 패션 트렌드 탐색, 매장 방문 기록 등의 다양한 데이터를 분석하여 고객 개개인에게 맞춤 서비스를 제공하고 있다.

2015년에는 '패션 디지털 리포트'에 톱 브랜드로 선정되어 패션 브랜드 중에서 가장 디지털 혁신을 성공적으로 추진한 브랜드로 평가되었다.

(2017년 IT산업 메가트랜드, 한국정보산업연합회, 2017.2)

[토론 문제] 다음 질문들을 바탕으로 토론해 보자

(1) 버버리와 경쟁사인 기업을 비교하고 차이점이 무엇인지 알아보자.

(2) 고객과 소통하고 그들을 만족시키기 위해 버버리는 어떠한 활동들을 하고 있는지 온라인, 소셜미디어, 웹사이트 등에서 조사해 보자.

(3) 버버리에서 활용한 디지털 기술을 가치사슬 모형으로 분석해 보자.

(4) 버버리가 경쟁우위를 높일 수 있는 새로운 디지털 기술은 무엇이며 어떻게 적용할 수 있는가?

【참고문헌】

노규성. "e-비즈니스가 경쟁세력 모형에 미치는 영향과 그 대응 전략에 관한 연구". 정보사회 연구. 제12권 제2호. 정보통신정책진흥연구원. 2000.

노규성. 조남재. "경영정보시스템". 사이텍미디어. 2010.

미래전략정책연구원. "10년 후 4차산업혁명의 미래". 일상과 이상. 2017.

조남재. "기술기획과 로드매핑". 시스마프레스. 2014.

한경 비즈니스. "사람을 뽑는 로봇, 확 바뀐 기업 HR 프로세스". 2018.8.6.

한국정보산업연합회. "2017년 IT산업 메가트랜드". 2017.

Andrew, Kenneth R., The Concept of Corporate Strategy, Richard D, Irwin, Inc., 1980.

Cash, James I. And Konsynski, Benn R., "IS redraws competitive boundaries." Harvard Business Review, March-April, 1985, pp.134~142.

Cash, James I. And McFarlan F. Warren. And Mckenney, James L, "The issues Facing Senior Executives", Corporate Information Systems Management, 1993, pp.34~90.

Day, Geroge S. and Robin Wiensley, "Assessing Adventage : A Framework For Diagnosing Competitive Superiority," *Journal of Marketing*, April, 1988, p.2.

Kim, Y. J., "Innovation system through the analysis of big data base : Practices and methodologies," IE Magazine, Vol. 20, No. 1, pp. 43-49, 2013.

Lee, H. H., "Application of Big Data for Enhancing Manufacturing Competitiveness," Industrial Economics, pp. 45-54, KIET, 2014.

Lynda M. Applegate, F. Warren McFarlan, James L. Mckenney, Corporate Information Systems Management, Harvard University, 4th, 1996.

Parsons, G. L., "Information Technology : A new Competitive Weapon," *Sloan Management Review*, Fall 1983, pp.3-14.

Porter, Michael E., *Competitive Advantage : Creating and Sustaining Superior Performance*, NY : Free Press, 1985.

Porter, Michael E., *Competitive Strategy : Techniques for Analysing Industries and Competitors*, NY : Free Press, 1980.

Porter, Michael E., and Victor E. Millar, "How Information Gives You Competitive Advantage," *Harvard Business Review*, July-August, 1985, pp. 149~160.

Porter, Michael E., and James E. Heppelmann. "How Smart, Connected Products Are Transforming Competition." *Harvard Business Review* 92, no. 11 (November 2014) : 64-88.

Porter, Michael E., and James E. Heppelmann. "How Smart, Connected Products Are Transforming Companies." *Harvard Business Review* 93, no. 10 (October 2015) : 97-114.

Porter, Michael E., and James E. Heppelmann. "Why Every Organization Needs an Augmented Reality Strategy." *Harvard Business Review* 95, no. 6(November-December 2017): 46-57.

Henderson, J. C., and Venkatraman, N., "Strategic Alignment: Leveraging Information Technology for Transforming Organization," *IBM Systems Journal*(38:2), 1999, pp. 472-484.

Nolanm R., and McFarlan, F. W., : Information Technology and the Board of Directors," *Harvard Business Review*(83:10), October, 2005, pp. 96-106.

http://catmachine.kr/

http://www.ciokorea.com/news/39291#csidx7f9070770e170a7a8f2351f6d8a127a

http://www.elec4.co.kr/article/articleView.asp?idx=12008

http://www.energy-news.co.kr/news/articleView.html?idxno=54023

https://news.joins.com/article/21480784

09

디지털 비즈니스

디지털 기술의 발전으로 기업에는 많은 변화가 일어나고 있다. 컴퓨터의 등장 초기에는 컴퓨터가 기업의 역할에 많은 변화를 주었고, 인터넷의 등장으로 인해 전통적인 산업과는 다르게 인터넷이 기업의 역할에 더 많은 변화를 주고 있다.

스마트폰과 모바일의 급속한 발전으로 인해 페이스북, 구글, 애플, 삼성 등이 등장하여 성장을 하고 있으며, 이러한 변화는 앞으로도 지속될 것으로 보인다.

최근에는 디지털 트랜스포메이션이 화두로 등장을 하였고 시대적 흐름이 되고 있다. 이러한 디지털 트랜스포메이션을 통해 전통적인 사업의 영역이 디지털에 기반한 사업의 영역으로 변환해 가고 있다.

본 장에서는 디지털 비즈니스를 기존 산업에서의 디지털 트랜스포메이션, 디지털 비즈니스 모델, 신규 디지털 비즈니스 산업의 3가지 유형으로 분류하고 이에 대해 학습을 하고자 한다.

■ 디지털 트랜스포메이션에 대해 학습한다.
■ 기존 산업의 디지털 트랜스포메이션에 대해 학습한다.
■ 디지털 비즈니스 모델에 대해 학습한다.
■ 신규 디지털 비즈니스 모델에 대해 학습한다.

기업의 입장에서는 지속적인 성장을 위해서는 근본적인 변화가 필요하다는 것을 인식하고, 이를 사전에 준비해서 대비를 해야만 한다. 그렇지 않다면 치열한 경쟁하에서 살아남지 못하고 도태되고 말 것이다.

기존에는 사람과 자산만 가지고 만들어 냈던 수익이 있었는데, 거기다 정보를 얹어 판매하는 것을 디지털 비즈니스라고 한다. 디지털 비즈니스를 위해 기업이 준비해야 하는 것도 많고 중요하지만, 궁극적으로는 기업의 수익에 기여할 수 있는 것을 포착해서 준비해야 한다.

기존의 기업들이 디지털 비즈니스를 추진하는 최근의 흐름을 보면, 디지털 비즈니스를 수용하는 것이 기업 혁신의 중요한 패러다임으로 작용하고 있다. 디지털이 기업의 경영 환경을 변화시킴으로써 기존의 기업들은 어떠한 형태로든 새로운 환경 변화에 반응해야만 했다.

이제 기존 기업들도 디지털 도입을 비즈니스의 필수적인 핵심 원천으로 인식을 하고 있다. 디지털이 가져다 주는 새로운 사업 기회의 창출과 기업 경영의 혁신 효과를 기존 기업들이 인정하고 있음을 나타내 주는 것이다.

글로벌 기업들은 이미 디지털 경제의 움직임과 충격을 파악한 상태에서, 자신의 기업을 디지털 환경에 적응시키는 데 총력을 기울이고 있다. 이처럼 전통적인 기업이 사업의 영역과 비즈니스 프로세스의 디지털화, 정보화, 지식화를 추구하는 것을 일컬어 디지털 비즈니스 변환(transformation)이라고 일컫는다. 최근들어 이러한 디지털 비즈니스 변환에 성공하였다고 평가받는 기업들이 늘어나고 있다. 전통적인 오프라인(Off-line) 기업들인 GE, 몬산토, 교보문고, 신세계닷컴 등이 그러한 예에 속한다.

그렇다면 기존 기업들이 디지털화를 추구하는 유형은 어떠한 것이 있을 수 있을까? 기존 기업들이 디지털을 중심으로 변화를 추구한다고 할 때, 변화의 대상이 되는 영역은 크게 사업의 내용과 비즈니스 프로세스(process)가 된다. 사업 영역이란 기존 기업이 시장에 제공하는 제품과 서비스를 일컫는 것이며, 비즈니스 프로세스란 기업이 업무를 추진하는 과정과 절차, 방법을 말하는 것이다. 디지털이 전략적인 가치로서 기업에 도입될 때, 크게는 이 두 가지 영역에서 변화가 수반되는 것이다.

[그림 9-1]은 기존 기업이 크게 세 가지 유형으로 디지털 변환을 수행하고 있음을 보여 주고 있다. 기존 기업이 어떠한 형태로 디지털 변환을 실행할 것인지 여부는 현재 외부의 환경과 자사의 역량 분석을 토대로 한 새로운 가치 창출 가능성과 혁신을 통한 업무 효율화와 비용 절감 등의 효과를 어디에서 어떻게 볼 수 있을 것인지를 파악하는 것에 달려 있다.

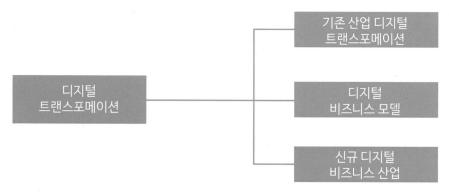

【그림 9-1】 디지털 트랜스포메이션

제1절 기존 산업의 디지털 트랜스포메이션

기존 산업의 디지털 트랜스포메이션은 프로세스 변화, 제품 및 서비스 변화, 신규 비즈니스 창출 등이 있다.

1 프로세스 변화

프로세스 변화는 기업이 추진하고 있던 업무, 구매, 절차, 방법 등을 디지털 트랜스포메이션을 통해 이루어지는 것을 의미한다. 즉 최근에 이슈가 되고 있는 스마트 공장(smart factory), 스마트워크(smart work), 오프라인 은행이 온라인으로 진출을 하여 서비스를 제공하는 방법이 있다.

현재 우리나라에서는 민관합동 스마트 공장 추진단을 통해서 중소 제조 기업들의 부가가치 창출을 위해 지능화, 연결화, 서비스화를 구현할 수 있도록 지원을 하고 있다. 2020년까지 3만 개의 스마트 공장 구축을 목표로 하고 있다. 예를 들면 아디다스의 스피드팩토리가 좋은 사례

※ 대표 저자 : 박성택

이다. 아이다스는 연간 50만 켤레를 생산하는데 들어가는 생산 인력이 수작업으로 하면 600명의 직공이 필요했었지만, 스피드팩토리를 구축하여 10명의 인원으로 생산이 가능한 방식이다.

스마트워크는 종래의 사무실 개념을 탈피하여 언제 어디서나 편리하고 효율적으로 일을 할 수 있는 업무 환경을 의미한다. 즉 스마트워크는 (IT기술을 활용하여) 시간과 장소에 얽매이지 않고, 언제 어디서나 편리하고 똑똑하게 근무함으로써 업무 효율성을 향상시킬 수 있는 업무 환경 개념이다.

(자료원: 기업을 위한 스마트워크 도입 운영 가이드북(방송통신위원회, NIA, 2011)

【그림 9-2】 스마트워크를 통한 일하는 방식의 변화

2 제품 및 서비스 변화

교보문고는 전통적인 오프라인 서점으로 현재 국내에서 제일 큰 대형 서점이다. 이러한 교보문고도 크나큰 위기에 봉착하였다. 바로 온라인에 기반한 온라인 서점들이 등장을 하였기 때문이다. 미국에서는 아마존닷컴이 1995년부터 온라인 서점으로 시작하였지만, 국내에는 그 영향이 미비하였다.

그러나 예스24를 시작으로 알라딘 등의 온라인 서점들이 등장을 하게 되면서 크나큰 위기를 겪게 되었다. 이에 교보문고는 온라인 기반의 인터넷 교보문고를 런칭하였으며, 2009년 5월 26일 바로드림 서비스를 시행하였다. 바로드림은 인터넷에서 인터넷 가격으로 결제하고, 배송료 없이 영업점에서 찾아가는 서비스로 업계 최초로 시도하였다.

【그림 9-3】 교보문고 홈페이지

SSG는 신세계가 만든 전자상거래 플랫폼이다. 기존의 이마트, 신세계몰 등 유통 관련 자원들을 하나로 묶어서 만든 플랫폼이다.

이마트, 신세계백화점, 트레이더스 등 여러 유통 계열사를 거느린 신세계 그룹의 온·오프라인 마케팅 포인트는 '따로 또 같이'다. 신세계 그룹은 각 계열사 특성에 맞게 운영하고 있는 모바일 앱과 별도로 새로운 쇼핑 플랫폼을 선보였다. 신세계백화점, 이마트, 트레이더스 등의 온라인 쇼핑 사이트를 하나로 묶은 통합 온라인 쇼핑 플랫폼 SSG닷컴(ssg.com)이다. 각각의 사이트에서 취급하던 150만 여개의 상품들을 하나의 플랫폼에 통합하였으며, 기존의 아이디로도 로그인이 가능하도록 하였다. 즉 고객의 편의성을 높여 쇼핑을 편리하게 할 수 있도록 시스템을 구축였다.

오프라인에서 온라인으로 진출을 한 성공 사례도 있지만, 알라딘처럼 온라인에서 먼저 개설을 하고 오프라인으로 매장을 개설하여 성공을 한 사례도 있다. 최근에는 O2O(Online to Offline) 외에도 O4O(online for Offline)라고 불리는 전략이 있다.

알라딘은 처음부터 새 책 파는 곳 같은 중고서점을 목표로 했으며 이전의 중고서점 들과는 다르게 깨끗하고 모던한 인테리어와 편리한 검색 서비스 시스템, 책값을 현금으로 매입하는 정책 등이 성공을 한 비결이다. 스마트폰으로 책의 종류, 위치 등을 검색할 수 있고, 매장의 분위기도 개선하여 소비자의 만족도를 높였다. 또한, 소셜네트워크를 활용하여 고객들의 반응을 항상 확인 및 체크하고 서비스 개선을 위해 노력을 경주하고 있다.

알라딘은 정찰가격제를 운영하고 있다. 예를 들면 출판이 된 지 2년 된 『마법 천자문』 한 권을 깨끗한 상태로 가져오면 4,500원을 보상해 준다(출시 정가는 9800원). 이로 인해 다른 중고서점들과는 차별화 정책을 시행하여 고객들이 알라딘을 믿고 찾을 수 있는 환경을 만들었다.

3 신규 비즈니스

디지털 트랜스포메이션을 활용하여 새로운 서비스를 제공하는 방법이다. 이는 기존에 자사가 속한 산업 분야가 아닌 새로운 산업 분야로의 진출이라고 할 수 있다.

1) 몬산토

몬산토는 종자 및 농약회사였지만, 빅데이터 기업을 인수하고 난뒤에는 빅데이터 분석 회사로 탈바꿈을 하였다. GMO 관련 특허 90%를 보유하고 있는 몬산토는 기존의 종묘 기업의 이미지를 벗어나서 현재는 빅데이터 분석을 전문으로 하는 기업으로 변신을 꾀하고 있다.

4차 산업혁명은 디지털과 물리학, 생물학 등 다양한 분야가 융합하는 시대를 말한다. 농업이야말로 모든 분야가 융합할 수 있는 플랫폼이다. 몬산토는 빅데이터 분석 플랫폼을 만드는데 집중하고 있다.

몬산토는 4차산업혁명 시대에 농업을 활용하여 융합 플랫폼을 만들고자 노력을 하고 있다. 이에 인공위성, ICT, 생물학 등을 융합하는 것을 목표로 하고 있다. 이를 위해 토양, 기후, 작물의 성장 등 농업과 관련된 빅데이터를 수집하고 이를 분석하여 농민들이 농사를 지을 때, 올바른 의사결정을 할 수 있도록 도움을 주는 것이 목표이다(http://www.monsantoglobal. com/global/kr/).

몬산토를 이를 실행하기 위해 2013년 기상 데이터 스타트업 기업인 클라이밋을 9억 3,000만 달러에 인수(2020년 기업가치는 수십 조 원에 이를 전망)하였다.

2) GE

GE(General Electric)는 전력, 발전기, 항공기 엔진, 헬스케어, 운송 분야의 세계적인 기업이지만, 이제는 GE는 더 이상 제조 기업에 머물러 있지 않고 SW와 플랫폼 기업으로 변신했다. GE의 비즈니스 모델은 산업용 장비나 설비 부품 등을 생산 및 판매를 하여 수익을 얻는 구조로, 이는 이미 많은 경쟁자들이 있는 산업으로 더 이상 새로운 수익과 성장을 보장할 수 없는 산업이었다.

GE항공의 CTO인 바틀렛은 GE항공의 수많은 데이터를 조사하다가 중동 지역과 아시아의 특정 구간을 운항하는 항공기의 제트엔진이 다른 노선을 운항하는 항공기의 제트엔진과 성능이 다르다는 사실을 발견하였다.

이에 담당 팀은 수집된 데이터를 분석하였다. 공기의 질, 기상, 파일럿의 운항 습관 등을 분석하여 연관성을 찾기 시작하였다. 이를 통해 제트엔진의 마모 패턴이 다르다는 사실을 발견하였다. 이러한 사실을 발견한 GE는 언제 부품이나 장비를 교환하고 정비를 해야 하는지를 고객(항공사)들에게 미리 알려주어 사전에 고장을 예방할 수 있도록 해 주었으며, 성능을 최상으로 만들 수 있는 환경을 항공기 회사들인 고객들에게 알려주어 효율성을 높일 수 있도록 하였다(https://www.gereports.kr).

제2절 디지털 비즈니스 모델

비즈니스 모델(Business model)이란 기업으로 하여금 수익을 유지하게 하는 일련의 활동, 즉 '수익 모델(revenue model)'로 정의할 수 있다. 만약 인터넷을 이용하는 기업이라면, 인터넷을 활용하여 어떻게 수익을 올릴 것인지를 설계하는 인터넷 비즈니스 모델이 있어야만 한다. 기업이 보유한 비즈니스 모델이 훌륭하다면 이 기업은 비즈니스 모델을 기반으로 한 경쟁우위를 가지게 되어 많은 수익을 얻을 수 있게 될 것이다(노규성 외, 2015).

비즈니스 모델은 기업의 행동이 명시적이든 암묵적이든 다음의 여러 가지 질문에 대한 답변을 할 수 있어야만 한다.

즉 고객에게 어떠한 가치를 제공하는가?, 어떤 고객에게 가치를 제공하는가?, 가치의 가격은 어떻게 책정하는가?, 누구에게 비용을 청구할 것인가?, 가치를 제공하기 위한 전략은 무엇인가?, 어떻게 가치를 제공하는가?, 그리고 가치 제공으로부터 얻는 이익을 어떻게 유지하는가?이다. 이러한 질문들에 충실한 답변을 할 수 있는 비즈니스 모델이야말로 기업의 이익 창출에 기여를 할 수가 있다.

어떠한 비즈니스 모델을 개발하여 사업을 전개할 것인가라는 의사결정은 사업 전략과 마케팅 전략과 같은 전통적인 경영 의사결정과 마찬가지로 사업 성패에 결정적인 영향을 미친다.

비즈니스 시스템을 개발하기 위해서는 시스템에 어떠한 내용이 들어가고, 어떤 구조와 항해(내비게이션) 절차를 구비하여야 하는지, 화면 설계는 어떻게 해야 하는지 등을 결정하는 과정에서 비즈니스 모델이 명확하게 구성이 된다면 기업의 입장에서는 경제적인 낭비와 시간적인 낭비를 막을 수 있을 것이다(한국디지털정책학회, 2018).

성공적인 비즈니스 모델 개발을 위해서는 다음과 같은 점을 고려하여야 한다. 첫째, 우리 제품과 서비스를 어떤 고객에게 제공할 것인가에 대한 세밀한 조사가 필요하다. 둘째, 분석된 고객 집단을 대상으로 어떤 제품과 서비스를 제공할 것인가에 대해서도 면밀히 검토되어야 한다. 셋째, 거래 형태이다. 기존의 방문판매 형태에서 인터넷 등의 판매 채널을 활용하는 것이 포함된다. 넷째, 현재 고객에 대한 서비스를 어떤 방식으로 변화시켜 고객에게 서비스 차별화를 도모할 것인가의 문제이다. 마지막으로, 지금까지 정의한 네 가지 요소를 어떤 정보통신기술(ICT)을 기반으로 실현할 것인가 검토하여야 할 것이다.

중요한 것은 이러한 비즈니스의 구성 요소들이 있어야 비즈니스 모델이 될 수 있으며, 비즈니스 모델은 수익을 창출할 수 있어야만 진정한 비즈니스 모델이 될 수 있다.

예를 들면 아마존의 대시 버튼을 통한 주문이 수익을 창출하지 못한다면 비즈니스 모델이라고 할 수가 없다. 그러나 아마존은 대시 버튼을 통해 수익을 창출하고 있기 때문에 비즈니스 모델이라고 할 수 있다.

디지털 비즈니스는 새롭게 등장을 하고 있는 ICT 기술을 접목한 비즈니스를 총칭하는 의미이다. 즉 새로운 컴퓨팅 인프라인 ICBMA(사물인터넷, 클라우드, 빅데이터, 모바일, 인공지능 등)의 분석을 기반으로 디지털 산업에 관련된 모든 비즈니스를 의미하기도 한다. 이러한 비즈니스 모델들이 기존에 존재하고 있는 비즈니스 모델(e-비즈니스, m-비즈니스, u-비즈니스 등)과 상당수 중복되고 있으므로 여기서는 디지털 비즈니스 모델의 개념을 '디지털 기술을 이용하여 경제적 수익을 창출할 수 있는 모든 사업 형태'로 정의하고자 한다.

디지털 비즈니스 모델로는 제품 유통, 콘텐츠, 게임, 온라인 금융, 포털 등이 있다.

1 제품 유통

제품 유통의 대표적인 사례로는 옥션, 지마켓, 11번가, 소셜커머스(티몬, 쿠팡, 위메프) 등의 쇼핑몰 등이 있다. 인터넷 쇼핑몰이란 많은 상점들이 가상 공간에 밀집한 일종의 시장이라고 할 수 있다. 쇼핑몰은 인터넷상에만 있는 것이 아니라, 이미 실제 사회에 존재하고 있었던 개념으로 월마트(Walmart)나 이마트(E-mart)와 같은 실제 현실에 존재하는 쇼핑몰의 개념을 인터넷에서 그대로 구현하고 있다.

인터넷 쇼핑몰은 시간과 공간의 제약이 없어지고 중간상인이 배제되어 가상공간에서 소비자와 공급자가 직접 만나서 거래가 이루어진다. 유통 마진, 물류비용, 광고비용 등의 절감으로 인한 저렴한 거래비용, 편리성 등으로 인해 인터넷 쇼핑몰 시장은 급격히 증가하고 있다. 현재 인터넷 쇼핑몰의 유형으로는 백화점식 종합 쇼핑몰, 비교 구매가 쉬운 복합 쇼핑몰, 특정 분야 제품 전문 쇼핑몰, 공동 구매를 위주로 하고 있는 소셜 쇼핑몰 등이 있고 역경매, C2C 모델(경매나 중고품 교환 시장) 등도 발전하고 있다.

개인과 개인 간 전자상거래인 C2C(Customer-to-Customer)는 개인과 개인 간에 일대일 거래가 이루어지는 것을 말한다. 개인과 개인 간 거래에서 C2C는 중간의 매개 역할을 하는 서버가 있고, 이 서버를 통해 상품, 서비스, 정보 등을 사이버 공간에서 거래하는 방식이다. 이는 고객이 공급의 주체인 동시에 수요의 주체가 되며, 인터넷은 매개 역할을 한다. C2C는 전통적 시장을 중심으로 거래가 발생하던 시기에는 불가능한 거래 방식이다. C2C는 생활정보신문과 같은 것을 통해 부분적, 국지적으로 진행되던 것이 인터넷의 사용이 보편화되면서 광범위하게 확산된 것이다.

대표적인 C2C 사례로는 인터넷 경매를 들 수 있다. C2C는 비슷한 욕구와 동기를 가진 개인 소비자들이 효과적으로 의사소통할 수 있는 가상 공동체를 형성하는 것이 무엇보다 중요하다. 또한, 대다수의 소비자들이 상거래에 참여하기 때문에 고객이 사전 준비 없이도 거래 절차를 쉽게 이해할 수 있도록 시스템을 구축하여야 한다. C2C의 대표적인 사례로는 e-bay, 옥션, G마켓 같은 경매 사이트를 들 수 있다.

소셜커머스는 미국의 그루폰을 시작으로 서비스가 시작되었다. 이후 한국에서는 티켓몬스터, 쿠팡, 위메이크프라이스 등이 등장을 하게 되었고, 서비스를 제공하고 있다. 소셜커머스의 등장으로 인해 총알 배송, 당일 배송 등의 서비스 등이 새롭게 개발되어 제공이 되고 있다.

2 콘텐츠

1) 이러닝과 에듀테크

이러닝(e-Learning, 전자교육, 전자학습)은 정보통신기술을 활용하여 언제(anytime), 어디서나 (anywhere), 누구나(anyone) 원하는 수준별 맞춤형 학습을 할 수 있도록 해준다. 전통적인 교육의 장과 비교할 때 학습 공간과 학습 경험이 보다 확대되고, 학습자 주도성이 강화될 수 있는 교육으로 ICT 활용 교육과 같은 의미를 갖고 있다.

인터넷과 같은 디지털 매체를 기반으로 기존 교실 중심의 ICT 활용 교육에서 사이버 공간을 적극 활용함으로써 학습의 장이 가정과 학교 등으로 확장되고 언제, 어디서나 원하는 학습을 자기주도적으로 하는 학습 체제를 의미한다(노규성 외, 2015).

이러닝은 최근 4차 산업혁명 신기술 대두에 따라 에듀테크로 진화하고 있다.

에듀테크는 교육과 기술의 합성어로 전통적인 교육과 디미더, 디자인, 소프트웨어, VR,AR, 3D 등 ICT 기술이 융합하여 완전히 다른 새로운 학습 경험을 제공하는 것을 의미한다. 즉 교육 분야에 ICT의 주요 기술을 융합하는 것을 의미하는데, 인공지능 빅데이터, 증강현실, 사물인터넷, 클라우드, 온라인 공개 수업(Mooc: Massive open Online Course) 등이 있다. 이러한 에듀테크는 개인별 맞춤 학습이 가능하다는 장점이 있다. 그리고 빅데이터를 활용하여 효율적인 분석과 피드백이 가능하고 마이크로 러닝(Micro Learning)으로 학습 흥미를 유도한다는 장점을 가지고 있다.

최근의 에듀테크 기술 및 콘텐츠는 VR/AR 기반, 게임 기반, IoT 물리적 시뮬레이터 학습 기반의 3가지 유형으로 분류를 할 수가 있다.

VR/AR 기반은 실감형 콘텐츠를 활용해서 몰입형 교육이 가능하다는 장점을 가지고 있어서 우리가 쉽게 접할 수 없는 바닷속 탐험, 곤충 생애주기 등의 경험 기반 교육에 유용하다.

게임 기반은 재미와 몰입을 학습자에게 제공함으로써 학습을 보다 재미있게 해주고 이를 통해 학습 동기를 유발하고 자발적인 참여를 이끌어낼 수 있다는 장점이 있다. 이를 통해 역사 체험을 위한 시뮬레이션이나 수학적인 문제 해결 기반 교육에 유용하다고 할 수가 있다.

IoT 물리적 시뮬레이터 학습기반은 눈으로만 보는 것이 아닌 손으로 만지는 방식의 교육으로 저연령의 아이들에게 적합한 교육 방법이다. 물리적 체험이 필요한 물리 교육, 코딩 교육 등에 유용하다고 할 수 있는 방법이다(백정열, 2018).

2) 게임

온라인 엔터테인먼트 산업 중 우리나라에서 가장 큰 시장 확대가 이루어지고 있는 분야는 온라인 게임이라고 할 수 있다. 온라인 게임(online game)이란 기존의 패키지 게임과는 다르게 온라인상에서만 게임을 하도록 서비스하는 게임을 말한다. 온라인 게임은 일회성인 패키지 게임과는 다르게 소비자의 지속적인 욕구를 충족시켜 주어야 하기 때문에 지속적인 업그레이드가 필요하다. 또한, 충성도가 패키지 게임에 비해 높으며, 중독성도 다른 게임에 비해 강한 측면이 있다.

온라인 게임은 크게 두 가지로 나뉘는데, 하나는 웹 기반의 온라인 게임과 패키지 형식의 게임에서 발전해온 온라인 게임으로 분류될 수 있다. 전자는 웹페이지에 등록된 간단한 형태의 게임이나 웹페이지를 통해 누구나 쉽게 접근해 게임을 할 수 있도록 한 게임을 말한다. 퀴즈퀴즈, 한게임, 비주얼 고도리, 포트리스 등이 대표적이다.

후자는 PC상에서 구현되던 게임을 온라인으로 옮겨 놓아 오직 온라인상에서만 게임을 할 수 있도록 해 놓은 것이며 전자의 게임들보다 규모가 크고 전문적인 게임들을 말한다. 최근 들어 스마트폰을 이용한 모바일 게임이 점차 그 시장을 확대해 가고 있다.

게임 산업은 창조적인 아이디어, 뉴미디어 기술, 풍부한 게임 소재를 기반으로 한 고부가가치 산업으로 전체 콘텐츠 산업 수출의 절반을 차지하고 있는 대표적인 수출 효자 산업이다. 이러한 게임산업은 모바일 게임을 중심으로 완만한 성장을 이어가고 있으며, 2019년의 국내 게임 시장은 12.5조 원 규모의 시장을 형성할 것으로 전망되고 있다. 게임을 플레이하는 즐거움에서 보고 공유하는 즐거움으로 이동함에 따라 글로벌 e스포츠 시장은 1조 원 규모로 빠르게 성장하고 있다(KPMG, 2018).

3 온라인 금융

온라인 금융은 컴퓨터나 무선통신기기 등의 도구를 이용하여 뱅킹, 보험, 증권 등 기존의 금융 서비스 혹은 새로운 금융 서비스를 제공하는 방법으로 정의할 수 있다. 다시 말해 인터넷뱅킹, PC뱅킹, 모바일(스마트폰) 뱅킹, 온라인 증권, 인터넷 보험 등으로 불리는 모든 전자금융 서비스를 포괄하는 개념이다. 또한, 온라인 금융은 플랫폼과 비즈니스 모델에 의해 분류도 가능하다. 플랫폼에 따라서는 PC 금융, 인터넷 금융, 모바일 금융, TV 금융 등으로 분류되며, 비즈니스 모델에 따라서는 금융 포털, 전문 금융상품 공급자, 금융정보 비교 서비스, 기업 사이트 등 4가지 유형으로 구분할 수 있다(노규성 외, 2015)

1) 인터넷 뱅킹

e-뱅킹 또는 온라인 뱅킹(Online banking)은 전자금융의 일종으로 전화 회선이나 인터넷 회선을 이용하여 은행과 사용자 간의 금융 업무를 처리하는 금융 시스템이다. 우리나라에서 자주 쓰이는 낱말인 인터넷 뱅킹(Internet banking)은 온라인 뱅킹의 일부이자 유의어이며, 전화를 이용한 폰 뱅킹도 온라인 뱅킹에 포함된다. 홈 뱅킹(Home banking, 가정은행업무)도 유의어이다. 인터넷 뱅킹을 이용하기 위해서는 은행 창구에 신청해야 한다. USIM(Universal Subscriber Identity Module)칩 뱅킹의 경우는 3G폰 이상에서 가능하며 금융 거래가 가능한 USIM칩이 있어야 한다. VM(Virtual Machine) 모바일 뱅킹의 경우는 별도의 프로그램을 설치하면 된다. 인터넷 뱅킹을 사용하기 위해서는 공인인증서를 반드시 발급받아야 한다. 현재 유료 범용 인증서와 함께 은행 거래용 인증서의 무상 발급이 가능하다. 공인인증서 외에도 비밀번호와 보안카드를 발급받아 안전하게 인터넷 뱅킹을 할 수 있다. 한편 OTP(일회용 비밀번호) 생성기의 보안 매체 사용도 권장되고 있다. 소비자 전자상거래 시 지급 결제를 위해 활용하는 인터넷 뱅킹의 공통 기능은 다음과 같이 나뉜다.

인터넷 뱅킹을 위해서는 인터넷이 가능한 PC(Personal Computer)나 스마트 기기(스마트폰, 스마트패드) 등을 도구로 활용할 수 있으며, 최근 몇 년간 정보가전 등 다양한 매체가 등장하여 편리하게 활용되고 있다. PC 외에도 각종 전자기기, 통신기기 활용이 확대되어 인터넷 TV나 인터넷 냉장고 등으로도 은행에서 제공하는 서비스(조회, 계좌이체, 현금서비스 이체, 대출, 자동납부 등) 거래가 가능하다.

2) 사이버 증권 거래

사이버 증권 거래는 온라인 증권 거래, 인터넷 증권 거래, 홈 트레이딩 또는 영어로는 e-Trading, Cyber Trading 등의 유사한 용어로도 불리고 있다. 사이버 증권 거래(cyber trading)는 컴퓨터에 증권사가 제공하는 프로그램을 설치하거나 인터넷, 모바일, 스마트폰 등을 이용해 객장에 나가지 않고 가정이나 사무실에서 증권을 사고파는 거래 형태를 말한다. 주가와 시세를 실시간으로 보면서 주식은 물론, 선물 옵션도 거래할 수 있어 이용량이 크게 늘고 있는 추세이다. 인터넷은 물론, 스마트폰을 통해서도 주식을 사고팔 수 있도록 서비스되고 있다. 증권사들이 사이버 거래 수수료를 내리면서 이용자가 급증해 현재 대부분 투자자가 사이버로 주식투자를 하고 있다. 사이버 거래 수수료는 거래 대금의 0.1%로 일반 주식 거래의 5분의 1 수준이다. 증권사들은 사이버 투자자를 모으기 위해 재테크 상담, 이메일 서비스 등 각종 부가 서비스 경쟁을 벌이고 있다. 우리나라의 경우 개인 투자자의 비중이 크고 단기적 투자 성향이 있어서 사이버 증권 거래 규모 면에서 세계최상위 수준을 나타내고 있다.

비교적 적은 비용으로 즉시성, 유연성, 쌍방향성의 특성을 제공하므로 일반인들의 접근이 쉬워졌다. 고객의 요구가 증권 비즈니스의 전략을 바뀌게 한 것이다. 증권회사 객장에 나가지 않고 거래가 가능하고, 계좌 이체가 가능하면서 일대일 대면 없이 실명 확인 이외의 업무는 사이버상에서 구현되고 있다. 결국 사이버 공간을 통한 즉시성과 쌍방향성에 의한 고객의 요구가 증가되어 사이버 증권 거래량을 증가시킨 것이다.

편리성에 기반한 사이버 투자자들의 요구가 시간과 공간에 대한 비용을 감소시켰을 뿐만 아니라 증권사 역시 업무 처리가 간소화되어 원가 절감의 효과를 가져왔다. 사이버 주식 거래가 급증하는 배경은 편리성이라 할 수 있지만, 무엇보다도 성장을 이끈 원동력은 저렴한 수수료이다.

3) 온라인 보험

온라인 보험이란 보험설계사 없이 자기 스스로 보험을 설계하고 온라인으로 직접 가입하는 보험을 말하며, 별도의 점포 운영비와 설계사 수수료가 발생하지 않기 때문에 보험료를 낮출 수 있는 장점이 있어, 최근들어 많이 활성화되고 있는 보험 상품이다.

2012년 11월 7일 금융위원회가 ICT 기술 발달과 비대면 채널에 대한 수요 증대 등을 고려해 기존 종합보험사가 전문화·특화된 형태의 보험사를 자회사로 설립하는 경우 신규 진입을 허용한다고 발표하면서 많은 보험사의 온라인 진출이 활발해지고 있다. 온라인 보험 상품은 가입 절차가 간편할 뿐 아니라 설계사 수수료 비용 등의 사업비가 절감되기 때문에 보험료도 10~15% 저렴하다.

교보생명은 국내 최초 인터넷 전업 생명보험사 교보라이프 플래닛 생명보험을 설립하였으며, 2015년 4월 생명보험업계에서는 최초로 모바일 보험 가입 서비스를 시작하였다. 기존에는 설계사나 PC, 전화 등을 통해 보험 가입이 가능했지만, 스마트폰으로 보험 가입에서부터 청약까지 원스톱(one-stop)으로 가능해졌다.

지금까지 생명보험은 상품 구조가 복잡한 데다 장기 상품이 대부분이라 인터넷을 통한 거래가 쉽지 않았다. 그러나 모바일, 인터넷을 접하는 소비자가 날이 갈수록 많아지고 온라인 시장의 성장세가 두드러지면서 사각지대에 있던 생명보험사들도 진출을 하였다. 현재 대부분의 보험사가 온라인(모바일)으로 가입 및 설계가 가능한 보험 서비스를 제공하고 있다.

4) 핀테크

금융 모델의 최근 추세는 단연코 핀테크, P2P 클라우드펀딩, 사이버 은행 등이 있다. 2014년 하반기부터 국내에서는 핀테크라는 단어가 화두로 등장을 하였다. 핀테크(FinTech)는 Finance(금융)와 Technology(기술)의 합성어로서 금융과 ICT의 융합을 통한 금융 서비스 및 산업의 변화를 의미한다.

금융 서비스 변화로는 모바일, SNS, 빅데이터 등 새로운 ICT 기술 등을 활용하여 기존에 제공되던 금융 기법과는 차별화된 금융 서비스를 제공하는 기술 기반의 금융 서비스 혁신이며, 모바일 뱅킹과 앱 카드 등이 대표적인 예이다. 산업 변화로는 혁신적 비금융 기업이 보유 기술을 활용하여 지급 결제와 같은 금융 서비스를 사용자에게 직접 제공하고 있으며, 애플페이, 알리페이 등이 대표적인 예이다. 핀테크는 기술적으로는 이미 성숙되어 있지만, 활성화되기 위해서는 해결해야 할 과제들이 많이 있다. 현재 핀테크 중에서 가장 활발하게 진행이 되고 있는 분야가 P2P 크라우드 펀딩이다.

4 포털 서비스

포털사이트(portal site) 또는 웹 포털(web portal)은 월드 와이드 웹(WWW)에서 사용자들이 인터넷에 접속할 때 기본적으로 거쳐 가도록 만들어진 사이트를 말한다. 포털이라는 단어는 영어 낱말로서 '정문' 또는 '입구'를 뜻한다. 포털 사이트들은 사용자들이 필요로 하는 정보 또는 그에 대한 메타 데이터를 종합적으로 제공한다. 초기에는 검색 서비스와 전자메일 위주였으나 점차적으로 온라인 데이터베이스, 뉴스, 홈쇼핑, 블로그 등 다양한 서비스를 제공하고 있다.

포털이 제공하는 기능을 중심으로 기업 정보 포털(EIP: Enterprise Information Portal), 지식 기반 기업 포털(KEP : Knowledge based Enterprise Portal), 기업 응용 포털(EAP : Enterprise Application Portal)로 구분된다. 세계 각국의 포털 세계를 보면 각 나라마다 그곳에서 영향력을 크게 발휘하는 포털사이트들이 다양하게 있다. 미국의 구글(Google), 중국의 바이두(baidu)와 시나닷컴(sina.com), 한국의 네이버(naver), 네이트(nate), 다음(daum), 인도의 레디프(resiff), 그리스의 In.gr 등이 각 지역을 대표하는 포털사이트들이다.

각 나라 정부기관에서 운영하는 포털사이트들도 있다. 대표적으로 미국에는 USA.gov, 유럽연합에는 유로파(Europa), 영국의 Directgov, 한국의 정부24(https://www.gov.kr) 등이 있다.

2018 포털사이트 이용 행태 조사 분석 보고서에 따르면(DMC report, 2018), 2018년 9월말 기준으로 살펴보면, 포털사이트 검색 점유율이 네이버(71.5%), 다음(16.3%), 구글(8.3%) 순으로 나타났다.

웹 검색, 포털사이트, 또는 관련 사이트를 운영하고 광고를 주 사업 영역으로 하는 미국의 다국적 IT 회사 혹은 구글이 서비스하는 검색 엔진을 의미한다. 2018년 20주년을 맞는 구글은 다국적 기업이자 현존하는 가장 큰 인터넷 기업이다.

세르게이 브린과 래리 페이지라는 두 스탠퍼드대학교 대학원생이 세상을 바꾸기 위해서 1998년 9월 27일에 회사를 만든 것이 구글의 시초였다. 이들은 친구의 기숙사 룸에서 연구를 진행하다가, 한 명의 도우미를 고용해 당시 인텔 직원이었던 수전 보이치키의 차고에서 회사 업무를 본격적으로 시작하게 된다.

전 세계에서 가장 유명한 검색 포털사이트. 심지어 유튜브까지 소유하고 있으니 페이스북과 트위터를 합친 것보다도 크다. 유일하게 경쟁할 수 있는 상대라곤 애플, 아마존닷컴, 마이크로소프트뿐이다.

구글은 자신들이 구축 및 확보한 방대한 양의 데이터베이스에 누구나 쉽게 접근하여 이용할 수 있도록 하고, 이를 바탕으로 새로운 데이터를 수집, 체계화하는 것이 구글의 경영 방침인데, 이런 경영 방침이 그대로 반영된 구글의 검색 엔진은 검색력이 좋아서 검색 엔진 시장에서는 독보적이다. 2019년 2월 현재, 전세계 검색엔진 시장 점유율은 구글(google.com)이 74.63%, 구글인도(google.co.in)가 3.42%, bing(bing.com) 2.36%, 구글 터키(Google google.com.tr)가 1.6% 순으로 90% 이상을 구글이 차지하고 있다(http://gs.statcounter.com).

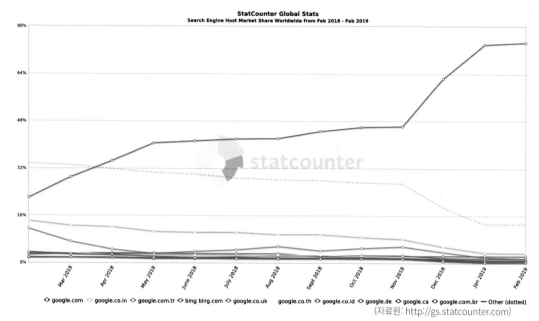

(자료원: http://gs.statcounter.com)

【그림 9-4】 Search Engine Host Market Share Worldwide(Feb 2018 - Feb 2019)

이미지 검색 기능이란 것도 있는데, 구글의 이미지 검색 기능은 네이버, 다음과 달리 외부 사이트의 이미지까지 모두 검색할 수 있어 검색 결과의 폭이 넓다. 따라서 마음에 드는데 출처가 불분명한 사진의 출처를 구할 때 매우 유용하게 쓸 수 있다. 또한, 이미지 인식 기능이 있어서, 컴퓨터에 저장된 이미지 혹은 웹사이트에 있는 이미지를 인식시킨 후 이것을 검색하여 여러 화질의 같은 사진을 구할 수 있다. 보통 자신(개인)이 구한 이미지를 더 좋은 화질로 구하고 싶을 때 자주 이용한다.

제3절 새로운 디지털 비즈니스 산업

1 소셜미디어 서비스 산업

1) SNS 서비스

SNS는 Social Network Service 약자로 SNS의 시작은 페이스북으로부터 시작이 되었다. 초창기의 SNS 사이트들은 자신의 페이지를 만들고 이를 꾸미는 데 치중을 하였다면, 페이스북은 편리함을 강조하고 담벼락, 뉴스피드 등의 기능을 추가하고 이를 통해 타 사이트로의 확장성을 넓혀서 현재 전 세계에서 가장 많이 이용하는 사이트이다.

트위터는 140자의 단문을 통해 자신의 생각과 표현을 하는 마이크로 블로그 서비스로 페이스북과는 다르게 단방향 방식을 취하고 있고, 관심이 있는 사람은 누구나 팔로우를 하여 정보를 소통할 수 있다는 장점이 있어 많이 사용이 되고 있는 SNS 서비스 중의 하나이다.

최근에는 사진과 해시태그(#)에 기반한 인스타그램(instagram), 핀터레스트(pinterest), 유튜브(youtube) 등의 서비스들이 등장을 하고 사용자 기반을 확대해 나가고 있다.

2) 모바일 메신저

스마트폰이 도입되기 전 사용자들의 소통은 피처폰을 이용한 문자 전송이 있긴 했으나, 대부분 인터넷을 통해 이루어졌다. 현재는 인기가 없거나 사라진 서비스들인 MSN, 네이트온, 지니 등이 인터넷을 통해 서비스를 제공했던 인스턴트 메신저이다.

인스턴트 메시징은 인터넷을 통한 실시간 텍스트 전송을 제공하는 온라인 채팅 유형이다. 스마트폰이 등장하고 모바일 앱이 폭발적으로 늘어남에 따라 저렴한 비용의 무료 채팅 및 소셜 메시징 앱이 SMS를 통한 운영자 기반 텍스트 메시징의 저렴한 대안으로 입증되었다. 많은 메신저 앱은 그룹 채팅, 그래픽 교환, 비디오 및 오디오 메시지, 스티커 또는 이모티콘과 같은 기능을 제공한다.

최근에는 한국의 카카오톡과 라인, 중국의 위챗, QQ, 독일의 텔레그램, 미국의 스냅챗, 왓츠앱 등이 대표적인 서비스이다.

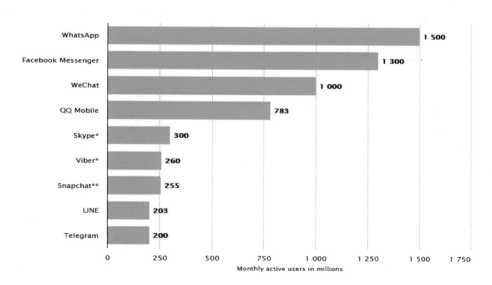

(자료원: https://www.statista.com)

【그림 9-5】 글로벌 모바일 메신저 월간 활성 사용자 수(2018년 4월 기준, 수백만)

2 자원 공유 중계산업

1) 숙박 공유

스마트폰에 기반한 숙박 공유 플랫폼을 통해 서비스를 제공한다. 에어비앤비는 2008년 8월 미국 샌프란시스코에서 시작한 자칭 '숙박 공유 서비스'로 2014년 1월에는 한국 지사를 세워 진출했다. 즉 방을 빌리고 방값은 집주인에게 지급하고, 이를 중개해 준 에어비앤비는 수수료를 받는 구조이다. 공식적으로 에어비앤비에서 방을 빌려준 사람을 '호스트'라고 부르며, 들어가는 사람을 '게스트'라고 부른다. 원래는 호스트가 에어베드 같은 잘 곳을 빌려 주고 같이 아침 식사도 하자는(Air Bed & Breakfast) 의미로 출발한 사이트지만 지금은 조금 변질되어 방 하나 정도가 아니라 여러 개의 방을 고쳐서 집 전체를 빌려주는 경우가 많아졌다. 에어비앤비의 수수료는 숙박 비용의 6~12% 선으로 알려져 있다. 아직까지는 국내 뿐만 아니라 전세계적으로 여러가지 논란이 있지만, 호텔보다는 저렴한 가격에 접근성이 좋은 위치의 좋은 방을 구할 수 있다는 장점으로 인해 배낭 여행객 뿐만 아니라 해외를 여행하는 일반 여행객들 사이에서도 인기가 있다. 2019년에는 국내에서도 외국인 뿐만 아니라 내국인(연간 180일 이내)도 숙박 공유를 전면 허용을 할 예정이다(4차산업혁명위원회, 2018).

2) 승차 공유

스마트폰 기반 교통 서비스를 제공한다. 즉 승차 공유 플랫폼을 통해 공유된 차량의 운전 기사와 승객을 스마트폰 앱을 통해 중계하는 서비스를 제공한다.

승차 공유를 세부적으로 나누어 보면, 렌트카처럼 차량을 빌려주는 'Car sharing'과 카풀과 같이 승객을 태우는 'Ride sharing'으로 분류할 수 있다. 'Car sharing'의 경우 우리가 많이 사용하고 있는 소카(Socar), 그린카(Greeen car) 등이 포함되며, 'Ride sharing'의 경우는 우버(Uber), 그랩(Grab), 카카오 카풀 등의 서비스가 여기에 해당된다. 승차 공유 시장은 여러 지역에서 해당 지역과 글로벌 서비스를 제공하는 업체들에 의해서 주도되고 있다. 대표적인 업체는 UBER(미국), Grab(싱가폴), 디디추싱(DiDi chuxing, 중국), 리프(Lyft, 미국), 블라블라카(BlaBlaCar, 프랑스) 등이 있다(4차산업혁명위원회, 2018).

카셰어링(carsharing)은 자동차를 빌려 쓰는 방법 중의 하나이다. 보통 회원제(연회원)로 운영되며, 렌터카와는 달리 주택가 근처에 보관소가 있으며, 주로 시간 단위로 필요한 만큼만 쓰고 차를 가져다주는 방식으로 장기간 동안 이용한다. 시간 단위로 빌리기 때문에 간단하게 장을 볼 때나 짐을 옮길 때 등 종종 벌어지는 간단한 상황에서 이용할 수 있다.

전국 3,500개 이상의 쏘카존이 지하철, 주차장, 마트 등 다양한 장소에 있으며, 필요한 시간만큼 사용하고 요금을 계산하면 된다는 장점을 가지고 있다.

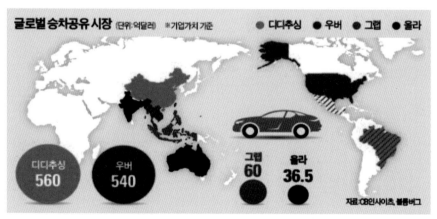

【그림 9-6】 글로벌 승차 공유 시장 현황(2018년 3월)

한국에서의 Ride sharing은 카카오 T가 있다. 카카오택시, 카카오 대리 등을 하나의 플랫폼으로 만든 것이 카카오 T 서비스이다. 현재 택시, 블랙, 카풀, 대리, 주차, 내비 등의 서비스를 제공하고 있다.

【그림 9-7】 카카오 T 서비스

KST모빌리티는 고급택시업체인 하나콜서비스를 모태로 하여 설립이 되었는데, 2019년 마카롱 택시라는 이름으로 서비스를 시작하였다. 기존의 택시 업체를 인수하여 기존의 사납금 제도와 달리 월급제로 고용하여 기사들의 고용 안정성을 보장한다. 추가적으로는 인센티브 제도를 도입하여 품질 향상을 꾀하려고 하고 있다.

3 UCC 산업

UCC는 User-Created Contents의 약자로 일반인들이 만든 동영상, 글, 사진 따위의 제작물을 가리킨다. 방송사, 전문가 등이 아닌 일반인들이 영상, 음악, 글, 사진 등의 다양한 콘텐츠를 만들어서 판매를 하거나 유튜브 등에 업로드를 하여 수익을 창출하고 있다. 콘텐츠의 종류로는 음악, 소설, 교육 등 다양한 유형이 있다.

구글코리아에 따르면, 현재 한국에서 운영 중인 유튜브 채널은 1만 개가 넘는다고 한다. 이 가운데 1%인 100개 안팎의 상위 유튜버들이 수백만 구독자와 수억대 페이지뷰를 바탕으로 수익을 창출하고 있다(중앙일보, 2018).

【그림 9-8】 국내 유튜브 크리에이터 순위

(자료원: 소셜 블레이드)

이외에도 국내에서 개발된 플랫폼인 아프리카 TV가 있다. 아프리카 TV도 유튜브와 마찬가지로 다양한 콘텐츠를 업로드할 수가 있다.

4 크라우드 소싱 산업

크라우드 소싱(crowdsourcing)은 기업 활동의 진 과정에 소비자 또는 대중이 참여할 수 있도록 일부를 개방하고 참여자의 기여로 기업 활동 능력이 향상되면 그 수익을 참여자와 공유하는 방법이다. '대중'(crowd)과 '외부 자원 활용'(outsourcing)의 합성어로, 전문가 대신 비전문가인 고객과 대중에게 문제의 해결책을 아웃소싱하는 것이다.

이전에는 해당 업계의 전문가들이나 내부자들에게만 접근 가능하였던 지식을 공유하고, 제품 혹은 서비스의 개발 과정에 비전문가나 외부 전문가들의 참여를 개방하고 유도하여 혁신을 이루고자 하는 방법이다. 내부의 전문가나 해당 분야 전문가들은 소유한 자원 및 결과를 공유하고 개방하여 해당 또는 다른 분야 전문가 혹은 일반 대중과 함께 연구 개발을 진행하게 된다. 이를 통해 한정적인 내부의 인적 자원에만 의존하지 않고 많은 외부의 인적 자원의 도움을 받을 수 있으며, 또한 외부인은 이러한 참여를 통해 자신들에게 더 나은 제품과 서비스를 이용하게 되거나 이익을 공유하는 것도 가능하다.

크라우드 소싱의 성공적인 사례로는 기술정보를 중개하는 기업인 InnoCentive는, 인공지능을 기반으로 한 아마존(AWS, AI 클라우드 등), 특허 분쟁 및 소송시에 다양한 분야의 전문가(법, 공학, 과학자 등)을 통해 해결점을 제시하는 Article One Partners를 인수한 RWS(Kim & Park, 2015), 골드코프 챌린지를 통해 전문가들과 함께 금맥의 위치를 찾고 있는 캐나다의 골드코프(Goldcorp) 등이 있다. 특히 문제에 대한 아이디어나 해결점을 제시한 전문가들에게는 적절한 보상이 주어진다는 장점을 가지고 있다.

5 모바일 앱 산업

흔히 줄여서 '앱(app)'이라고 부르는 애플리케이션(application)은 '모바일 기기 운영 체제(mobile operating system, 이하 모바일OS)에 적합하게 디자인되어 모바일 기기 자체의 기능을 확장 및 향상시키는 소프트웨어'를 일컫는 말(Pew Internet & American Life Project, 2011)이다. 스마트폰과 태블릿PC의 등장에 따라 급속히 확산되었다.

모바일 애플리케이션은 모바일 OS 기반의 표준 플랫폼을 기준으로 개발되고 있다. Apple의 경우 iOS 기반에서, Google의 경우 안드로이드(Android) 운영 체제 기반에서 작동하는 애플리케이션을 각 사업자의 '앱스토어(App Store)'를 통해 제공한다. 각 사업자 간 특정 OS를 탑재한 모바일 기기와 애플리케이션 이용자 확보 경쟁이 치열하다.

글로벌 앱 시장은 스마트폰과 5G 등의 기술로 인해 지속적으로 성장하여, 2022년에는 앱스토어를 기준으로 전세계 소비자 지출이 1565억 달러(2017년 817억 달러)에 이를 것으로 예측되고 있다.

사례

전문가가 풀지 못한 문제를 대중이 풀다.

1989년 3월 24일 21만 5,000톤의 대형 유조선 발데스호가 알래스카를 지나던 중 암초에 부딪쳐 좌초됐다. 이 사고로 유조선에서는 새어 나온 24만 배럴의 기름은 알래스카의 해안을 덮쳤다. 오염된 인근 해안가의 길이는 무려 1,600km에 달했고 이로 인해 바닷새 25만 마리와 해달 등 수백만 마리가 떼죽음을 당한 사상 최대의 해양 오염 사고였다.

이후 20여 년 동안 수십 척의 바지선을 통해 기름을 수거했지만 혹한의 날씨 때문에 기름이 물과 함께 얼어붙어 분리가 원활히 이루어지지 않아 기름을 전량 수거하는 데에는 실패하였다. 세계 유수의 과학자들과 관련 전문가들이 이 문제를 해결하기 위해 달려들었지만 20여 년간이나 문제를 해결하지 못하고 있었다.

이에 세계기름유출연구소(OSRI)는 2만 달러의 상금을 걸고 이노센티브를 통해 대중에게 문제를 제시하였다. 주부, 학생 등 수천 명이 아이디어를 올렸고, 그중 한 사람이 진동기계로 오일에 자극을 주자는 아이디어를 냈다. 이 아이디어로 물과 기름의 분리가 원활하게 되어 기름을 모두 걷어낼 수 있게 되었다.

이 아이디어를 낸 사람은 존 데이비스라는 평범한 시멘트 회사의 직원이었다. 존 데이비스는 시멘트를 굳지 않게 하기 위해 계속 레미콘 트럭이 시멘트를 젓는 것에서 착안하여 아이디어를 냈고, 이 아이디어가 20여 년을 끌고 온 문제를 말끔히 해결하였다.

이노센티브를 통해 전문가가 아닌 비전문가가 문제를 해결한 케이스는 이 외에도 수없이 많으며, 이미 이노센티브는 보잉, 듀퐁, LG화학 등의 대기업들을 고객으로 확보하고 있다.

미국 과자 브랜드 DORITOS는 미국 Super Bowl(프로미식축구 챔피언 결정전) 시간대에 나갈 광고를 크라우드 소싱을 통해 공모하였다. 우승작은 실제 슈퍼볼 광고 시간에 전파를 타고, 1만 달러의 상금을 받게 될 것을 약속했다. 미국 전역에서 1,071건의 작품이 접수되고, 100만 명의 방문자가 평균 5분 이상 웹사이트에 머무르며 광고를 시청하였다. DORITOS는 이를 통해 공모 기간 중 매출이 전년 대비 12% 증가하는 등 총 3,000만 달러의 광고 효과를 창출할 수 있었다.

(자료원: https://www.wadiz.kr/web/wcast/detail/6)

[토론 문제] 다음 질문들을 바탕으로 토론해 보자

(1) 디지털 트랜스포메이션이 기업에 미치는 영향은 무엇인가?

(2) 디지털 비즈니스 모델이 성공하기 위한 전제 조건은 무엇인가?

(3) 신규 비즈니스 모델이 갖추어야 할 요건은 무엇인가?

(4) 기존 산업에서 디지털 트랜스포메이션을 한 사례를 찾고, 성공한 이유에 대하여 논하시오.

【참고문헌】

4차산업혁명위원회. "신기술 신산업의 혁신성장을 위한 규제혁신 및 시장지원 방안 연구". 2018.

노규성 외. "빅데이터 시대의 전자상거래". 생능출판사. 2015.

노규성, 조남재. "경영정보시스템". 사이텍미디어. 2010.

방송통신위원회. "기업을 위한 스마트워크 도입 운영 가이드북". NIA. 2011.

백정열. "에듀테크의 기술 및 콘텐츠 동향". ITFIND, IITP. 2018.

삼정 KPMG. "게임 산업을 둘러싼 10대 변화 트렌드". 2018.

중앙일보, "구독자 1000만 유튜버 탄생 눈 앞". 2018.10.01.기사

한국디지털정책학회 빅데이터전략연구회. "NCS 기반 경영빅데이터분석". 와우패스. 2018.

Kim, Y.K, Park, S.T, Patent Valuation by Crowdsourcing, Indian Journal of Science and Technology, vol. 8, No 25, 2015, pp. 1-6.

http://090501.tistory.com/222

http://gs.statcounter.com/search-engine-host-market-share

http://www.dmcreport.co.kr/content/ReportView.php?type=Consumer&id=13676&gid=8

https://www.aladin.co.kr

https://www.ge.com

https://www.gereports.kr/all-you-need-to-know-about-predix-industrial-internet-platform/

https://www.wadiz.kr/web/wcast/detail/6

news.donga.com/List/3/0809/20120823/48830378/3

www.kyobobook.co.kr

www.monsantoglobal.com

www.monsantoglobal.com/global/kr/

www.ssg.com

10

디지털 기술과 미래 비즈니스

디지털 기술은 기업이 다른 기업 및 소비자, 공급자 등과 맺는 관계의 특성을 변화시키고 있다. 동시에 자원과 자원에 대한 정보를 관리하는 방식이 바뀌고 있으며, 그에 따라 새로운 경제와 시장의 패러다임이 전개될 것으로 전망되고 있다. 오늘날 친숙한 산업의 구조와 구도, 산업의 범위와 정의도 디지털 융합과 기술의 발전에 따라 변화가 일어날 것으로 보인다. 지속적으로 그리고 급격하게 발전하고 있는 디지털 기술은 경제의 미래 판도와 기업의 일하는 방식, 기업이 구성되어 있는 방식, 소비자의 소비 방식 등의 미래에 변화를 가져오게 될 것이다. 경영정보학 공부를 마치는 이 장에서는 이들에 대한 종합적인 이해를 통해 거시적인 변화의 특성을 이해하고, 그를 바탕으로 어떤 준비가 필요할 것인지 생각해 보는 것이 학습의 목표다.

■ 공유경제의 의미와 방법을 이해한다.
■ 블록체인 기술의 특성을 이해한다.
■ 디지털 산업 트랜스포메이션의 의미와 특성을 이해한다.
■ 디지털이 변화시키는 경제의 미래에 대해 음미한다.

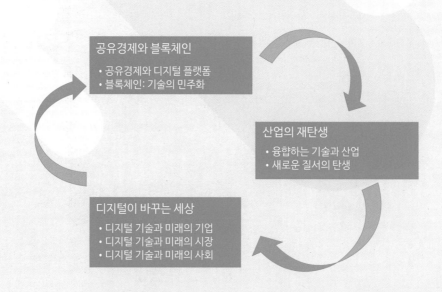

공유경제와 블록체인
• 공유경제와 디지털 플랫폼
• 블록체인: 기술의 민주화

산업의 재탄생
• 융합하는 기술과 산업
• 새로운 질서의 탄생

디지털이 바꾸는 세상
• 디지털 기술과 미래의 기업
• 디지털 기술과 미래의 시장
• 디지털 기술과 미래의 사회

제1절 공유경제와 블록체인

제화나 서비스를 빌려주는 공유경제는 오래전부터 있었다. 우리나라에서는 상부상조하고 공유하는 '두레나 품앗이' 같은 제도가 있었고, 유럽에서도 '길드'라는 제도가 있었다. 과거에는 특정 지역이나 공동체 중심의 교류 범위로 공유할 수 있는 범위에 한계가 있었다. 오늘날 공유경제(Sharing Economy)는 유무선 네트워크상에서 이루어지는 P2P(Peer to Peer) 기반의 비즈니스를 의미하며, 시장과 공유 대상의 범위가 전 지구로 확대되고 있다. 최근에 소셜 네트워크를 통한 인맥 네트워킹이 공유되는 형태로 확장되고 있다. 시장 참여자들이 중계 수수료를 얻으며 운영되는 P2P 시스템을 공유경제 플랫폼이라 한다.

인터넷의 발달로 O2O(Online to Offline) 서비스도 가능해졌다. O2O 플랫폼을 통해 온라인 서비스와 오프라인 서비스의 연결이 가능해졌고 소비자가 생산자의 역할을 하는 프로슈머(Prosumer), 플랫폼 협동조합, 협력적 소비 등 다양한 개념들이 생겨났다. 또한, 소셜 네트워크 서비스(SNS)의 발전으로 상호 간 신뢰가 쌓이면서 유휴 자원을 가진 소비자들의 적극적인 참여가 늘어났다.

※ 대표 저자 : 김의창

1 공유경제와 디지털 플랫폼

1) 공유경제 이해

공유경제란 개인이 소유하고 있으나 활용하지 않는 물건이나 지식·경험·시간 등의 유·무형 자산을 상호 대여 또는 교환함으로써 거래 참여자 모두 상호 이익을 얻을 수 있는 경제 활동을 말한다. 공유경제는 사람과 사람을 이어주는 주체로써 전통 경제 방식에 큰 변화를 가져왔다. 공유경제 방식은 활용되지 않는 재화, 서비스, 지식, 경험, 시간 등을 통해 사람과 사람을 연결하고, 경제 활동의 핵심을 사회 관계로 두어 새로운 가치를 창출하는 하이브리드 경제방식이라 할 수 있다. 공유경제는 재화와 서비스의 구입보다 빌려 쓰는 개념으로 자원의 낭비를 방지하고 환경 문제를 해결할 수 있는 경제 행위이기도 하다. 안전한 자율자동차가 운행되고 공유경제가 활성화된다면, 현재 우리나라에서 운행되는 자동차 대수가 2,300만 대인데 300만 대만 운행해도 사용자들의 불편이 없을 것으로 예상하고 있다. 전통 경제와 공유경제의 차이점은 [표 10-1]과 같다.

공유경제 시스템을 기반으로 협업과 커뮤니티를 구축함으로써 협력적 소비가 활성화되고 있다. 협력적 소비란 자신이 소유하고 있는 기술과 자산을 다른 사람과 공유함으로써 새로운 가치를 창출해 내는 것이다. 협력적 소비 방식은 소유와 소비를 적정 수준으로 유지하되 개인의 삶의 질을 높일 수 있는 소비 양식을 말한다.

【표 10-1】전통 경제와 공유경제

분류		전통 경제	공유경제
비즈니스 형태		B2C(Business to Customer) 기업(공급자) - 개인(소비자)	P2P(People to People) 개인(공급자) - 개인(소비자)
공급자 유형		전통적인 전문기업(택시회사, 호텔 등)	ICT기반 기업, 개인사업자
중재자	주체	공급자 위주의 회사	
	제화의 공급	오프라인 또는 인터넷(앱과 웹)	인터넷(앱과 웹) 중심
	진입장벽	높음	낮음
핵심가치		제품과 서비스의 품질과 서비스	저렴한 가격과 편리성
신뢰성 측정		평판 및 과거의 거래 경험	유무선 기반의 평가
서비스 방법		공유경제 제공방법보다 복잡	전통적인 방법보다 간단
소비 유형		과잉소비	협력적 소비
수익 유형		이윤창출	가치창출
가치 유형		경쟁	신뢰

전통적인 경제 시대에는 자주 사용하지 않는 재화와 서비스도 구매하여 사용해야 했다. 네트워크 부족으로 필요한 재화와 서비스를 누가 소유하고 있는지 파악하기 어려웠기 때문이다. 유무선 통신 네트워크의 발달로 지역적으로 멀리 떨어진 사람들과 대화가 가능하게 되었고, 제화와 서비스를 소유하고 있는 사람들의 파악도 쉬워졌다. 예를 들어 기존의 렌탈 서비스는 B2C 방식이며 잔존 가치가 존재함에도 재화 수명이 소멸되며, 자원의 유휴 시간이 많이 발생했다. 결국, 소비자는 비싼 대가를 지불하고 사용할 수밖에 없었다. 공유경제는 B2B, B2C, C2C 등 다양한 형태가 있으며, 잔존 가치의 소멸 시점까지 거래가 가능하다. 또한, 필요한 기간만큼 자유롭게 대여가 가능하고, 자원의 유휴 시간을 최소화할 수 있다.

(1) 공유경제의 출현 배경

2008년 세계금융위기로 전 세계는 경기 침체, 가계소득 저하, 실업률 상승 위기를 겪었다.

그 결과 과잉 소비에 따른 자원 고갈, 환경 문제, 가계 위축 같은 문제가 나타나면서 상품에 대한 소비 패턴과 인식 변화가 생겼다. 사회문제를 효율적으로 해결할 수 있는 요구가 생겨났으며, 이에 대한 합리적 소비를 위한 대안으로 공유경제가 출현했다.

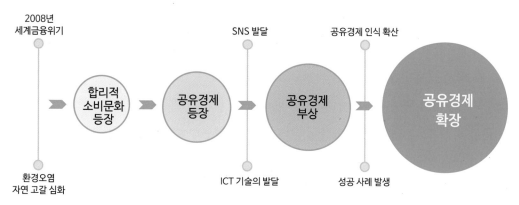

【그림 10-1】 공유경제의 등장 배경

스마트폰 보급과 SNS의 확산도 소통 방식을 변화시켰다. 개인의 정보수집과 활용이 용이해졌고, 인증과 평가를 통한 신뢰 구축도 가능하게 되었다. 이런 환경이 조성되면서 공유 개념인 P2P 서비스가 등장한 것이다. 즉 기술 인프라가 발달하면서 자신이 소유하고 있는 자산과 서비스를 다른 사람과 공유할 수 있게 되었고, 새로운 가치를 창출할 수 있는 협력적 소비가 가능하게 되었다. 협력적 소비 방식은 소유와 소비를 적정 수준으로 유지하되 개인의 삶의 질을 높일 수 있다.

2) 공유경제를 위한 디지털 플랫폼

(1) 기술의 발달과 공유경제

공유경제 실현을 위해서는 적정 규모의 시장이 형성되어야 한다. 공유경제는 P2P 형태로 거래되기 때문에 사회적 관계와 네트워크가 충분히 갖춰져야 한다. 또한, 상호 대여와 교환할 수 있는 유휴 자원이 있어야 한다. 유휴 자원이란 갖고 있으나 사용하지 않거나 방치하고 있는 자원들을 의미한다. 공유경제에서는 유휴 자원을 공유제로써 활용하여 자원의 가치를 높일 수 있다. 공유경제의 비즈니스를 수행하기 위해서는 자원 공유를 통해 편익을 얻을 수 있어야 하고, 거래 장터인 공유 플랫폼이 구축되어야 한다.

공유경제를 활용한 비즈니스 모델은 소유자가 제공한 재화나 서비스의 허가권을 얻어 활용하는 경제 모델이다. 따라서 물건이나 공간, 지식을 공유하기 위한 플랫폼이 필요하다. 과거에는 시장이나 소규모 커뮤니티 안에서 개인 간의 거래가 이루어졌지만, 지금의 거래(공유경제)는 다양한 컴퓨팅 디바이스를 통해 이루어진다. IT 기술의 발달로 공유경제를 이용할 고객들이 언제 어디서 누구와도 거래를 할 수 있는 장소인 플랫폼이 개발되었다. 플랫폼은 공유경제의 진입장벽을 낮추고 편리성을 제공하면서 공유경제의 활성화를 촉진시켰다.

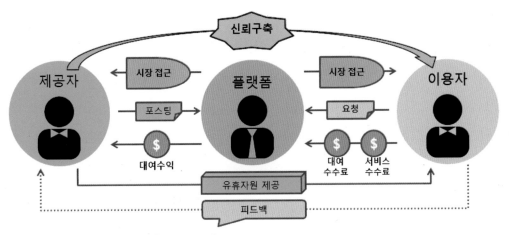

【그림 10-2】 P2P 기반 공유경제 흐름도

공유경제는 O2O 서비스가 가능한 환경에서 이루어진다. O2O 플랫폼을 통해 온라인과 오프라인 서비스 연결이 가능해지면서 소비자가 생산자의 역할을 하는 프로슈머(Prosumer)가 플랫폼을 이용하여, 협력적 소비와 온-디멘드(On-Demand) 욕구를 충족시킬 수 있었다. 소셜 네트워크 서비스가 발전하면서 공유경제 플랫폼에 유휴 자원을 가진 소비자들의 참여가 늘어났고, 중계 수수료를 제공할 수 있는 기능들이 추가되어, P2P 형식으로 운영되고 있다([그림 10-2] 참조).

(2) 플랫폼 기반 공유경제 시스템

공유경제 플랫폼을 제공하는 기업들은 공유제를 중개해 주고 수수료 수익을 얻는 구조이다. 또한, 제화와 서비스의 제공자, 이용자, 플랫폼 사업자(공유중개업체) 모두에게 이익을 공유시키는 상생 구조를 가지고 있다. [그림 10-3]은 P2P 플랫폼 기반 공유경제 시스템 구조이다. 대표적인 서비스 사례로 쏘카와 에어비엔비가 있다.

국내의 대표적인 차량 공유 서비스 업체 쏘카와 같은 기업은 서비스 제공자로서 공유 차량을 제공한다. 사용자는 자신의 단말기 애플리케이션을 통해 원하는 시간, 차종, 장소 등을 선택하고 기업에 사용 요청을 한다. 사용자의 요구를 받은 기업은 사용자 라이센스를 확인한다. 사용자 라이센스는 회원 가입 시에만 확인하며, 전문 인증기관에 등록된 정보와 일치하는지 확인한다. 기업의 서버는 사용자의 인증 상태를 확인 후 사용자의 애플리케이션으로 스마트키를 발급한다. 사용자는 자신의 디바이스로 전송된 스마트키를 이용해 서비스를 이용할 수 있다.

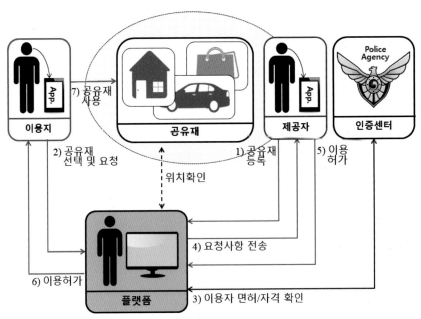

【그림 10-3】 플랫폼 기반 공유경제 시스템 구조

한편 글로벌 숙박 공유 시스템 에어비앤비와 같이 기업은 사용자와 제공자 간에 공유 대상(집)에 대한 정보를 주고받고, 기업은 실제 공유가 이루어질 수 있는 플랫폼만 제공한다. 사용자는 서비스 요청에 따라 집을 빌려주는 제공자와 집을 빌려서 사용하는 이용자로 구분된다. 이용자가 서비스를 요청하는 방법은 차량 공유 시스템과 유사하다. 제공자는 자신의 단말기 애플리케이션을 이용해 집에 대한 정보를 등록한다. 이용자와의 거래가 이루어지면 기업에 수수료를 지급하고 사용자로부터 대여료를 받는다.

(3) 상호 신뢰성을 높이기 위한 방법

공유경제는 거래 당사자 간의 상호 신뢰성이 중요하다. 공유경제 플랫폼은 제공자와 이용자 간 상호 신뢰성을 판단하고 적절히 연결하는 역할을 해야 한다. 현재 플랫폼에서 공유 대상의 상태를 확인하는 방법으로 이용자의 사후 평가를 통해 별점과 리뷰 등 형태로 판단하고 있다.

차량 공유 서비스인 경우에는 운전면허를 확인하는 정도의 인증 기능을 갖고 있다. 이러한 플랫폼하에서 유휴 자원의 제공자는 불확실한 이용자로 인하여 금전적 손해를 입거나 불만을 갖게 될 수 있다. 따라서 공유경제를 활성화하기 위해서는 공유할 대상을 제공하는 제공자나 사용하는 이용자에 대한 상호 신뢰성을 확인할 수 있어야 한다. 예를 들어 사용자가 음주 상태에서 공유 차량을 이용하고자 할 때 시스템은 아무런 제약 없이 사용권을 제공하게 된다. 공유경제 시장은 새로운 서비스로 주목받고 있지만 시장이 성장함에 따라 많은 부작용들이 나타나고 있다.

공유경제 플랫폼은 시스템에 참여하는 제공자와 공유제, 그리고 이용자들의 상황을 실시간으로 확인하고, 외부 인증기관과 긴밀한 연계를 통해 거래자 간 상호 신뢰성을 높일 수 있는 연구와 시스템 개발이 계속되고 있다. 한편 중개자가 없는 P2P 거래에서 거래 당사자 간의 상호 신뢰를 위해 블록체인 등의 인증 기술이 채택되고 있다.

(4) 공유경제 신뢰성을 위한 정책

공유경제가 확대됨에 따라 기존 사업과 마찰을 빚고 수익성을 악화시킬 수 있다. 기존 공급자와 공유경제 공급자 간에 불평등한 규제가 이루어질 경우, 시장 교란이 발생할 수 있기 때문에 공유경제의 사업군에 대한 정의와 규제가 필요하다. 공유경제는 불특정 다수에 의한 비대면 거래이기 때문에 공급자와 이용자 간에 정보의 비대칭이 나타나고, 거래 이후 자산 손상과 절도 그리고 성폭력과 같은 범죄 행위 등의 문제가 꾸준히 발생하고 있다.

공유경제는 국제적인 관심도가 높은 만큼 현재의 시스템에서 발생하는 신뢰도 문제점 등을 개선하기 위해 제공자(공유대상)와 이용자의 상황을 파악하여 양방향의 평가를 통해 신뢰성을 높일 수 있는 시스템 개발이 필요하다.

2 **블록체인: 기술의 민주화**

블록체인(Block Chain)은 네트워크 민주주의를 실현할 핵심 기술이다. 모든 과정은 투명하게 공개되며 소수의 이익을 위한 조작은 불가능하다. 수확 체증의 법칙에 따라 더 많은 사람이 네트워크에 연결될수록 효용 가치는 더 커진다. 블록체인 기술은 기존의 인터넷보다 광범위하고 정밀하게 지역적 한계를 극복한다. 얼굴도 알지 못하는 A국가의 사람과 B국가의 사람을 신뢰 가능하게 연결해 준다. 블록체인의 근본 취지인 탈중앙화와 분산화는 인간을 더 평등하게 하려는 의도에서 시작됐지만 동시에 사회를 혼란에 빠뜨릴 우려도 있다.

블록체인을 IT 관점에서 보면, 정보 저장을 위해 데이터 분산 저장 기술과 안전한 거래를 가능하게 하는 암호 화기술, 그리고 분산된 정보의 정합성 유지와 안정적인 운영을 위한 P2P 통신기술 등이 융합되어 있다. 또한, 비즈니스 관점에서 블록체인은 기존의 생산자, 소비자, 서비스업체 등 노드(Node) 중심의 비즈니스와 달리 노드 간 연결의 가치를 통한 네트워크 비즈니스라고 정의할 수 있다.

1) 블록체인과 비트코인

블록체인은 블록(Block)을 리스트 형태로 연결(Chain)한 묶음을 말한다. 블록에는 일정 시간 동안 거래 내역이 담겨 있는데 이를 체인으로 연결해 인터넷에 접속된 수많은 컴퓨터에 동시에 저장하여 거래의 위·변조를 막는 기술이다. 블록체인에는 중앙에 서버가 없고 참여자들 수만큼 똑같은 장부를 만들어 참여자들에게 나누어 준다. 개개인의 컴퓨터가 모두 서버 역할을 하고 거래 내역을 결정하는 주체도 사용자이다. 거래 내역을 네트워크상의 모든 참여자에게 전송되면, 참여자들은 해당 거래의 타당성 여부를 확인한다. 승인된 블록만이 기존 블록체인에 연결되면서 송금이 이루어진다. 제3자가 거래를 보증하지 않고도 거래 당사자끼리 가치를 교환할 수 있는 시스템이 블록체인이다.

블록체인 기술이 쓰인 가장 유명한 사례가 가상화폐인 비트코인(Bitcoin)이다. 은행 없는 글로벌 금융 시스템인 비트코인은 1세대 암호화폐로 많은 가능성을 보여 주었고, 2세대 암호화폐로 이더리움(Ethereum)이 있다. 가상화폐 비트코인은 세상에 나타난 지 얼마 되지 않았지만 시가총액으로 세계 100대 화폐 안에 들어갈 정도로 성장했다.

(1) 블록체인 거래 과정

[그림 10-4]와 같이 기존 금융회사들은 중앙 집중형 서버에 거래 기록을 보관한다. 제3자가 개입한 거래로 과다한 비용과 보안에 취약하다. 오른쪽 그림은 블록체인 방식인데 거래에 참여하는 모든 사용자에게 거래 내역을 보내주며 거래 때마다 이를 대조해 데이터 위조를 막는 방식이다.

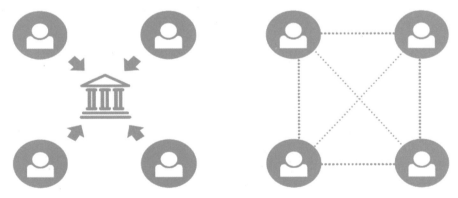

【그림 10-4】 중앙집중형 방식(왼쪽)과 블록체인으로 연결된 방식(오른쪽)

전통적인 은행이라면 누군가와 거래한 내역을 장부에 기록해 보관한다. 과거 은행에서는 장부가 도난당하면 안 되기 때문에 안전하게 보관하기 위해 경비원을 두고 튼튼한 지하창고에 저장했다. 지금은 완벽한 방화벽(보안 시스템)을 갖춘 시스템의 저장 장치에 저장·보관하고 있다.

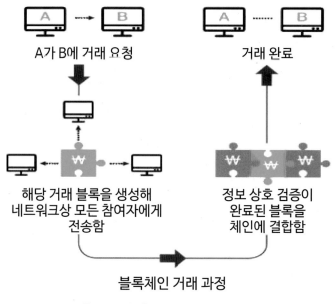

【그림 10-5】 블록체인 거래 과정

반면 블록체인 방식은 장부를 여러 권 만드는 방식이다. 은행에 새로운 고객이 와서 돈을 맡겼다면 은행은 즉시 지금까지 거래한 100명에게 101번째의 거래가 이루어졌다는 장부를 나누어 준다. 마치 레고를 쌓듯 블록들을 차례대로 끼워놓고, 이 장부들을 모두가 볼 수 있게 공개한 형태가 블록체인이다. 이렇게 하면 한 명의 장부가 도난당해 새로운 장부로 교체되었다 해도 나머지 사람들의 장부와 비교했을 때 오류가 있는 장부라는 것을 즉시 알게 되기 때문에 위조가 어렵고 보안이 강화된다([그림 10-5] 참조).

(2) 블록체인 기술의 특징

블록체인에는 여러 가지 특징들이 있다. 첫째, 공급자와 소비자가 직접 거래를 한다. 블록체인의 장점 중 하나는 불필요한 중개 과정을 생략한 것이다. 대표적인 중개기관들로 정부, 지자체, 금융기관(은행, 증권사, 보험사 등), 유통기관(소매상), 법률 서비스(로펌, 공증, 공인중개사) 등이 있다. 사용자는 중개 수수료를 절약할 수 있지만 중계 수수료를 받는 업종들이 피해를 보게 될 것이다. 둘째, 계약 과정이 간소화된다. 지금까지 사용되고 있던 출생신고서, 졸업증명서, 주민등록증, 운전면허증, 여권, 등기부등본, 토지대장, 연금신청서, 사망신고서 등 각종 공공 서류가 사라지거나 간소화될 것이다. 셋째는 국경 없는 암호화폐가 이용될 수 있다. 암호화폐가 실생활에서 널리 쓰인다면 전 세계 어느 나라를 가도 환전할 필요가 없다. 더 이상 은행에 수수료를 내지 않아도 되기 때문에 은행의 역할이 크게 축소될 것이다. 넷째, 직접 민주주의를 구현할 수 있다. 투표부터 개표에 이르는 모든 절차를 블록체인 방식의 투표 시스템을 이용한다면 투표와 개표 절차가 투명하고 신속하게 이루어질 것이다. 마지막으로 블록체인은 탈중앙화와 분산에 성공한 기업들만 살아남을 것이다. 기존 조직과 완전히 다른 새로운 형태의 탈중앙화 조직도 탄생할 것이다.

블록체인으로 구성된 장부는 과거부터 모든 기록이 보관되기 때문에 위조할 수 없으며, 높은 보안성과 투명성 그리고 안전성을 가지고 있다. 그리고 중앙관리가 필요 없기 때문에 처리 속도가 빠르다. 그러나 블록체인을 이용한 거래는 취소가 어렵고 문제 발생 시 책임질 중앙기관이 없다는 문제가 있다. 가장 큰 단점으로 한 번 기록되면 영원히 삭제할 수 없기 때문에 한 번 실수하면 죽을 때까지 그 기록들을 떠안고 살아가야 한다.

2) 블록체인의 응용

(1) 서버 없는 메시징 서비스

블록체인 기술을 이용해 중앙에 서버 없이 사용자끼리 안전하게 메시지를 주고받을 수 있는 비트메시지(Bit message)가 있다. 비트메시지 개발자 조나단 워렌은 NSA의 무분별한 통신감시에 대항해 안전한 메시지 교환 수단을 위해 개발했다. 비트메시지는 P2P 네트워크상에 도청할 수 없는 메시징 서비스를 구현했다. 비트메시지는 비트코인과 같이 사용자가 만든 P2P 네트워크상에서 이용된다.

⑵ 송금 서비스

은행이나 신용카드 회사 같은 중앙 집중적인 조직 없이 사용자끼리 가치를 주고받을 수 있는 수단이 비트코인이다. '37코인스'는 은행이나 송금 회사가 진출하지 않은 저개발 국가에서도 문자메시지(SMS)만으로 비트코인을 주고받을 수 있는 기술을 선보였다([그림 10-6] 참조).

웨스트유니언 같은 국제 송금 서비스는 보통 송금액 가운데 10% 정도를 수수료로 가져간다. 가난하고 금융 인프라가 부족한 나라일수록 수수료가 비싸진다. 외국에서 아프리카로 돈을 보낼 때는 12% 정도 수수료를 뗀다. 만약 미국에서 아프리카에 있는 지인에게 100달러를 보낸다면 수수료로 12달러를 낸다. 12달러면 아프리카의 가난한 나라에서 한 명이 한 달 먹을 수 있는 돈이다. 스타트업 기업 37코인스가 국제 인프라를 갖추지 않고도 더 적은 수수료를 내세우며 국제 송금 시장에 뛰어들 수 있는 건 비트코인 덕분이다.

【그림 10-6】 휴대폰 문자메시지만으로 비트코인을 주고받을 수 있는 37coins.

(3) 확장되는 사업 분야

블록체인 기술은 전통적인 금융 업무인 해외 송금, 주식 및 자산 거래, 포인트 관리와 거래 등의 업무를 스마트계약을 통해 자동화·단순화할 수 있다. 그뿐만 아니라 P2P 대출, 크라우드 펀딩, 소액 보험 등 새로운 금융상품 개발도 가능하다. 블록체인 기술의 발전과 산업별 적용 분야의 증가는 다양한 분야에 블록체인 기술 기업, 가상화폐거래소, 해외 송금 회사, 안전한 거래를 위한 소프트웨어 및 하드웨어 월렛(가상화폐 지갑), 가상화폐 채굴기업 같은 새로운 사업 영역 및 기업들이 설립되고 있다.

(4) 우리나라의 블록체인 활용 사례

우리나라의 경우, 금융·물류·행정 분야를 중심으로 블록체인 기술의 활용이 빠르게 확산되고 있다. 6개월 만에 가입자가 70만 명을 넘긴 카카오의 전자결제시스템 서비스가 대표적이다. 개인정보 수집 동의, 신용정보 조회 동의, 보험 청약이나 대출계약 등의 전자서명 등을 카카오 톡에서 바로 처리할 수 있다. 기존의 공인인증서처럼 복잡한 프로그램을 설치할 필요가 없고 간편한 것이 장점이다. 전북은행이 2016년 2월 블록체인 기반의 시스템을 구축해 자사의 뱅킹 앱에 적용했다. 롯데카드는 지문 인식 방식에 블록체인 기반의 시스템을 도입했으며, 국민은행도 계좌 개설에 사용된 개인정보를 블록체인에 기록하고 있다.

삼성카드는 삼성SDS의 블록체인 기술 플랫폼 '넥스레저'를 활용하고 있다. 삼성카드의 전자문서 원본 확인, 생체 인증, 제휴 업체 서비스 자동 로그인 등이 블록체인 기술을 적용했다. 또한, 삼성SDS는 해운물류 분야에 블록체인 기술을 적용해 수출입 관련 서류 발급 절차를 간소화하고 위변조를 막는 효과를 거뒀다.

블록체인 기술 활용은 지방자치단체와 공기업 쪽에서도 활발하게 이뤄지고 있다. 서울시는 행정업무에 블록체인 기술을 접목해 혁신하는 방안을 추진하고 있다. 삼성SDS에 맡겨 복지·안전·교통 등 시정 업무에서 블록체인 기술 적용이 가능한 모델을 발굴하고 있다. 한국전력은 블록체인 기술을 활용해 이웃 간 전력 거래 및 전기자동차 충전 서비스를 구축했다. 경기도는 지자체 최초로 도정에 블록체인을 적용하여 주민 공동체 사업을 평가했으며, 판교에 블록체인 캠퍼스를 새웠다.

사례

공유경제로 보는 사물인터넷 비즈니스

플랫폼은 출발과 도착 장소가 다른 사람들이 모였다가 흩어지는 곳이며 다양한 서비스가 이루어지는 장소이다. 다양한 참여자들 간에 시장을 만들어 주는 곳이 플랫폼이다. 참여자들에게 얼마나 많은 수익을 안겨 주느냐에 따라 플랫폼의 성패가 달려 있다.

애플의 마켓 플레이스 앱스토어

애플의 마켓 플레이스 앱스토어를 오픈하면서 수익의 70%를 개발자에게 주고, 애플은 30%만 가져가겠다고 발표했다. 그 결과 애플이 앱스토어로 벌어들이는 1년 수익은 330억 달러, 우리나라 돈으로 약 36조 원에 달했다. 전체 개발자들은 70%의 수익 약 800억 달러(90조원) 이상의 수익을 창출할 수 있었다. 플랫폼 사업자는 수익을 독식하지 않고 참여자들이 만족할 수 있도록 수익을 보장해 준다면, 그들이 개발자이면서 소비자이기 때문에 적극적으로 시장을 키워 줄 것이다.

공유경제의 선두, 그곳에 '우버'가 있다.

공유경제의 대표주자는 우버이다. 우버는 앱을 통해서 차량의 위치를 추적하고, 이에 대한 정보를 플랫폼으로 수집하고, 이동거리를 계산해서 요금을 알려준다. 즉 사용자 앱은 출발지와 목적지를 입력하여 주변의 기사들에게 요청을 하면 콜을 부른 기사들이 내가 있는 곳까지 와서 목적지까지 대려다 주는 구조이다. 이 사업의 주된 수익원은 중개 수수료이지만, 더 중요한 목적은 개인정보와 교통정보의 수집이다. 수집된 정보를 빅데이터를 이용하여 처리하고 다른 분야에 활용하기 위해서이다.

카고(Cargo)라는 스타트 기업은 무인 편의점 박스를 소형화하여 차량 안에 설치하고 미니 편의점 사업을 진행하고 있다. 차량 공유 서비스업체인 우버와 리프트 같은 업체와 제휴를 맺었다고 한다.

우버 차량에 스낵, 약, 마스크 등이 들어 있는 무인 편의점 박스를 설치한 후, 고객이 원하는 상품을 스마트폰으로 선택하면 인증번호를 주문자에게 주고, 이 인증번호로 우버 기사가 물건을 꺼내서 주는 서비스이다. 운전기사에게 25%의 높은 판매수익을 배분해 주고, 최대 50달러의 보너스뿐만 아니라 소개 수수료 등의 인센티브까지 주고, 기사들이 적극적으로 판매할 수 있는 동기를 부여한다. 여기에 카고는 켈로그뿐만 아니라 카고에 물품을 판매하고 싶은 다양한 업체로부터 제휴와 투자를 받고 있다.

이런 공유 서비스는 기본적으로 IoT 통신 기반의 디바이스들이 사용된다. 2020년에 500억 개의 IoT 디바이스가 연결될 것이라는 허무맹랑한 얘기가 아니다. IoT가 열어가는 공유경제 세상, 내가 쓰다가 쓰지 않는 사물들까지 모두 모아서 세상 밖으로 내놓아 주고 있다. 향후에 IoT가 적용되는 곳은 무궁무진해질 것이다.

한율의 글: 필자가 수정 편집

제2절 디지털 시대와 산업의 재탄생

1 개방형 혁신

　　오늘날 기업은 급변하는 환경 변화와 경쟁의 심화에 능동적으로 대처하기 위해서는 특정 기업의 경쟁력보다는 연관된 산업의 경쟁력이 더 중요하다. 이를 기업 생태계(business ecosystem)라고 부른다. 변화하는 환경에 적응하지 못하는 기업은 생존 위협을 받고 있다. 반면 경쟁력 있는 기업 생태계에 있는 기업은 비교적 창의적 제품을 잘 만들어 낸다. 제임스 무어는 생태계 관점에서 볼 때 기업은 기업 생태계를 구축하여 새로운 경쟁에 참여해야 하며, 구축된 기업 생태계의 진화 단계에 따라 전략적으로 행동할 것을 제안하고 있다. 또한, 고객의 욕구를 만족시키고 새로운 제품이나 서비스를 만들기 위해 협력적이면서 동시에 경쟁적으로 업무를 수행하면서 혁신과 함께 추진할 것을 강조한다(Moore, 1993). 생태계의 구조는 다수의 느슨하게 상호 연결된(loosely coupled) 참가자들로 구성되어 있으며, 이들은 연계를 통해 확보할 수 있는 상호적(reciprocal) 효율성과 생존을 보장하기 위해 서로 의존하는 관계에 있다(Iansity and Levien, 2004). 이때 개별 기업은 자신이 속한 미래 이익뿐만 아니라 자사가 속한 기업 생태계의 건강성 증진에도 힘써야 한다. 기업 생태계의 건강성은 곧 경쟁력을 의미하기 때

※ 대표 저자 : 박상혁

문에 기업들은 생태계 내에서 각자의 역할에 따른 건강성 향상에 기여해야 한다. 디지털 시대에는 기업 간 협력 체계를 구축하는 것은 더 쉬워졌다. 우리 회사에 없는 기술이나 아이디어를 연관된 다른 회사에서 가져와서 빠르게 신제품을 출시할 수도 있다. 이를 개방형 혁신(open innovation)이라고 부른다.

개방형 혁신은 기존의 폐쇄형 기술 혁신과 대비하여 제시한 기술 혁신의 특성이다(그림 10-7 참조). 폐쇄형 혁신은 연구개발의 전 과정이 한 조직의 내부에서 모두 진행되며, 연구자와 장비, 지적 재산권을 내부에서 소유하고 운영한다. 기업의 연구개발은 우리회사의 신제품 개발이나 공정 혁신을 목적으로 이루어진다. 폐쇄형 혁신의 경우 회사 내부의 지적·기술적 역량이 연구개발 결과물에 영향을 준다. 또한, 내부 연구개발 과정에서 창출된 기술개발 결과는 해당 기업의 제품, 공정, 시장에 적용되지 않을 경우 없어지고 만다. 이때 연구자가 내부에서 인정받지 못한 기술적 결과를 개선하여 사업화하고자 할 경우 기업을 떠나 외부에서 자금을 조달하여 사업을 시작하는 경향이 많아 기업으로서는 중요한 사업 기회나 수익 창출의 기회를 잃게 된다(조남재, 2014). 한편 개방형 혁신은 외부의 아이디어와 기술을 활용하여 혁신 원천을 다양화하고 동시에 내부에서 개발된 기술도 내부에서 직접 응용하지 않을 경우 외부로 팔아서 수익을 얻는 기회로 삼는 혁신 방식을 취한다.

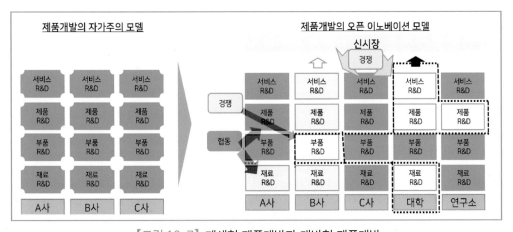

【그림 10-7】 폐쇄형 제품개발과 개방형 제품개발

[그림 10-8]은 이 두 가지 접근 방식을 대비시켜 보여 준다. 폐쇄형 혁신의 경우는 실선으로 표시된 기업의 경계가 나타내듯 외부로부터 닫혀 있어서 외부 자원의 활용도 이루어지지 않고, 내부의 결과가 외부로 나가지도 않는다. 중간 점검을 통해 내부에 도움이 되지 않는다고 평가된 연구나 개발 프로젝트는 추진은 중단된다. 반면 개방형 혁신은 점선으로 표시된 기업의 경계가 시사하듯 내외부의 혁신 아이디어나 사업 기회 간에 활발한 교류가 이루어진다. 제록스(Xerox)의 팔로알토 연구소(PARC)는 활발하고 개방적인 문화 속에서 많은 연구결과를 창출했다. 이 연구결과들 중 일부는 제록스의 제품 개선과 시장화, 공정 개선을 위해 사용되었지만, 내부에서 사용하지 않은 연구결과를 이용해 연구자들이 창업하도록 지원하였다. 이런 지원을 통해 만들어진 3Com, Adobe, Documentum과 같은 벤처기업들이 사업적 성공을 거두었다. 이들 회사의 지분 상당 부분을 제록스가 소유하여 제록스의 수익에도 도움이 되고 연구자의 벤처기업도 혜택을 보는 윈-윈(win-win) 결과를 얻어 개방형 혁신을 달성하였다(조남재, 2014).

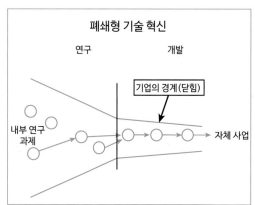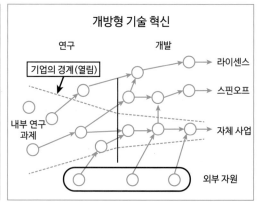

【그림 10-8】 폐쇄형 기술 혁신과 개방형 기술 혁신

기업 생태계에서 디지털 기술을 활용해 개방형 혁신 체계를 구축하면 기업 생태계의 경쟁력은 급속도로 올라간다(허원창, 2010). 따라서 혁신적인 기업들은 개방형 혁신을 통해 외부 협력자들의 아이디어를 받아들이거나 자신들의 연구개발 성과이기는 하지만 자체적으로 사업

화하기 어려운 기술들을 다른 기업에 전수하는 일들을 활발히 추진하고 있다(Chesbrough et al, 2006). 온라인 쇼핑몰처럼 기업이 필요한 기술을 기술 중개 네트워크를 이용해 쉽게 구매해서 빠르게 신제품을 개발한다. 더 이상 기술이 없다고 기다리지 않는다. 빠르게 검색하고 구매한다. 따라서 개방형 혁신은 기업의 신제품 개발 속도를 빠르게 해주었고, 난이도도 쉽게 해주었다. 심지어는 다른 회사가 필요한 기술을 대신 개발하고 판매하는 것을 주목적으로 하는 회사도 나타났다. 이는 디지털 기술이 보편화되어 정보 공유가 쉬워졌기 때문이다. 기술중개 네트워크는 개방형 혁신을 위한 경영자의 중요한 정보 원천 역할을 해왔다. 예를 들어 Chesbrough 등(2006)은 개방형 혁신의 특징 중의 하나로 기술 중개 시장의 중요성에 대해 언급하였으며, 최근 디지털 기술의 발달에 따라 다양한 기술 중개 네트워크가 기존 오프라인상의 기술 중개 시장을 급속도로 대체해 나가고 있다고 주장하였다.

미래에는 많은 연구개발 및 기술 협력이 가상 공간(virtual space)을 매개로 이루어질 것이다. 온라인으로 연결된 기업 연구소와 대학 간의 연구 파트너십, 리눅스와 같은 소프트웨어의 글로벌 공동 개발 등이 그 예라고 할 수 있다. 이 과정에서 발생하는 문화적 차이와 갈등을 극복하고 효과적인 기술 혁신을 달성하기 위해서는 원활한 소통과 협력의 기반을 구축하고 운영하는 것이 필수적이다. 각 조직들은 서로 다른 문화와 전통, 소통 방식을 가지고 있어서 다양성을 수용할 수 있는 정보 공유와 활용 방식을 기반으로 제공하는 것이 필수적이다. 또한, 연구개발 기술의 특성에 따라서도 다양한 형태의 정보가 여러 지역과 환경에 있는 연구자들 간에 원활하게 교류되어야 한다. 따라서 조직적이고 효과적인 개방형 혁신을 위해서는 다양한 의사소통 방식을 지원하는 디지털 컨버전스 미디어 활용이 필요해진다(조남재, 2009). 이러한 디지털 기술은 [그림 10-9]과 같이 거리의 장벽도 뛰어넘어 다른 지역의 있는 기업과의 연계 활동도 쉽게 이루어진다.

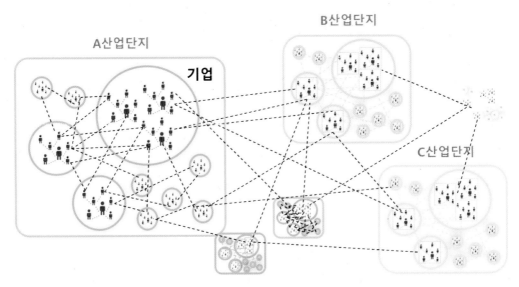

【그림 10-9】 산업단지 간 개방형 혁신

2 새로운 산업 생태계의 탄생

디지털 혁명시대에는 기술, 제품, 산업 간의 융합이 다각도로 진행되고 있다. 디지털 기술을 기반으로 하는 융합은 유사한 산업 내의 세부 구분들 간에도 일어나고, 이전에는 거리가 멀었던 산업의 기술 간에도 일어나고 있다. 예를 들어 애플의 스티브 잡스는 MP3 플레이어인 아이팟에 전화 기술과 인터넷 기술을 섞어 스마트폰이라는 융합 제품을 탄생시켰다. 또한, 테슬라의 엘론 머스크는 기계산업에 분류되어 있던 자동차산업을 전자산업으로 탈바꿈시켰다. 이러한 융합 현상은 새로운 가치 창출을 뛰어 넘어 새로운 산업 생태계를 창출하고 있다.

커넥티드 컴퍼니(The Connected Company)의 저자 데이브 그레이(Dave Gray)와 토마스 밴더월(Thomas Vander Wal)은 산업혁명을 거치면서 인간이 직접 수행하던 여러 가지 서비스가 제품화되었다고 설명한다(Gray & Wal, 2014). 건조 행위는 드라이어(dryer)로, 식기 세척 행위는 워셔(washer)로, 청소 행위는 클리너(cleaner)로 거듭나면서 동사 중심의 행위가 기기의 명칭으로 명사화되었다. 즉 제품이 서비스와 융합하거나 서비스화하는 경향을 보이고 있다. 이런 트렌드는 산업화의 역방향 흐름을 의미하지만, 한편 융합을 위한 개념적 연결고리가 되기도 한다. 제품과 제품, 제품과 서비스의 융합에 대한 딜로이트 컨설팅의 [표 10-2]와 같은 예시는 융합이 기업의 기술 분석 대상을 어떻게 확장시키고 있는지를 이해하는 데 도움이 된다.

【표 10-2】 제품과 서비스 융합

유형	개념과 예시
제품/제품 융합	소비자의 사용 패턴(장소, 동선, 시간대)이 유사한 기기를 결합 예 : 세탁기＋건조기, 냉/난방기, 복합기, 스마트폰 등
제품/서비스 융합	제품과 관련 서비스를 일체화 예 : Apple iPod＋iTunes, GM의 자동차 기반 텔레매틱스, 홈서비스 연계
서비스/서비스 융합	소비자의 라이프스타일을 구성하는 요소들을 조합하여 서비스 연계 예 : TPS(Triple Play Service)－방송, 전화, 인터넷 융합

(자료원 : 딜로이트 컨설팅, Creating High Value through Convergence, 2009)

기술의 융합과 제품의 융합이 산업의 융합을 촉진하여 기술 분석의 대상을 확대시키는 경향은 산업 지도를 통해 명확히 볼 수 있다. [그림 10-10]는 정보 관련 산업을 대상으로 융합이 이루어지기 이전과 이후의 산업 범위의 변화를 단적으로 보여주고 있다. 융합 이전에는 상호 연계가 없이 따로 떨어져 있던 산업 영역이 융합이 진행되면서 산업 범위가 확대되고 경계가 무너져 가전과 콘텐츠, 사무기기와 통신, 컴퓨터와 가전 등이 혼합되어 기술, 제품에 있어서 상호 영향을 주고받게 되는 관계가 극명하게 나타나고 있다. 이와 같은 기술 융합에 의해 이전에는 한 기업의 분석 대상에 포함할 필요가 없던 기술이 필수적인 분석 대상 기술로 변하게 된다(조남재, 2014). 디지털 기술 기반 융합은 세상을 급속도로 변화케 하고 있다. 과거의 산업 개념을 버려야 새로운 산업이 이해하게 된다.

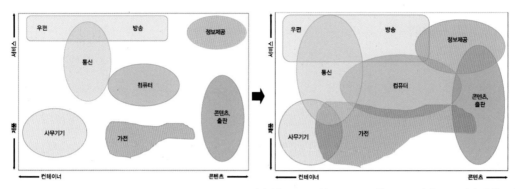

(자료원 : McLaughlin & Antonoff, 1986; 조남재, 2014 저자 편집)

【그림 10-10】 디지털 기술에 의한 융합

기술 변화가 타 산업의 제품과 서비스에 영향을 미치는 것을 기술 스필오버(technology spillover)라고 한다. 한 기업 또는 한 분야에서 일어난 기술 혁신의 영향이 타 기업, 타 산업으로 넘쳐흘러 기술 변화의 기반이 되는 것이다. 사실 이와 같은 기술의 파급 효과는 인류 역사 전반에 걸쳐 이루어져 왔다. 18세기 중엽에 시작된 산업혁명으로 기계산업에서 촉발된 정밀기계 기술이 방직기와 방적기의 개발로 이어지면서 섬유산업에 영향을 미쳐 가내수공업 위주의 의류 생산 방식이 기계화된 면화산업과 의류산업으로 재탄생되었다. 그러나 기술의 복잡성과 상호 관련성이 높아짐에 따라 스필오버의 범위가 점차로 넓어지고 있다. 오늘날 산업용 로봇 시장의 기술 혁신은 수많은 제조산업에서 공정 혁신의 기반이 되고 있다(조남재, 2014).

특히 기반 기술의 진화는 여러 산업에 걸친 스필오버 효과를 창출할 가능성이 높다. 예를 들어 MEMS(Micro Electro Mechanical System) 기술은 전자기계 소자를 초소형화시켜 반도체 집적회로 위에 마운팅한 기술로서 감지(Sensing), 동작(Actuation), 조절(Control) 등의 기능이 동시에 있다. MEMS는 자동차 에어백 폭발을 유도하는 속도 센서 역할을 하기도 하고 자동차의 쏠림이나 전복의 위험을 방지하기 위한 ESC(Electro Controlled Suspension, 차체 자세 제어장치)에도 활용된다. 프린터산업에서는 MEMS가 잉크젯 프린터 헤드의 분사 조절에 사용되고, 디지털카메라, 캠코더, 프로젝터 등의 영상 조절 및 떨림 조절 장치에 사용되기도 한다. 닌텐도의 Wii는 MEMS 기술을 바탕으로 게임기의 새로운 장을 여는 제품이 되었으며, 모바일 단말기에서는 MEMS가 스마트폰 혁명의 핵심 부품으로 자리하고 있다.

4차 산업혁명으로 인해 디지털 기술은 전통적 산업을 급속도로 새로운 산업으로 진화하게 한다. 이런 현상은 [그림 10-11]과 같이 거의 전 산업에 걸쳐 이루어지고 있다. 교육산업에서는 인터넷을 기반으로 한 이러닝(e-Learning)이 변화의 기폭제가 되었으며, 엔터테인먼트 산업에서는 온라인 게임이, 가전산업에서는 인터넷 접속 기능을 보유한 가전제품이, 자동차산업에서는 내비게이션을 위시한 내장 정보기기 환경이, 농업에서는 스마트팜(smart farm)을 이용한 혁신이, 관광/문화산업에서는 다양한 무선 및 RFID 가이드 기능이, 건설산업에서는 인텔리전트 빌딩과 인터넷 및 콘텐츠 접속 기능을 내장한 미래형 주택이, 그리고 의료 및 보건에서는 e-Health 장비와 서비스가 기술 스필오버에 의한 변화의 대표적인 예이다. 물론 이 그림에 포함되어 있지 않은 산업에도 유사한 변화가 일어나고 있다. 한 예로, 자동차의 연비와 속도, 성능에 관한 관심을 넘어 편리함을 제공해 주는 각종 디지털 기술에 관한 소비자의 관심이 높아짐에 따라 자동차의 부품 중 전기전자 부품의 비율이 30%를 넘게 되었다. 차량 공간을 '움직이는 사무실(mobile office)'로 변신시킴으로써, 음성 명령에 따라 운행 중 인터넷 접속, 이메일 송수신, 디지털 음성 및 비디오 파일 다운로드 또는 교통정보의 획득이 가능하여 차내 공간을 비즈니스와 정보 서비스 공간으로 바꾸고 있다.

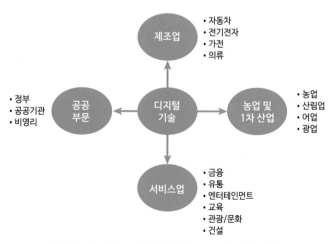

【그림 10-11】 4차 산업혁명 기반 신산업 진화

제3절 디지털이 바꾸는 세상

1 디지털 기술과 미래의 기업

가전제품이나 제과, 기계, 자동차, 가구를 막론하고 기업들은 시장이 원하는 제품을 지속적으로 시장에 선보이기 위해 끊임없는 노력을 한다. 새로운 제품의 개발하기 위해서는 잠재된 소비자들의 의견을 묻고 시장조사를 한다. 마케팅 부서에서 수행한 시장조사의 결과를 바탕으로 기업의 연구 부서에서는 소비자들이 원하는 기능을 제공할 수 있는 제품을 설계하고 개발하기 위해 노력한다. 완성된 설계를 바탕으로 생산 부서가 제품을 생산하고, 판매와 물류를 담당한 부서는 유통망을 통해 시장에 제품을 출시한다. 오래 사용되는 제품의 경우 출시한 제품이 원활하게 사용되는 것을 보장하기 위해 사후 서비스(A/S)를 제공하기 위한 노력도 이루어진다. 이와 유사한 노력은 서비스를 제공하는 산업에서도 예외 없이 수행된다. 이러한 노력들의 결실이 기업의 성공이다.

미래에는 디지털 기술이 새로운 제품의 개발, 생산 및 제공 방식 등에 변화를 초래하게 될 것이며, 이를 수행하기 위한 기업 조직의 구조에도 변화를 초래하게 될 것으로 전망되고 있다. 물론 사업의 목적과 목표를 정의하는 기준이 되며, 이를 위한 자원 배분과 경영의 바탕이

※ 대표 저자 : 조남재

되는 것이 기업의 전략적 비전과 가치 창출이라는 기본 사상에는 변함이 없다. 그러나 그 비전과 가치를 실현하는 방식에는 다양한 변화가 일어나게 될 것이다.

미래 소비자의 행동과 선호에 대한 데이터의 상당 부분은 제품 그 자체에 의해 수집될 것이다. 언제 얼마나 많은 씨앗을 어느 위치에 심었는지 등에 대한 정보는 농기구에 의해 수집될 것이며, 언제 얼마나 자주 정수된 찬물이나 더운 물이 소비되었는가 하는 것은 정수기에 의해 수집될 것이다. 제품은 센서를 이용하여 제품 사용 빈도나 패턴, 상태, 환경 등에 대한 이 정보를 수집하고, 이를 필요에 따라 클라우드에 보낸다. 클라우드에 보내진 정보는 관련 정보들과 함께 분석되어 제품에 대한 소비자의 선호나 제품과 관련된 서비스의 필요성 파악에 사용된다. 이런 정보들이 누적되면 이를 바탕으로 새로운 제품을 개발하는 기반이 된다.

정수기 물의 총 사용량을 측정할 것인지, 온수와 냉수를 구분하여 측정할 것인지, 사용 빈도를 측정할 것인지 사용량을 측정할 것인지, 정수기 주변의 온도나 습도를 측정에 포함할 것인지 등은 어디에 어떤 센서를 장착할 것인가에 의해 결정된다. 그래서 센서는 소비자를 이해하고 시장의 니즈를 파악하기 위한 마케팅 분석의 도구가 되며, 동시에 제품의 일부로써 제품 설계의 대상이 된다. 과거와 같이 마케팅과 제품개발 및 설계, 생산 등이 서로 나누어진 활동이 아니라 서로 마구 뒤섞인 활동이 된다. 이런 것이 미래의 조직의 모습이다. 그래서 우리에게 친숙한 기능 중심의 조직, 즉 마케팅, 연구, 개발, 생산, 판매 등이 독립적인 부서로 구성된 조직들은 이런 새로운 환경을 수용하지 못하고 도태하게 될 전망이다(Porter and Happelman, 2015).

이런 변화가 진행되는 과정에서 새로운 패러다임의 산업과 경제에 대응하기 위해서는 과거에 서로 다른 분야로 나누어져 있던 연구개발, 마케팅, 생산, 판매 등이 데이터를 기반으로 긴밀하게 연결된 활동을 수행해야 한다. 나아가서는 이와 같은 기능형 부서들이 재정의 되면서 기존의 관념과는 전혀 다른 미래형 부서들로 재편될 가능성도 있다. 경영정보 기능은 시장 자료의 수집과 분석, 그리고 신제품의 기획 단계부터 생산과 판매에 이르는 모든 활동에 밀접하게 관여된 새로운 조직의 모습으로 거듭나게 될 것이다. 디지털 기술과 정보와 경영 활동이 새로운 질서로 재편된 모습을 효과적으로 구현하는 조직의 모습이 바로 미래의 조직의 모습이다. 인력관리와 실무적, 재무적 성과의 관리도 이를 뒷받침하는 모습을 만들어 내기 위한 노력을 기울이게 될 것이다. 이런 모습이 로봇과 인공지능과 빅데이터와 사물인터넷이 보편적으로 확산되는 경제에서 기업이 고객 및 공급자와 원활한 관계를 유지하고, 새로운 시장 구조에서 경쟁력을 유지해 나가는 길이다. 디지털 기술의 진보를 가치 창출과 전략적 비전 구현을 위해 효과적으로 활용하는 기업에게 미래는 중요한 기회가 될 것이며, 적응에 어려움을 겪는 기업들에게는 미래는 심각한 위기가 될 것이다.

2 디지털 기술과 미래의 시장

4차 산업혁명 경제 패러다임의 동인이 된 디지털 기술은 기업 내부만이 아니라 기업 외부, 즉 기업 간 또는 기업과 소비자 간 거래와 협력이 일어나는 시장에서의 활동의 특성이나 구조에도 변화를 가져올 것이다(Porter and Happelman, 2014). 모바일 기술과 인공지능, 로봇, 사물인터넷 등을 포함한 디지털 기술의 혁명적 진화는 고객 중심의 디지털화된 거래와 디지털화된 기업, 디지털화된 시장, 디지털화된 기업 간 네트워크를 새로운 경제의 근간으로 탈바꿈시키고 있다.

집안에 있는 세탁기, 냉장고 등 기존에 우리가 사용하는 제품들은 각자 고유의 기능을 기반으로 그 성능을 개선해가며 시장에서 유통되어 왔다. 그러나 다양한 기능을 하나의 제품을 통해 사용하고자 하는 시장의 요구가 확대됨에 따라 메타 제품(Meta Product)이 성장하고 있다. 메타 제품은 디지털 기술과 네트워크의 연결성, 방대한 양의 데이터 활용 능력과 인공지능을 기반으로 다양한 기능과 서비스를 소비자에게 전달하는 사용자 경험의 플랫폼이 될 것이다.

제품을 생산해 판매하는 전형적인 제조업의 영역도 고객의 전반적 경험에 맞춰 서비스를 제공하는 방식으로 확대되고 있다. 제품을 사용하는 단계에서 발생하는 다양한 요구를 서비스 형태로 충족시켜 주는 것이다. 자동차 제조사가 판매 시점부터 자동차 할부 서비스, 각종 포인트 등 금융 서비스를 제공하며 이후 오일 교환 알림, 맞춤형 정비 안내 서비스, 사고나 고장 시 긴급 출동 서비스 등을 묶음으로 지원하며, 정비 이력에 맞춘 중고차 판매 안내 서비스까지 최적의 서비스를 제공하는 것이다. GE는 항공기 엔진을 제조하여 판매해 왔지만, 향후에는 엔진의 임대와 원격 진단과 같은 서비스를 제공하는 것이 주력 사업이 될 것으로 보고 있다. 그래서 GE는 스스로를 소프트웨어 기업이라고 선언하기에 이르렀다. 전기·전자제품을 생산하던 지멘스는 스마트 공장 구축 및 유지, 스마트 홈 서비스 등 서비스와 제조를 융합한 사업을 선보이고 있다.

한편 서비스 제공 업체들은 서비스에 관련된 제품을 출시하는 방향으로 사업 영역을 확장하고 있다. 서비스 이용 고객의 충성도를 활용해 신규 사업을 추진하고 고객의 서비스 몰입을 더욱 향상시킬 수 있기 때문이다. ICT 분야에서는 소프트웨어나 콘텐츠를 구현할 수 있는 기기를 제공 방식으로 서비스 기반의 제품화가 나타나고 있다. 소프트웨어와 콘텐츠 서비스를 제공하던 마이크로소프트가 게임기 X-Box를 출시하며 제조업으로 영역을 확대한 것도 한 사례이며, 온라인 도서 판매 서비스를 주력으로 하던 아마존이 전자책 리더기인 킨들을 제공한 것 역시 서비스 기반의 제조업 확산 현상이라고 할 수 있다. 애플은 스마트폰이라는 메타 제품을 만들어 냈을 뿐 아니라, 스마트폰의 활용에 필요한 각종 어플리케이션을 제공해 제조 기반의 서비스 사업 확대에도 성공했고, 각각의 어플리케이션에 최적화된 디바이스 등을 생산하여 서비스를 기반으로 제품을 제공하는 혁신을 지속하고 있다.

오늘날의 디지털 기술은 사용하기 쉽고 빠르며, 다양한 형식의 정보를 편리하게 교환할 수 있게 해 주어 사용자와 기업, 그리고 사용자 간의 소통을 원활하게 해 주었다. 세계 각국에서 활동하고 있는 제품 엔지니어들은 지리적, 시간적 한계를 넘어 신속하게 도면을 보내고 받으면서 서로 상의할 수 있고, 오픈소스(open source) 프로그램은 전 세계에 흩어져 있는 프로그래머들의 자발적 참여로 대형의 고도화된 프로그램으로 성장한다. 세계 여러 곳에 있는 산재해 있는 연구소나 공장의 활동이나 제품 판매를 실시간으로 관리하고 조정할 수도 있다.

서로 다른 산업, 서로 다른 회사에서 출시된 밭을 가는 기계와 씨를 심는 기계, 비료를 주는 기계, 물을 주는 기계, 잡초를 제거하는 기계, 살충제를 뿌리는 기계, 열매를 수확하는 기계, 세척하는 기계, 포장하는 기계 등은 지능을 가지고 서로 소통하며 농부를 위한 스마트한 종합적 서비스를 하게 된다. 연결과 네트워크가 만들어 내는 통합적인 생태계인 시스템의 시스템이 구현되는 것이 기업 간 거래와 관계의 특성이 되는 방향으로 발전이 이루어질 것이다.

또한, 지능화된 보일러, 지능화되고 연결된 온수 매트, 지능화된 스피커와 같은 융합형 신제품의 등장이 지속되고 있으며, 그에 따라 산입 간의 경계가 와해되는 현상이 일어나고 있다. 예를 들어 어린이용 장난감이 섬유를 가공하는 봉제산업에 주로 속하던 시절이 있었지만, 지금은 많은 장난감이 반도체와 전자부품을 가진 스마트 장난감이 되어 전자산업과 장난감 산업의 경계가 허물어지고 말았다. 자동차 부품의 60퍼센트가 넘는 부분이 전기, 전자 부품이 되고, 자동차의 핵심이 연료와 엔진마저 배터리에 저장된 전기와 모터가 되면서 자동차가 기계공학을 이용한 제품으로만 이해되던 시절은 이제 마감하고 말았다. 자동차 부품의 상당수는 이제 컴퓨터가 되어 스마트 자동차의 생산은 로봇의 생산 과정이나 기능과 경계가 모호해질 만큼 유사해지고 있다.

이렇게 디지털 기술을 활용한 신제품과 새로운 서비스, 그리고 제품과 서비스를 융합한 상품이 지속적으로 등장함에 따라 기존의 산업에 대한 상식을 무너뜨리는 변화가 활발하게 이루어질 것이다. 산업 간의 경계의 붕괴는 넷플릭스(Netflix)나 에어비앤비, 모바일 게임산업처럼 새로운 기업의 등장으로 표출되기도 한다. 이런 과정을 통해 과거의 산업 영역과 경쟁 및 협력 상대, 시장 경계의 정의가 재편된다. 3D 프린터나 사물인터넷(IoT: Internet of Things), 로봇의 활용의 확산은 새로운 경제 패러다임의 등장을 예고하고 있다.

우리에게 친숙한 많은 제품과 서비스들도 재설계되어 지능화된 제품과 서비스로 변신하게 될 것이다. 이런 변화는 자동차나 개인 이동을 지원하는 다양한 운송 기술의 등장과 재편, 에어컨이나 냉장고, 세탁기, 청소기, 정수기 그리고 가사 지원 로봇들을 포함한 전자 기술의 제품의 등장, 나아가 타이어, 농기구, 운동 기구, 의료 기구, 가구, 화분, 기저귀 등 우리의 삶을 둘러싼 대부분의 제품과 서비스가 스마트한 모습으로 재편되거나 새로 등장하는 모습으로 나타나게 될 것이다.

아마존이나 유통사업자 타깃, 이베이 그리고 인터파크 같은 국내 전자상거래 사업자 등은 고객 정보의 중요성일 일찍부터 알고 있었다. 오늘날 많은 기업들은 개별 고객에 대한 구체적인 정보를 용이하게 수집하고 활용할 수 있는 기술을 보유하고 있다. 이를 바탕으로 개인화된 서비스를 제공하는 등 개별 고객에게 맞는 차별화된 마케팅을 수행한다. 기업들은 고객의 제품에 대한 반응, 취향, 구매 경험 등에 대한 정보를 수집하여 고객의 필요를 정확히 파악하고 대응한다. 그러나 이런 변화도 그저 거대한 변화의 시작에 불과하다면 어떨까?

고객들은 아마존의 대시(Dash)나 알렉사, 대시버튼 같은 사물인터넷 기기를 이용하여 매장을 찾아가는 것은 고사하고 인터넷 사이트에 접속 하지도 않은 상태에서 편리하게 주문하고 거래할 수 있게 되었다. 심지어 반복하여 구매하는 제품들에 대해서는 주문이 없어도 주인의 필요를 파악하여 자동적으로 주문이 이루어지게 만들기도 한다. 100년 전 카탈로그 판매를 시작한 시어즈로부터 시작된 소매시장의 변화가 월마트와 같은 할인 매장, 편의점, 온라인 매장의 등장을 가져왔고, 이제 새로운 시장의 패러다임이 등장하는 변화가 다시 시작된 것이다.

디지털 기술의 변화는 지속적이고 방대한 투자의 결과다. 한때 불가능했던 활용 대상과 기술이 수년 후에는 사용 가능해지고, 또 몇 년 후에는 상식이 되고, 또 다시 빠른 속도로 진부화되는 과정을 통해 기술은 급속한 변화를 겪어간다. 이런 기술의 변화는 기업과 시장, 산업과 경제의 판도를 바꾼다. 그러나 그 변화는 사실 거기에 멈추지 않는다. 변화의 영향이 사회 전반으로 확산되기 때문이다.

3 디지털 기술과 미래의 사회

미래 디지털 기술의 영향은 경제적 측면에 그치지 않을 것이다. 4차 산업혁명의 근간이 되는 디지털 기술은 미래 사회의 모든 측면에 영향을 미칠 것이다. 텍스트, 음성, 영상, 그래픽 등의 정보가 컴퓨터와 스마트폰, 다양한 모바일 기기는 물론 로봇과 사물인터넷 기기들을 통해 공유, 소통되는 것은 물론이고, 우리 생활 주변의 수많은 기기들이 첨단 알고리즘과 데이터를 기반으로 스스로 판단하고 활동하는 스마트한 지능을 가지기 시작하였기 때문이다.

「불멸의 연인」이라는 영화가 있다. 파란 많은 인생을 살다간 위대한 음악가 베토벤의 이야기를 그린 영화다. 비바람 속에서 마차 바퀴가 빠져 베토벤은 만나기로 한 여인과 약속한 장소에 늦게 도착한다. 초조하게 그를 기다리던 여인이 떠난 직후에 도착하여 서로 만나지 못하게 됨으로써 두 사람의 비극적 운명이 결정된다.

이와 유사한 주제는 여러 장르의 한국 영화나 소설에도 등장하였다. 약속 시간과 장소를 정확하게 지정하고 지키지 못하면 만남이 실패하기 때문에, 이렇게 시간과 장소를 정하고 지키는 것은 일상의 상식이었다. 그러나 스마트폰을 가진 오늘날이라면 이런 일은 발생하지 않는다. '강남역에서 4시경'이라고 약속을 모호하게 정해도 약속 장소에 가면서 통화를 하고 조정하기 때문에 만남에 실패할 가능성은 없다.

기술의 사용은 이렇게 사람들의 일상에서의 행동을 바꾼다. 다른 사람들과 상호 교류하고 만나는 방식, 즉 사회적 상호작용(social interaction)은 그 변화의 중심에 있는 사회 현상이다. SNS와 메신저의 등장에 의해서도 사람들 간에 일상적으로, 업무적으로, 또는 개인적으로 교류하는 방식이 영향을 받는다. 컴퓨터와의 대화를 통해 외로움을 달래고 심지어 컴퓨터 안의 존재와 공감하고 사랑에 빠지는 것을 주제로 하는 「그녀 Her」와 같은 영화가 등장하는 것도 아주 비현실적이라는 느낌을 받지 않는 시대가 되었다.

일본에서는 로봇 애완견이 망가져 슬픔에 잠긴 사람들이 함께 모여 합동으로 추모하는 동호회가 만들어져 화제가 되었다. 바쁜 부모를 대신해 아이와 대화를 나누어 주고, 집에서 숙제를 봐주며, 가정교사 역할을 하는 로봇이 등장하기도 하였다. 노인과 대화를 하고 가사를 도와주는 로봇의 등장도 예견되고 있다. 이런 로봇과 서비스가 발달하고 생활 주변에 확산된다면 로봇은 기계이지만 '가족'이라는 지위에 오르게 될 수도 있다. 이미 사람이 아닌 개나 고양이를 가족이라고 받아들이는 사람들이 많이 있지 않은가?

로봇의 법적 지위에 대한 논란도 시작되었다. 로봇에게 소유권을 보유한 법인과 같은 지위를 주게 될 것이라는 전망이 있기 때문이다. 로봇이 자신의 행위에 대해 책임을 질 수 있는 법인이 되지 않을 경우 자율운행자동차나 로봇이 사고를 낼 경우 그 주인인 사람이 전적으로 처벌을 받아야 하기 때문이다. 지금은 자동차 사고가 날 경우 자동차를 벌하는 것이 아니고 자동차의 주인인 운전자에게 벌금을 물린다. 그러나 사람이 직접적으로 통제할 수 없는 상황에서 스스로 목적지를 향해 혼자 달려가던 로봇이나 자동차가 사고를 내 물건이나 사람에게 상해를 입히면 그 책임을 어떻게 처리해야 할까? 현장에 없었던 주인만 비난하고 처벌할 수는 없는 심각한 문제다. 자동차를 가두어 둔다고 반성과 교화의 효과가 있을 것 같지는 않다. 그러니 미래에는 지능을 가진 기계도 책임의 주체가 될 가능성이 높다는 전망이 설득력을 얻어가고 있다.

오늘날 학생들은 인터넷 강의, 즉 '인강'이 없던 예전에는 사람들이 어떻게 공부하고 시험 준비를 했을지 이해하지 못한다. 그러나 인강은 그야말로 교육하고 공부하는 방법의 미래를 비추어 주는 시작일 뿐이다. 앞서 언급한 로봇 가정교사도 있지만, 다양한 공교육이나 사교육에 사물인터넷을 위시한 첨단기술이 사용되는 것이 보편화될 것이다. 초등학생에서 고등학생까지 영어 글쓰기에 관심을 가진 전 세계의 학생들이 서로 교류하면서 작문에 대해 조언을 해주고, 교정도 해주는 사이트는 유명한 커뮤니티가 되어, 작가를 양성하는 사이트로 까지 성장하고 있다.

목회를 하는 목사님들이 들으면 실망하겠지만, 다른 일이 있거나 바쁘면 교회를 가는 대신 그 주의 성경 구절을 보내주는 서비스를 받아보는 것으로 마음의 위안을 삼는 미국인들이 늘어나고 있다고 한다. 정치를 위한 투표나 의견 수렴 방식도 인공지능과 첨단 디지털 기술의 영향을 받고 있다.

이처럼 4차 산업혁명 기술의 확산은 경제 활동의 변화에만 그 영향이 국한되는 것이 아니다. 사람들의 일상과 인간관계, 사회적 교류, 교육, 문화, 종교, 정치, 법과 제도 그리고 상식과 관습의 변화에도 영향을 미칠 것이다. 이런 과정을 거쳐 우리는 디지털 기술이 삶의 일부가 된 미래 사회로 이행해 나가게 될 것이다. 그 과정에서 경영정보시스템에 대한 이해는 미래의 경영자, 미래의 소비자, 그리고 미래의 사회인 모두에게 필수적인 요건이 될 것이다.

사례

산업 간의 크로스 오버와 융합이 활발하게 이루어지고 있다. 신생 컴퓨터 업체 애플이 오랜 역사의 통신기기 산업에 진출한 사례나, 소프트웨어 회사이 마이크로소프트가 백과사전 사업에 진출한 것, 바이두, 위챗, 카카오 등 SNS 사업자가 은행 서비스 산업 진출한 것 등은 그러한 변화의 일부에 불과할 뿐이다.

한편 기존에는 존재하지 않던 조직의 형태와 방식, 비즈니스 모델이 탄생하면서 기존의 역사적 명성을 가지고 있는 기업이나 산업을 위협한다. 영화관이 없는 넷플릭스가 오랜 전통의 영화 배급 및 제작 산업에 진출하여 엄청난 영향력을 확보하게 된 것, 신생 테슬라 자동차가 전기 자동차로 기존 자동차 산업에 일격을 가한 것, 호텔을 하나도 가지고 있지 않은 에어 비앤비의 기업 가치가 세계 최대의 호텔 체인인 쉐라톤이나 힐튼을 넘어선 것 등이 그 일례라고 할 수 있다.

[토론 문제] 다음 질문들을 바탕으로 토론해 보자

(1) 공유경제의 국내, 해외 사례에는 어떤 것이 있는지 알아보자.
(2) 블록체인 기술이 사용되는 사례를 알아보자.
(3) 제품과 서비스의 융합이 산업의 변화와 어떤 관계인지 토론해 보자.
(4) 산업 트랜스포메이션의 동향을 조사하여 토론해 보자.
(5) 미래의 기업과 시장의 특성에 대해 토론해 보자.
(6) 지능을 가진 로봇, 사람의 직접적인 개입이 없이 움직이는 디지털 기기, 의료 서비스를 하는 로봇, 가사 도우미 로봇 등은 사회를 구성하는 사람들 간의 관계나 사람과 로봇 간의 관계에 대한 인식에 어떤 변화를 가져오게 될지 토론해 보자.

【참고문헌】

김윤경. "콘텐츠산업을 위한 IT 플랫폼 기반의 공유모델 연구". 국민대. 2013.

돈텝스콧. "블록체인 혁명". 을유문화사. 2017.

딜로이트 컨설팅. "Creating High Value through Convergence". 2009.

마이클케이시. "비트코인 현상, 블록체인 2.0". 미래의 창. 2017.

비트메시지 웹사이트

이다니엘 드레셔. "블록체인 무엇인가?". 이지스퍼블리싱. 2018.

이상수. "4차 산업혁명, 블록체인이란 무엇인가?". 풀뿌리미디어. 2018.

조광수. "연결 지배성: 159가지 사물인터넷으로 바라본 크로스도메인 비즈니스". 클라우드나인. 2017.

조남재. "기술기획과 로드매핑". 시그마프레스. 2014.

조남재. "디지털 컨버전스 의미의 고찰과 e-Business 의 미래 연구 방향". e-비즈니스연구. 2009, 10(4), pp.105-127.

조남재. "정보기술과 기업 경쟁력". 정보통신정책연구원. 2005.

조남재. "컨버전스 미디어 기반 소통과 미래 경제구조의 변화". 정보통신정책연구원. 2011.

조남재. "컨버전스 시대의 경제 패러다임 변화 연구". 정보통신정책연구원. 2009.

조남재. "컨버전스에 따른 경제활동 및 산업 구도의 변화 연구". 정보통신정책연구원. 2010.

커넥팅랩. "사물인터넷: 실천과 상상력". 미래의 창. 2015.

허원창. "혁신생태계 구축을 위한 과제". IE매거진. 2010, 제17권 제3호, pp.48~49.

KB금융지주 경영연구소. "공유경제(Sharing Economy)의 확산에 따른 기업의 대응과 최근 주요논란". 2017.

Aria Seo, Yei-Chang Kim, "A Study on the Contextual Information Sharing System for the Provide Matched Information through Contextual Data from Multi-Users", JARDCS, ELSEVIER, 09-Special Issue on "Science and management", pp.336-340, August, 2017.

Chesbrough, H., Vanhaverbeke, W., and West, J., Open Innovation: Researching a New Paradigm, Oxford Univ. 2006.

Dijkman, R. M., B. Sprenkels, T. Peeters and A. Janssen, "Business Models for the Internet of Things," International Journal of Information Management, vol.35, 2015, pp.672-678.

Ejaz, Ahmed, et. al, "The Role of Big Data Analytics in Internet of Things," Computer Networks, 2017

Gray, D. and Wal, T.V., The Connected Company, O'Reilly Media, 2014

Hamari, J.; Sjöklint, M.; Ukkonen, A., "The Sharing Economy: Why People Participate in Collaborative Consumption. Journal of the Association for Information Science and Technology", 67, 2016, pp. 2047-2059.

Heinrichs, H., "Sharing Economy: A Potential New Pathway to Sustainability", Gaia(Munich), 22, 2013, pp.228-231.

Iansiti, M. and Levien, R., "Strategy as Ecology," Harvard Business Review, Vol.82, No.3, 2004, pp.68~78.

Kim, Y. C. Seo, A. Jeong, J., "Cyber Physical Systems for User Reliability Measurements in a Sharing Economy Environment", MDPI, Sensors 17, 2017, pp. 1-16.

Laudon and Laudon, Management Information Systems 10/E: Managing the Digital Firm, Pearson Education, 2007

Mehmood, Y.; Görg, C.; Muehleisen, M.; Timm-Giel, A., "Mobile M2M communication architectures, upcoming challenges, applications, and future directions. EURASIP Journal on Wireless Communications and Networking, 2015, pp.1-37.

Moore, J. F., "Predators and Prey: A New Ecology of Competition," Harvard Business Review, Vol.71, No.3, 1993, pp.75~83.

Nitti, Michele, V. Pilloni, D. Giusto and V. Popescu, "IoT Architecture for a Sustainable Tourism Application in a Smart City Environment," Mobile Information Systems, 2017, pp.1-9.

Porter, M.; Heppelmann, J., "Capabilities of Smart, Connected Products", Harvard Business Report(HBR), 2014.

Porter, M. E and Heppelmann, J. E., "How Smart, Connected Products Are Transforming Companies". Harvard Business Review, October 2015, pp. 97-114.

Porter, M. E and Heppelmann, J. E., "How Smart, Connected Products Are Transforming Competition". Harvard Business Review, November 2014, pp. 65-88.

Stojkoska R., L. Biljana and K. Trivodaliev, "A Review of Internet of Things for Smart Home: Challenges and Solutions," Journal of Cleaner Production, 2017.

Valant, J., "A European agenda for the collaborative economy", European Parliamentary Research Service, PE 593.510, 2016, pp.2-12.

Want, Roy, B. N. Schilit and S. Jenson, "Enabling the Internet of Things," IEEE Computer, 2015, pp.28-35.

World Economic Forum, Internet of Things: Guidelines for Sustainability, January 2018

■ 노규성
현) 한국생산성본부 회장
선문대학교 글로벌경영학과 교수
한국디지털정책학회 회장
대통령직속 4차산업혁명위원회 위원
혁신성장협의회 수석대표
중소벤처기업혁신성장위원회 위원장

■ 박상혁
현) 경남과학기술대학교 창업대학원 교수
경남과학기술대학교 창업대학원장/기획처장

■ 조남재
현) 한양대학교 경영대학 교수
한양대학교 International MBA 주임교수
국제ITAM Society 의장
Asia Journal of Information and Communication 편집위원장
International J. of Operations and Quantitative Management
아시아지역 편집위원장
한국경영정보학회 회장
한국데이터베이스학회 회장

■ 박성택
현) 한국소프트웨어기술인협회 빅데이터 전임교수
현) 성균관대학교 경영학과 초빙교수
현) 건양사이버대학교 경영학과 외래교수
세종사이버대학교 경영학과 외래교수
충북대학교 경영정보학과 연구교수
성균관대학교 박사후연구원

■ 김의창
현) 동국대학교 정보경영학과 교수
동국대학교 학생처장
동국대학교 교무처장
국제e비즈니스학회 회장
(재)경주스마트미디어센터장
경상일보 논설위원

■ 이서령
현) 한국소프트웨어기술인협회 회장
현) 한국블록체인기업진흥협회 회장
현) 선문대학교 경영학과 겸임교수
서울과학종합대학원 겸임교수
과학기술연합대학원 초빙교수
대통령소속 지방분권촉진위원회 위원
국회정책연구위원(1급)

■ 남수현
현) 한남대학교 글로벌IT경영학과 교수
한남대학교 린트글로벌비즈니스스쿨장
한남대학교 경영연구소장
중소기업기술정보진흥원 정보화경영체제 심사원

■ 최광돈
현) 한세대학교 국제경영학과 교수
국가생산성대상(정보화부문) 심사위원
(전) 지방자치단체 혁신브랜드사업 지도위원장

4차 산업혁명 시대의
경영정보시스템

| 2022년 | 3월 15일 | 1판 | 1쇄 | 인 쇄 |
| 2022년 | 3월 25일 | 1판 | 1쇄 | 발 행 |

지 은 이 : 노규성, 조남재, 김의창, 남수현,
　　　　　박상혁, 박성택, 이서령, 최광돈

펴 낸 이 : 박　　　정　　　태
펴 낸 곳 : **광　　　문　　　각**

10881
파주시 파주출판문화도시 광인사길 161
광문각 B/D 4층
등　　록 : 1991. 5. 31 제12 - 484호
전　화(代): 031-955-8787
팩　　스 : 031-955-3730
E - mail : kwangmk7@hanmail.net
홈페이지 : www.kwangmoonkag.co.kr

ISBN : 978-89-7093-785-4　93000

값 : 26,000원

한국과학기술출판협회
Korean Science & Technology Publisher Association